산만한 아이의 공부법은 따로 있다

이사비나 지음

공부 습관부터 학업 능력 향상까지, 현직 교사의 실전 가이드

언더라인

일러두기
이 책에 등장하는 아이들의 이름과 사례는 개인 정보 보호를 위해 가명을 사용하고 각색되었습니다.

추천의 글

이 책은 산만하거나 주의집중이 어려운 아이들을 위한 안내서이지만, 꼭 그런 아이들에게만 해당되는 이야기는 아닙니다. 대부분의 아이들은 공부를 좋아하지 않고, 누군가의 따뜻한 지지와 꼼꼼한 안내가 있어야 비로소 배움의 길에 들어서기 때문이죠. 이 책에는 '나도 잘할 수 있다'는 자신감을 키워주고, 공부 습관을 만들어 가는 방법과 부모가 아이와 함께 공부 여정을 걸어가는 따뜻한 태도와 깊은 경험이 담겨 있습니다. 공부의 시작과 지속을 고민하는 모든 부모에게, 실질적인 위로와 도움이 되어줄 책입니다.

— **이서윤**, 현직 초등교사, EBS 공채 강사, 유튜브 〈이서윤의 초등생활처방전〉 운영자

처음 추천사를 의뢰받았을 때, 내가 과연 누군가의 책에 추천사를 쓸 자격이 있을지 조심스러웠다. 그러나 이 책을 읽으면서 마음 한 편이 편안해졌다. 내가 독자들에게 간절히 전하고 싶었던 메시지가 바로 이 책 속에 담겨 있었기 때문이다.

수년 동안 온·오프라인 모임을 통해 ADHD 특성을 지닌 아이를 키우는 부모들을 만나왔다. 그분들의 눈빛에는 늘 불안과 조급함이 담겨 있었다. 생각해보면, 나 자신에 대한 가장 오래된 기억 속에서도 부모님의 눈에는 늘 비슷한 걱정과 초조함이 있었던 것 같다. 나 역시 두 아이의 아버지이기에, 부모님들의 그런 마음이 충분히 이해되고 깊이 공감된다.

부모의 불안과 조급함은 아이를 향한 깊은 사랑에서 비롯된 자연스러운 감정이다. 이런 감정이 아이에게 긍정적인 변화를 이끌기도 하지만, 이것이 무의식

중에 아이에게 향한다면 부모의 고된 노력과 진심 어린 기대와 달리 부정적인 결과를 낳기도 한다. 아이가 지금 당장 힘들어 보여도, 부모의 지속적인 정서적 지지와 부드러운 지도가 더해져야 아이 스스로 '나도 할 수 있다'라는 자신감을 조금씩 회복하게 될 것이다. 결국 중요한 것은 아이와 부모가 맺는 '신뢰 관계'이며, 이 신뢰가 흔들리지 않도록, '부모와 자녀가 함께 성장하는 자세'를 갖추는 일이 핵심이라 생각한다.

이 책의 저자는 부모의 이러한 불안한 마음을 그대로 인정하며 따뜻하고 진솔하게 어루만진다. 작가는 특히 다음과 같은 말을 전하고 있다.

"이 책은 아이를 바꾸기 위한 책이 아닙니다. 아이의 특성을 있는 그대로 이해하고, 그 안에서 부모인 제가 할 수 있는 것들을 그저 부단히 찾아온 교사 엄마의 이야기입니다."

나는 이 구절을 읽으며 깊이 공감했다. 아이를 '바꿔야 할 대상'으로 바라보는 대신, '있는 그대로 이해하고 돕는 대상'으로 존중하는 태도는 평소 내가 강조해온 긍정주의와 마음챙김의 철학과도 깊이 맞닿아 있기 때문이다. 실제로 이 책 전반에는 아이의 산만함을 결핍이 아닌 특별한 가능성으로 바라보는 지혜가 담겨 있다. 또한 아이가 자신감을 잃지 않고 끝까지 학습을 지속할 수 있도록 부모가 어떻게 도울 수 있는지에 대해 구체적이고 현실적인 방법을 매우 세심하게 제시한다.

ADHD 아이를 키우는 부모라면 누구나 공감할 수 있는 솔직한 경험과 시행착오를 담은 이 책은 단지 실질적인 조언만 제공하는 데 그치지 않는다. 아이와 부모 모두에게 포기하지 않고 끝까지 나아갈 용기와 희망을 준다. ADHD 아이를 양육하며 느끼는 어려움 앞에서 때로 무력감에 빠질 수 있는 많은 부모들에게, 이 책이 따뜻한 위로이자 현실적인 나침반이 되어줄 것이라 진심으로 믿는다.

- **김강우**, <ADHD 지피지기 백전불태> 1권 기본편·공부편, 2권 관계편 저자

— 프롤로그 —

산만한 아이와의 공부, 마음의 준비가 필요합니다

"선생님, 오늘 수업하는 날이죠?"

영어 학습부진반인 현우는 늘 정규 수업이 끝나면 교무실로 찾아와 방과후 영어 학습부진반 수업이 있는지 확인하곤 했습니다. 종례가 끝나면 모두가 바쁘게 학원으로 향하는 요즘, '학습부진'이라는 이유로 방과후에 혼자 남아 수업을 듣는 일이 아이들에게 얼마나 괴로운 일인지 잘 알고 있습니다. 수업 날이면 몰래 도망가는 아이들에게 전화해서 수업을 들으라며 다독이는 일도 꽤 많습니다. 그런데 늘 교무실에 찾아와 수업 여부를 확인하고 가는 현우의 모습을 보며, 제가 갖고 있던 편견을 알게 되었습니다. '공부 못하는 아이는 공부에 관심이 없어', '공부 못하는 아이는 불성실해서 그렇지'라는 것을요.

중학교 2학년인 현우는 영어를 읽지 못했습니다. 저는 4개월에 걸쳐 매주 1회, 방과후에 만나 현우에게 파닉스를 가르쳤습니다. 알파벳이 어떻게 소리가 나는지, 어떤 규칙으로 이런 소리가 나는지 알려주었습니다. 현재완료, 관계대명사, to부정사 같은 문법을 가르치는 동안, 현우는 교실에서 대부분 졸고 있거나 옆 친구의 필기를 겨우 베끼곤 했습니다. 좀처럼 집중하기가 어려워 멍하니 허공을 응시하던 학생, 제 눈엔 그저 산만한 학생이었습니다. 이런 학생인 현우는 학습부진반에서 파닉스를 배우면서 연신 고개를 끄덕이기도 하고, 제 눈을 맞추고 영어단어를 써 내려갔습니다. 매주 수업의 시작과 끝에 받아쓰기를 했습니다. 현우는 머뭇거리기도 하고 고민하는 모습도 보였지만, 꾸준히 한 결과 불러준 단어를 정확히 다 쓸 수 있었습니다.

우리는 아이들을 관찰할 때, 눈에 보이는 것만 보려는 경향이 있습니다. 늦은 밤까지 게임을 하고, 책상에 앉아 꾸벅꾸벅 조는 아이를 보며 '게임만 하는 게으른 아이'라는 라벨을 붙입니다. 공부하기로 해놓고, 책상에서 짜증내고 화를 내는 아이를 보며 '공부를 싫어하는 아이'라는 라벨을 붙이고요. 단원평가 시험지 위로 내리는 빗줄기를 보며 '또래보다 부족한 아이'라는 라벨도 붙이지요. 한 자리에 오래 앉아 있지 못하고 자꾸 자리에서 일어나려 들썩이는 아이를 보면, '이렇게 산만한데 어떻게 공부를 하나' 하며 아이의 미래를 상상합니다. 금세 불안감이 몰려옵니다.

산만한 아이는 보이지 않는 것을 보는 힘이 약합니다. 보이지 않는 자신의 미래를 상상하며, 다음을 계획하는 것이 어렵습니다. 당장 게임을 한 번 더 하는 것이 보이지 않는 미래를 대비하며 공부하는 것보다 더 중요한 아이들입니다. 글을 읽을 수는 있어도 문장과 문장 사이, 문단과 문단 사이의 보이지 않는 글쓴이의 의도나 논리를 추론하는 것이 어려운 아이들입니다.

그러나 부모인 우리는 보이지 않는 것을 봐야 합니다. 아이들이 책상에 앉아 집중하지 못하고, 이리저리 다른 데 관심을 두고, 하기 싫다며 짜증내는 모든 행동과 넘치는 감정들 그 너머에 있는 것까지 봐야 합니다. 아이들의 학습을 돕는 첫 단추는 바로 여기에 있습니다. 모든 아이는 배움의 욕구가 있습니다. 그 안에 깊이 자리잡은 배우고 싶은 욕구를 알아봐주는 일이 모든 학습의 준비 운동입니다.

아이들은 아직 자기 자신의 마음을 깊이 들여다보지 못합니다. 아이들과 깊은 대화를 나누어 보면, 그 끝엔 자기 자신의 성장을 응원하는 마음이 있었습니다. 교무실에 조용히 찾아와 오늘도 수업이 있냐고 묻던 현우의 모습을 늘 기억합니다. 그 아이가 스스로 걸어오던 그 발걸음이 아이들의 진짜 마음입니다. 우리는 이제 아이들의 그런 마음을 봐줄 준비가 필요합니다.

ADHD 아이와의 집공부 5년

ADHD 아이 세모와 매일 5년간 집공부를 해왔습니다. 옆에 나란히 앉아 나눈 우리의 수많은 대화와 실랑이를 그림처럼 기억합니다. "세모야, 집중해야지.", "세모야, 똑바로 앉아야지.", "이건 왜 틀렸어? 이건 또 실수야? 제대로 문제를 읽어야지." ADHD 아이와 공부를 하다 보면 늘 하게 되는 말들입니다. 이런 부정적인 말들이 아이의 공부 정서를 망치기도 했습니다.

ADHD를 공부하며 산만한 아이들의 특징을 알게 되었습니다. 그때부터였습니다. 제 마음과 태도, 아이에게 하는 말들을 모두 바꾸게 되었어요. 산만함을 아이의 결핍이 아닌, 하나의 특성으로 인정하고, 아이를 있는 그대로 바라보는 순간부터 우리의 학습은 달라졌습니다.

"세모야, 국어 문제집 하기 싫어도 해야 해. 읽기 귀찮고, 하기 싫지. 처음에는 다 그런 거야. 누구나 다 그래. 하지만 조금씩 하다 보면 이것도 쉬워지는 때가 분명히 와. 모든 공부는 그 과정을 이겨내는 데 있어. 너는 그렇게 늘 그 순간을 넘기고 잘 해왔어. 걱정 마. 잘할 거야."

세모는 하기 싫은 것을 시키는 엄마가 매우 원망스럽다는 눈빛으로 저를 바라보며 눈물을 글썽일 때도 있었습니다. "5분만, 10분만, 내일 하면 안 돼?" 미루기를 시도하던 때도 많았지요. 이젠 그럴 때면 답답하고 화가 나기보다 너무나도 자연스러운 반응이라고 이해하게 되었습니다.

이 책은 아이를 바꾸기 위한 책이 아닙니다. 아이의 특성을 있는 그대로 이해하고, 그 안에서 부모인 제가 할 수 있는 것들을 그저 부단히 찾아온 교사 엄마의 이야기입니다.

이 책 속의 '산만한 아이들'은
이런 아이들입니다

'산만한 아이'의 특징은 1장에 자세히 다루었습니다. 이 책을 읽는 독자분들께 강조하고 싶은 것이 있습니다. 저는 '산만하다'라는 표현에 어떤 부정적인 의미도 담지 않았습니다. 여러 성향 중 하나로 표현하고자 했습니다. '키가 크다', '키가 작다', '활발하다', '조용하다', '유머러스하다', '도전적이다'처럼요.

이 책에서 산만하다는 의미는 선천적으로든, 후천적으로든 전두엽 발달이 느리거나, 기능이 저하되었다는 것을 의미하고 있습니다. 우리 뇌의 전두엽은 우리의 행동과 감정, 말 등을 모두 통제하는 CEO와 같습니다. 행동과 감정을 조절하고, 주의집중력을 통제하며, 목표를 세우고, 계획하고, 실행하는 '실행 기능 executive function'을 담당하는 곳입니다. 전두엽 기능이 약한 산만한 아이들은 실행 기능이 부족한 것이죠.

이 실행 기능은 생활뿐만 아니라 '학습'에서 아주 중요한 역할을 합니다. 따라서 이 책에서 말하는 '산만한 아이들'은 주의집중력이 약한 아이, 실행 기능이 부족한 아이라고 이해해주시면 됩니다. 또한, 이 책에 나오는 '산만한 아이'는 다른 발달 장애 진단을 받지 않은 ADHD 아이들과 ADHD 진단을 받지 않았지만 산만한 특성을 지닌 아이들만을 한정하여 집필하였습니다.

학부모님께 못다한 말들을 담았습니다

12년 동안 교직에 근무하며 최하위권 아이들부터 최상위권 아이들을 한 교실에서 가르쳐왔습니다. 영어 교과 과목을 가르치는 교사로서 학생들을 만나다 보니, 아이들에게 가르치고 평가하고 점수를 주는 일에만 집중해왔던 때가 있었습니다. 그런 교사였던 제가 공부의 본질에 대해 끊임없이 질문을 던지게 된 건, 제 아이의 ADHD를 알게 되고 난 이후였습니다. 아주 어린 시절부터 산만한 아이가 겪는 어려움을 매일 눈앞에서 보았지요.

1장에서는 교사로서, ADHD 아이의 엄마로서 바라본 학습 환경에서 보이는 산만한 아이들의 특징들을 담았습니다. 아이와의 학습을 준비하기 전, 부모로서 가져야 할 마음가짐을 1장에서 함께 나눕니다.

2~4장은 학습의 시작, 학습의 과정, 학습의 마무리에서 산만한 아

이들이 겪는 어려움과 부모로서 힘든 점들, 직접 ADHD 아이와 부딪히며 해결해온 방법들을 나눕니다. 2장에서는 아이의 동기를 찾는 일, 계획 세우기, 미루는 습관 다루기, 좋아하는 과목만 하는 아이의 특징, 학습 환경에 대한 이야기를 다룹니다. 3장에서는 아이와 학습을 할 때 겪게 되는 주의 지속하기, 작업 기억에 대한 이야기부터 학습장애까지, 우리가 학습을 하며 매일 고민하는 문제의 원인과 해결 방법을 살펴봅니다. 4장은 학습의 마무리인 평가에 대한 내용입니다. 산만한 아이들이 평가에서 자주 보이는 실수와 보상 시스템에 대한 이야기를 담았습니다.

5장에서는 산만한 아이를 키우는 부모로서 또 교사로서, 공부의 본질에 대한 질문에 답해보았습니다.

산만한 아이들을 키우는 부모님들의 불안함과 고단한 여정에 숨 한 번 '후' 내쉬고, 마음을 '툭' 내려놓을 수 있는 그런 책이 되기를 소망합니다. 산만함에 가려 배움의 욕구를 펼치지 못하는 아이들의 '그럼에도 불구하고 한 번 더 해보는' 그 한 번을 응원하는 책이 되기를 바랍니다.

― 이사비나

> 차례

추천의 글 · 3
프롤로그 산만한 아이와의 공부, 마음의 준비가 필요합니다 · 5

산만한 아이는 공부를 포기해야 하나요?

점점 더 산만해지는 교실 속 아이들 · 21
산만함이라는 진짜 의미 | 교사가 보는 산만한 학생의 특징 | 산만한 아이는 왜 공부가 어려울까요?

산만한 우리 아이, ADHD일까요? · 30
산만한 아이와 ADHD 아이, 어떻게 다를까요? | 산만함, 뇌의 '이 부분'의 문제입니다 | 산만한 아이의 공부 핵심, 실행 기능을 높일 것

산만한 아이도 자기주도학습을 꿈꿀 수 있을까요? · 40
요즘 아이들의 자기상실학습 | 산만한 아이는 왜 자기주도학습이 더 어려울까요? | 산만함을 결핍이 아닌 특성으로 바라볼 때 생기는 일

아이의 학습, 지능이 문제일까요? · 49
높은 지능이 성적을 보장해줄까요? | '나는 똑똑하지 않다'라는 사고방식 | 부모의 사고방식이 아이에게 미치는 영향

아이의 학습을 쉽게 만들어 줄 습관 · 57
산만한 아이들은 게으른 게 아니에요 | 여든까지 가져가는 좋은 습관 만드는 법

학습의 시작: 시작조차 어렵다면

사라진 동기를 찾습니다 · 69
단 하나의 초콜릿이 주는 동기 | 멀리 보는 연습도 필요합니다 | '공부는 그냥 하는 거야' 마인드셋

계획을 왜 세워야 해요? · 80
산만한 아이의 시간은 흐르지 않아요 | 산만한 아이들의 계획은 더욱 정교하게 | 4단계 계획하기 훈련

"5분만 이따가 할게." 미루는 아이들 · 91
미루는 이유, 아이의 감정을 들여다보세요 | '일단 시작하기'가 어렵다면, 이렇게

좋아하는 과목만 할래요 · 100
잘하는 것만 하고 싶어요 | 하기 싫지만 해야 하는 일 | 싫어하는 과목이 잘하는 과목이 되기까지

우리 아이가 징징이가 된 이유 · 110
불안도 산만함의 원인이 될 수 있어요 | 불안한 아이, 해답은 부모의 말 | 불안한 아이를 위한 효과적인 학습법

이런 데서 어떻게 공부하나요? · 119
학습이 어려운 환경 | 눈과 귀가 한 곳에 머물도록

3장
학습의 과정: 앉아는 있지만 학습이 어려운 이유

책상에 앉아 있는 시간이 중요한 건 아니에요: 주의력 결핍 · 131

몸은 '지금-여기'에 있지만, 머릿속은 바다를 떠돌고 | 주의집중력을 끌어올리는 뽀모도로 학습법 | 움직여야만 집중이 되는 아이들

우리 아이의 머릿속 지우개: 작업 기억이 낮은 아이들 · 141

기억 창고의 크기가 작은 아이들 | 작업 기억력을 올리는 훈련법

복습이 지겨운 아이들 · 150

똑같은 걸 다시 보는 고역 같은 일 | 복습을 복습이 아닌 것처럼 만들기 | 복습을 새로운 형태로 만드는 다양한 방법

숲과 나무를 구분하지 못하는 아이들 · 157

숲과 나무, 굳이 왜 구분해야 하나요? | 큰 그림을 보는 연습 | 글이라는 숲에서 길을 잃지 않으려면 | '만약 네가 선생님이라면?' 방법

만약 학습장애가 있다면 · 167

산만한 아이, 학습장애일 수도 | 아이들 잘못은 없습니다 | 학습장애, 어떻게 도와줘야 할까요?

주의력 도둑 3대장: 숏폼, SNS, 게임 · 176

모든 원인은 스마트폰 | 선생님, 영화 말고 유튜브요 | SNS가 없으면 소외되는 것 같아요 | 게임을 멈추지 못하는 아이 | 산만한 아이의 주의력을 지키는 법

4장
학습의 마무리: 공부를 했는데 점수가 안 나와요

알아도 실수하지 않도록: 부주의한 아이들 · 189
알아도 실수하는 다섯 가지 이유

시험 때마다 시간이 모자라요 · 199
처리 속도가 느리면 성적이 잘 안 나오나요? | 좀 더 정확하게, 좀 더 빠르게 | 느리다고 해서 모르는 게 아니에요

수행평가, 최하점은 받지 않으려면 · 207
복잡한 수행평가, 헤매는 아이들 | 수행평가 최하점을 받는 이유 | 수행평가 최하점을 피하는 법

산만한 아이들이 특히 더 어려워하는 서·논술형 문제 · 215
서·논술형에서 점수를 깎아먹는 이유 | 답은 읽고 또 읽기 | 점수를 깎이지 않는 최소한의 방법

보상 시스템, 제대로 사용해야 합니다 · 224
보상 시스템 점검하기 | 보상의 두 가지 핵심 원칙

부모인 우리가 해야 할 일

산만한 아이, 산만한 부모 · 235
나는 산만한 부모일까? | 산만한 부모는 전략을 세워야 합니다

공부를 시키고 싶은 진짜 이유 · 243
부모의 진짜 속마음 | 부모가 정말 바라봐야 하는 것

통제와 자율성, 그 어딘가 · 252
우리는 왜 통제권을 넘겨주지 못할까요? | 자기주도학습의 키, 자기통제감 | 통제권 넘기기, 오랜 정성을 들여야 합니다

아이의 작은 사회, 부모라는 환경 · 264
우리가 바꿀 수 있는 것, 환경 | 우리 가족의 학습 문화 점검하기 | 또 다른 환경, 부모가 세상을 바라보는 시선 | 사람을 사람답게 키우는 일

부록 산만한 아이와의 집공부 5년 노하우 · 277

자료 링크 · 299

에필로그 산만한 아이의 공부법은 따로 있습니다 · 300

감사의 말 · 304

참고문헌 · 306

1장

산만한 아이는 공부를 포기해야 하나요?

점점 더 산만해지는 교실 속 아이들

수업 시작 종이 울립니다. 그러자 아이들이 우루루 교실로 뛰어들어 옵니다. 종이 울리기 전에 자리에 앉아 교과서를 펴고 선생님을 맞이하던 모습은 이제 보기 어렵습니다. 아이들이 모두 자리에 앉고 나면, 그때부터 수업 준비가 시작됩니다.

"교과서 68쪽을 펴세요." 이 지시를 내렸을 때, 학생들의 반응은 어떨까요? 이 지시에 반응하는 속도와 방법은 아이들마다 다릅니다.

- 교과서를 미리 준비하여 바로 68쪽을 펴는 학생
- 이미 진도를 알고 68쪽을 펴놓은 학생
- 책상 서랍에서 교과서를 주섬주섬 꺼내어 68쪽을 펴는 학생

- 교과서를 여기저기 찾다가 "선생님, 사물함에 좀 다녀와도 될까요?"라고 묻는 학생
- 교과서가 집에 있다는 걸 그제야 알게 된 학생
- 교과서는 책상에 있지만 68쪽을 펴지 않고 멍 때리는 학생

이 중에서 교과서가 있어도 안 펴고 멍하게 있는 학생과 교과서를 매번 집에 두고 오는 학생은 주의력결핍 과잉행동장애(이하 ADHD로 표기)가 의심되기도 합니다. ADHD는 유병률이 약 5~8%라고 합니다. 한 학급에 두세 명 정도는 ADHD일 수 있다는 뜻이죠. 문제는 ADHD 아이를 키우는 엄마로서, 수많은 아이들과 10여 년을 함께해 온 교사로서 지켜본 결과, ADHD가 의심되는 아이들이 점점 늘고 있다는 점입니다.

코로나 19 이후, 아이들은 학교에서 사람 대 사람으로 만나 배워야 할 것들을 온라인 세상에서 배우기 시작했습니다. 선생님의 지시 사항은 목소리보다 채팅창으로 확인해야 했고, 실시간 원격 수업이 아닌 경우에는 영상을 켜두고 스마트폰으로 친구들과 수다를 떠는 것도 가능했었죠. 아이들은 그렇게 디지털 기기에 더욱 빨리 노출되었고, 사용 시간 또한 길어졌습니다. 가정에서 통제가 가능한 환경이라면 다행이지만, 통제하기 어려운 경우에는 디지털 기기 사용 시간의 간극이 더 벌어졌지요. 원격 수업 기간 동안 사교육을 받은 학생과 그렇지 못한 학생의 차이 역시 더욱 심화되었습니다.

그렇게 이례적인 원격 수업을 겪어낸 아이들이 학교로 돌아왔습니다. 돌아온 아이들은 어딘가 정돈되어 있지 않고, '산만'해 보였습니다. 수업 종이 울렸는데도 자리에 앉지 못하고 계속 떠드는 아이들부터 "자리에 앉아."라는 지시를 듣지 못해 바로 행동에 옮기지 못하는 아이들, 다음 수업을 준비하고 계획하는 것이 어려운 아이들까지. 이전 시간의 과목을 알 수 있을 정도로 책상은 어지럽혀져 있습니다. 45분 수업 중 첫 5분을 아이들의 '주의'를 모으는 데 다 써버립니다.

남은 40분 동안 본격적인 수업을 합니다. 수업 내용을 전달하기 시작하면 아이들은 제법 잘 집중하여 듣습니다. 그런데 하나둘 아이들 눈의 초점이 다른 곳을 향하기 시작합니다. 한 아이는 시계를 쳐다봅니다. 얼마나 시간이 지났을까 확인하기 위해서이죠. 아이의 시선을 따라 시계를 보니 딱 15분이 지나 있습니다. 수업이 시작되고 15분이 지나면, 아이들의 초점이 흐트러집니다.

그렇습니다. 요즘 아이들의 집중 가능 시간은 딱 15분입니다. 물론 10년 전에도 집중하는 아이와 산만한 아이는 있었습니다. 그러나 아이들의 집중 가능 시간은 해가 갈수록 짧아졌습니다. 이제는 15분이 지나면 아이들은 같은 방식으로 계속 수업 듣기를 힘들어합니다. 친구들에게 괜히 말을 걸기도 하고, 조용히 낙서를 하거나 수업과 관련 없는 질문을 던지기도 하죠. 선생님들은 아이들의 집중 시간을 늘리기 위해 수업과 관련된 영상이나 그림들을 예전보다 더 많이 준비해 갑니다. 아이들의 주의를 환기시키기 위해서입니다. 우리는 이런 학생들을 집중력이 약한 학생, 주의가 산만한 학생이라고 말합니다.

산만함이라는 진짜 의미

그렇다면 '산만한 학생'이란 어떤 학생을 말하는 걸까요? '산만한'이라는 단어에 대응하는 영어단어는 'distracted'입니다. '멀리', '떨어진' 또는 '분리'의 의미를 갖고 있는 접두사 'dis-'와 '길', '경로', 또는 '따라가는 길'이라는 의미를 가진 'track'을 결합한 단어입니다. 즉, '원래 가야 할 길에서 벗어나다'라는 의미입니다.

이는 '주의력'과도 관련이 있습니다. 우리는 흔히 주의력과 집중력을 혼동하여 이해하곤 합니다. 그러나 둘은 다릅니다. 주의력은 다양한 자극들 중에서 특정한 대상이나 정보에 주의를 기울이는 능력을 말합니다. 즉, 외부 환경이나 다양한 상황에서 무엇을 선택적으로 인식하고 반응할지를 결정하는 능력입니다.

예를 들어 교실에 여러 소음과 시각적 자극에도 불구하고 선생님 설명에 주의를 기울이는 것이 주의력입니다. 필요하다고 생각되면 관심이 없어도 주의를 기울일 줄 아는 힘을 말하지요.

반면, 집중력은 특정한 대상이나 과제에 오랜 시간, 지속적으로 주의를 유지하는 능력입니다. 장기적으로 주의력을 '유지'하는 능력이며, 외부나 내부의 방해 요소에도 불구하고 한 가지에 계속 '몰두할 수 있는 상태'를 의미합니다. 예를 들어, 문제를 풀 때 한 문제에 오랜 시간을 들여 깊이 몰입하는 것이 집중력입니다.

이 둘의 차이는 ADHD 아이를 보면 알 수 있습니다. 많은 분들이 ADHD 아이가 집중력이 낮다고 생각하는데, 집중력이 높을 때도 많습니다. 이 아이들은 자신이 흥미로워하거나 몰입할 수 있는 것들에는 '선택적 집중'을 매우 잘합니다. 어느 때에는 과하게 몰입하는 '과몰입' 현상으로 인해, 레고나 종이접기 등을 시간 가는 줄 모르고 해내기도 합니다. 그러나 '하던 일 멈추고 씻기'라는 다음 과업으로 '주의'를 잘 전환하지 못합니다. 이 상황을 집중력은 좋지만, 주의력은 약하다고 할 수 있습니다.

따라서 주의력은 다양한 자극 속에서 무엇에 주목할지를 선택하는 능력이고, 집중력은 선택한 대상에 오랜 시간 동안 지속적으로 몰두하는 능력이라고 할 수 있습니다.

'산만하다'는 상태는 'distract'의 의미처럼 '원래 가야 할 길', 즉 주의를 기울여야 할 곳에서 벗어난 상태'인 것입니다. 우리는 소위 '집중력이 약한' 아이라고 표현하지만, 정확히 말하자면 '주의력이 약한' 아이들인 것이죠.

교사가 보는 산만한 학생의 특징

산만한 아이로 일컬을 수 있는 아이들은 단순히 집중이 흐트러지는 것을 넘어, 학교 생활 전반에 걸쳐 '원래 가야할 길'에서 늘 '벗어나 있는 모습'을 보여줍니다. 저는 한 학년(약 200명)의 중학생들에게 같은 내용으로 여러 번 수업을 합니다. 같은 내용을 설명하지만, 아이들의 주의력과 집중력은 모두 다릅니다. 그중 주의력이 심하게 결핍된 아이들 두세 명은 ADHD가 의심되기도 합니다. 그러나 ADHD가 의심되는 아이들 이외에도 평균치에서 벗어난 산만함을 보이는 아이들이 있습니다.

제가 보는 요즘 교실 속 산만한 아이들의 모습은 다음과 같습니다.

- 해당 수업과 관련없는 잡다한 물건들이 책상에 놓여 있습니다.
- 아침에 핸드폰을 수거할 때까지 모바일 게임을 하고 있습니다.
- 교과서의 긴 글을 한 번에 잘 이해하지 못해 반복해서 읽어야 합니다.
- 수행평가의 과제 내용과 기한을 알려줘도 기한이 다 되어서야 급하게 몰아서 하거나 기한을 놓쳐 제출하지 못합니다.
- 집중 시간이 짧고, 주변 소음이나 친구들의 움직임에 쉽게 주의를 빼앗깁니다.
- 자꾸 시계를 보며 수업 시간을 지루해합니다.
- 선생님이 설명한 내용을 바로 물어보아도 기억하지 못합니다.

- 수업 시간에 선생님의 말씀을 듣고 받아 적는 '필기'를 잘 하지 못합니다.
- 선생님이 수업 내용을 설명하는 동안 초점이 멍해지는 시간이 잦습니다.
- 의자에 바른 자세로 앉기 어려워하며 비스듬하게 측면에 기대어 앉거나 뒤에 앉은 친구를 향해 몸을 자주 돌립니다.
- 수정테이프를 분해하며 놀거나 지우개 망가뜨리기, 볼펜 딸깍거리기, 연필 돌리기 등 몸은 가만히 있지만 손은 계속 꼼지락거립니다.
- 수업 내용과 관련 없는 생각들이 계속 떠오릅니다.
- 갑자기 떠오르는 생각을 주체하지 못해 친구에게 말을 걸거나, 수업과 관련 없는 질문을 합니다.
- 수업 시간에 흥얼거립니다.
- 쓰기를 어려워하고 글씨체가 또래에 비해 바르지 못합니다.

이런 현상이 일시적이거나 이 중 한두 개에 해당하는 아이라면 산만한 아이는 아닐 수 있습니다. 그러나 여러 어려움이 겹치거나 지속되고 있다면, '산만한 아이' 또는 심한 경우 'ADHD'까지도 의심해볼 수 있습니다.

산만한 아이는 왜 공부가 어려울까요?

"선생님, 현민이는 머리는 좋아요. 그런데 집중을 안 하고 계속 딴짓을 하니 시험 성적이 너무 안 나옵니다."

시험이 끝나고 성적표를 받아보신 부모님들께서 종종 이런 말씀을 하십니다. 아이는 늘 공부를 할 마음도 있고, 책상에 앉아 책도 보고 열심히 끄적이는 모습도 보여준다고요. 그런데 성적은 책상에 앉아 있는 시간에 비해 잘 나오지 않습니다. 부모님들께서는 아이의 낮은 성적의 원인을 '머리' 또는 '태도'에서 찾으며 "공부 머리가 없어요." 또는 "너무 게을러요."라고 말하시죠.

시험을 본 후에는 성적표를 들고 아이들과 상담을 합니다. 성적에 만족하는 아이들도 있지만, 대부분은 더 잘하고 싶어 합니다. 아이들에게 어떻게 시험을 준비했는지 물어보면, "학원에서 주는 문제들이나 기출 문제들을 풀면서 했어요."라고 말합니다. "학원 끝나고 나서 스스로 공부하는 시간은?" 하고 되물으면, 아이들은 이렇게 대답합니다. "학원 끝나고 집에 오면 밤이라서 조금 보다가 잤어요."

산만한 아이들은 열심히 공부했다고 생각하는데 왜 성적이 안 나올까요? 아니, 질문을 바꿔보겠습니다. 산만한 아이들은 왜 학습이 어려울까요? 그 이유를 알기 위해서는, '학습'이라는 행위의 인지적 과정을 알아야 합니다.

학습을 잘 해내는 아이들을 보면 그 답을 찾을 수 있습니다. 전교 1등 아이의 시험 성적은 어김없이 올백이었습니다. 저는 매년 올백을 맞는 전교 1등의 중학생들을 만나고 가르칩니다. 이 아이들의 수업 태도는 단연 돋보이죠. 늘 준비된 자세와 선생님의 말씀을 하나도 놓치지 않겠다는 집중력, 아니 '집념'으로 수업을 듣습니다. 그런데 이 아이들의 학습 과정에는 암기를 잘한다거나 수업에 집중하는 태도를 넘어선, 그 이상이 담겨 있습니다. 이 아이들은 공부 정서까지 모두 좋습니다.

반면, 산만한 아이는 일단 공부를 왜 해야 하는지 동기가 결여되어 있습니다. 또한 학습을 계획하는 법을 잘 모르며, 계획을 실행하려 해도 자꾸만 미루려 합니다. 학습의 과정 역시 순탄치 않지요. 노력해도 잘 외워지지 않고, 눈은 책을 향해 있지만 머릿속은 다른 생각들로 가득차 있습니다. 괜히 물 마시고 싶고, 친구와 SNS로 채팅하고 싶고, 게임도 하고 싶습니다. 이 모든 과정에서 아이의 '산만함'은 어떻게 작용하고 있을까요? 산만한 아이들은 어떤 도움이 필요할까요?

산만한 우리 아이,
ADHD일까요?

ADHD 아이를 키우면서 학급에서 주의가 산만하고 과잉행동, 충동성이 강한 학생들을 볼 때면 부모님께 ADHD 검사를 권해드리고 싶을 때가 많습니다. 그러나 교사로서 학부모님들께 검사를 권하기가 조심스럽습니다. 정신건강의학과에 대한 편견이 여전하기에 그 문턱을 넘기가 쉽지 않기 때문입니다. 또한 ADHD에 대한 부정적인 인식이 있다 보니 ADHD 검사를 권하기도 어려운 현실입니다.

ADHD 양상은 다양함에도 불구하고, 과잉행동과 공격성 위주의 고착화된 이미지가 있다 보니 조기에 발견되지 않는 경우도 많습니다. 제 아이의 ADHD를 의심했을 때 유치원 담임선생님께 여쭤보았습니다. "선생님, 세모가 ADHD 검사를 받아야 할까요?", "어머님, 그 정도는 아니에요." 선생님께서는 이렇게 말씀하시며 저를 안심시켰지만, 아이는 검사 결과 ADHD 진단을 받았습니다. 선생님들께서는 보통 교실 내에서 심한 과잉행동이 있거나 문제 상황이 빈번해질 때 ADHD를 의심해보는 경우가 많습니다. 우리나라에서는 아직 ADHD에 대한 인식이 주의가 산만한 것 이상으로 여기며, '문제아'로서 바라보는 경향이 있기 때문이죠.

하지만 ADHD는 그저 두드러지는 산만함이나 과잉행동, 충동성 문제로만 진단 내리기 어렵습니다. ADHD는 과잉행동과 충동성이 강한 경우도 있지만, 과잉행동과 충동성은 두드러지지 않고 '주의력 결핍'만 있는 경우도 있기 때문입니다. 공식적인 진단명은 아니시만, '조용한 ADHD'라고 부르는 경우가 그렇습니다. 따라서 주의력이 결핍되어 산만함의 정도가 또래의 평균치보다 심할 경우, ADHD를 의심해볼 필요가 있습니다.

산만한 아이와 ADHD 아이, 어떻게 다를까요?

ADHD는 정확히 말하면, 신경전달물질의 불균형과 관련이 있습니다. 특히 도파민과 노르에피네프린 같은 신경전달물질이 뇌의 특정 부위에서 제대로 작동하지 않기 때문에 주의력 조절과 행동 억제가 어려워집니다. 한마디로 뇌의 문제인 것이지요.

그렇다면 산만한 아이와 ADHD 아이를 어떻게 구분할 수 있을까요? 이는 정신건강의학과 전문의의 진료와 검사를 통해 판단해야 합니다. 세브란스 병원 소아정신과 천근아 교수는 유튜브 채널〈세브란스〉에서 '베스트닥터Q&A - 산만한 아이와 ADHD 아이의 구별법'을 이렇게 설명하고 있습니다. ADHD는 학교와 집 등 다양한 환경에서 산만함으로 인해 문제가 발생할 때 진단된다고 합니다. 예를 들어, 학교에서는 차분한 아이가 집에서는 문제를 일으킨다면 ADHD가 아닐 가능성이 높다는 것이죠. 특히 만 3~5세 사이의 정상 발달 단계에서 보이는 증상은 ADHD가 아닐 수도 있다고 합니다. 따라서 만 6~7세, 학교 입학 시기에 산만함이 계속 문제가 된다면 조절 능력 발달이 느린 것으로 보기 때문에 ADHD를 의심해볼 수 있는 것입니다.

또한 ADHD는 태어날 때부터 갖고 태어나는 선천적인 문제로 보지만, 산만함의 원인에는 후천적인 이유도 분명 있습니다. 그러므로 산만한 증상이 있다고 해서 모두가 ADHD인 것은 아닙니다.

아침에 학교에 출근하여 교실에 옹기종기 모여 있는 아이들을 봅니다. 조용히 공부하는 아이 한두 명 정도를 제외한 아이들은 대부분은 모바일 게임을 하고 있습니다. 8시 30분, 조회 시간에 핸드폰을 수거하기 시작합니다. 아이들은 핸드폰 전원을 끄고 바로 핸드폰 수거 가방에 넣습니다. 그런데 핸드폰 수거 가방 한 자리가 비워 있습니다.

늘 늦게까지 핸드폰을 제출하지 않는 재현이었습니다. "재현아, 폰 내야지." "아, 잠깐만요." 아이는 그 잠깐을 못 참고 유튜브로 쇼츠를 보고 있었습니다.

2024년 1월 〈한겨레 신문〉에서 스마트폰 중독이 아이들의 주의력에 어떤 영향을 미치는지에 대한 기사를 다루었습니다. 정신건강의학과 김대진 교수는 2018년 과도한 스마트폰 사용과 뇌의 연결성 변화를 연구했다고 합니다. 그 결과, 충동 조절과 억제 등 인지 조절에 관여하는 뇌의 영역과 주의집중력에 관여하는 곳의 기능적 연결성이 떨어진다는 사실을 발견했습니다. 이를 통해 과도한 스마트폰 사용이 뇌 기능을 저하시킴을 알 수 있습니다. 스마트폰 사용량이 많은 요즘 아이들의 주의력은 분명 저하되고 있습니다.

산만함, 뇌의 '이 부분'의 문제입니다

'ADHD 아이'와 'ADHD는 아니지만 산만한 아이'의 공통점은 전두엽 기능이 저하되어 있다는 점입니다. 전두엽Frontal Lobe은 뇌 앞쪽에 위치한 중요한 영역으로, 목표를 설정하고, 그 목표를 달성하기 위한 계획을 세우며, 집중과 주의를 지속하는 능력을 담당합니다. 또한, 감정과 행동을 조절하고 통제하며 장기적인 목표 실현을 위해 욕구를 지연하는 역할도 맡습니다. 굉장히 중요한 일들을 맡고 있지요. 이는 특히 성공적인 학습을 위해 필요한 기능들입니다.

그런데 ADHD로 인해 이 전두엽 발달이 지연되면 어떻게 될까요? 만약 스마트폰 중독으로 전두엽 기능이 저하되면 어떨까요? 게임이나 스마트폰 영상물과 같은 자극적인 것에 반응하던 아이들에게 공부는 그저 재미없는 것일 수밖에 없습니다.

무엇보다 전두엽이 담당하는 기능들은 우리 모두가 염원하는 자기주도학습과 깊은 연관이 있습니다. 자신이 하고자 하는 학습 목표치를 정하는 것부터 그 목표를 이루기 위해 학습을 계획하는 것, 각 과제의 소요 시간을 인지하는 것, 기억하는 것, 그리고 기억한 지식을 꺼내어 적용하는 것까지 모두 전두엽이 하는 일입니다.

전두엽이 약한 산만한 아이는 주의력이 약한 아이입니다. 주의력이 약한 아이들은 동기부여가 잘 되지 않아 '대체 왜 공부해야 하나'고 울부짖습니다. 그래도 해야 하는 일이라는 부모님의 말에 책상에 앉아보지만, 공부를 시작하기까지 오랜 시간이 걸립니다. 긴 글을 읽다 앞 부분의 내용을 잊어버려 글이 말하고자 하는 바를 파악하지 못해 문제를 풀지 못합니다. 단순 연산 문제도 알면서 실수합니다. 공부하는 내내 공상들이 머릿속을 떠다닙니다. 그러다 밖에서 나는 작은 소리에도 주의가 흐트러집니다. 눈앞에 보이는 지우개를 자꾸 연필로 찌르고 싶어지거나 다리 떨기, 손톱 물어뜯기 등 꼼지락거리기를 멈추지 못하기도 합니다.

산만한 아이의 공부 핵심,
실행 기능을 높일 것

학교에서 수업을 하다 보면 주로 눈을 마주치는 아이들이 있습니다. 수업 태도도, 주의집중력도 좋은 학생들입니다. 학습에 관심이 없거나 주의를 빼앗긴 아이들은 교사가 하는 말에는 귀기울이지 않습니다. 어느새 수업은 주의력을 쭉 지속하는 학생들과의 소통이 주류가 되어 이어집니다. 그러다 보니 교사의 눈에 산만한 아이들은 '그냥 공부에 관심이 없는 아이', '공부 머리가 없는 아이', '학습 태도가 불량한 아이'로만 비춰지기도 합니다.

ADHD 아이를 키우며 아이의 주의력 결핍이 학습에 있어 어떤 어려움을 만드는지, 주의력이 약한 아이의 마음속과 머릿속을 알게 되었습니다. ADHD 검사를 받을 때, 아이의 지능 점수가 나옵니다. 아이의 지능은 평균보다 높았습니다. 즉, 배우고 익히는 데 어려움이 없다는 의미죠. 그런데도 아이가 학습을 할 때마다 시작하는 데 오래 걸리고, 문제를 풀다가 상관없는 말을 하고, 자꾸 자리에서 일어나 장난감을 만집니다. 계획한 학습을 마치기까지 한참이 걸렸던 이유는, 바로 주의력 결핍 때문이었지요. 아이는 공부를 '하기 싫은 것'이 아니라, 하기가 '어려운 것'입니다.

ADHD는 약물 치료를 받으면 공부하는 데 문제없지 않냐고 묻는 사람도 있습니다. 물론 ADHD는 약물 치료를 받아야 주의력 결핍 문제를 해결할 수 있습니다. 환경을 바꾸거나 부모의 양육방식으로만 해결되지 않는 뇌 신경의 문제이기 때문입니다. 여기에 ADHD와 단순 산만함을 구분해야 하는 이유가 있습니다. ADHD 아이는 정신건강의학과 전문의를 통한 전문적인 치료가 필요하고, ADHD는 아니지만 산만한 특성을 지닌 아이는 환경을 바꿔줘야 합니다.

그렇다면 ADHD 아이에게는 약물 치료가 학습의 만능키일까요? 아닙니다. ADHD 아이 역시 부모의 양육방식을 포함한 환경을 적절히 조정해줌으로써 학습을 도와주는 것이 중요합니다. ADHD 약물은 보통 약효가 작용할 때만 주의집중력을 높여주어, 약효가 떨어지면 아이는 다시 ADHD 증상으로 인해 학습을 힘들어하기 때문입니다.

산만한 아이를 보면, 부모는 아이가 의지가 없어서, 머리가 나빠서, 끈기가 없어서, 스마트폰 때문이라고 말합니다. 물론 이런 이유들로 아이의 성적이 낮을 수 있습니다. 그러나 아이들이 공부를 못하는 이유는 어른들이 말하는 그 단순한 이유보다 훨씬 더 복잡합니다.

산만한 아이들은 학습에 필요한 실행 기능이 약합니다. 실행 기능이란, 우리의 뇌가 목표를 설정하고, 계획을 세우고, 문제를 해결하며, 감정을 조절하고, 행동을 조직화하는 데 사용하는 인지적 과정들을 말합니다. 쉽게 말해, 실행 기능은 우리가 일상에서 '해야 할 일'을 '할 수 있도록' 돕는 정신적 스킬이라고 할 수 있습니다. 실행 기능의 내용을 짚어보니, 우리 뇌의 어느 한 부분이 떠오릅니다. 바로 전두엽입니다. 전두엽 기능이 저하된 산만한 아이들은 실행 기능 역시 저하된다는 것을 의미하지요.

바로 여기에 우리 아이들이 학습을 포기하지 말아야 하는 이유가 있습니다. 이 아이들은 지능이 낮아서라기보다 오히려 실행 기능의 부족으로 인해 학습이 어려워진 것으로 볼 수 있습니다. 예를 들어, 실행 기능 중 하나인 '작업 기억'이 부족하면, 아이들은 선생님의 지시를 기억하지 못하거나, 복잡한 문제를 해결하는 데 필요한 단계를 놓칠 수 있습니다. 따라서 산만한 아이들의 성공적인 학습법의 해답은 바로 이 실행 기능을 높이는 데 있습니다.

+ PLUS +
# 실행 기능 제대로 알아보기

실행 기능은 일상생활에서 목표를 설정하고, 이를 달성하기 위해 필요한 일련의 인지적 과정들을 말합니다. 주로 뇌의 전두엽에서 담당하며, 생각하고, 계획을 세우고, 행동을 조절하는 능력을 담당합니다. 학자에 따라 주요 실행 기능을 구분하는 기준이 다르지만 아래의 기능을 대표적인 주요 실행 기능으로 볼 수 있습니다.

1. **억제**Inhibition: 자동적이고 즉각적으로 하고 싶어 하는 반응을 의도적으로 통제하는 능력입니다. 이는 불필요한 행동이나 생각을 자제하고, 목표 달성을 집중하는 데 중요한 요소입니다.
2. **인지적 유연성**Cognitive Flexibility: 전환 능력이라고도 하며, 주의와 행동을 쉽게 다른 과제나 목표로 옮길 수 있는 능력입니다. 새로운 정보를 수용하고 상황에 맞게 대처하는 능력도 포함됩니다.

3. **작업 기억**Working Memory: 특정 목표를 유지하면서 관련 정보를 빠르게 추가하거나 제거할 수 있는 능력입니다. 이는 지속적으로 정보를 처리하고 업데이트하며 이를 통해 과제나 문제해결을 지원합니다.

4. **목표 설정**Goal Setting: 계획을 세우고, 필요한 단계를 전략적으로 조직하는 능력입니다. 주로 장기적인 목표 달성에 중요한 역할을 합니다.

5. **정보 처리**Information Processing: 정보를 신속하게 분석하고, 이를 문제해결에 적용하는 능력입니다. 과제 수행의 속도와 정확성을 좌우합니다.

이러한 실행 기능들이 제대로 작동하지 않으면 계획을 세우거나 목표를 이루기 어려워지며, 주의가 산만하거나 충동적인 행동을 보이게 될 수 있습니다. 전두엽에서 위 실행 기능을 담당하기 때문에 전두엽 발달이 느린 ADHD 아동들은 실행 기능에 어려움을 겪는 경우가 많습니다. 또한, 디지털 기기 사용 등으로 인한 환경적인 요인으로 인해 전두엽 기능이 저하되는 경우에도 실행 기능에 어려움을 겪을 수 있습니다.

산만한 아이도
자기주도학습을 꿈꿀 수 있을까요?

"엄마, 나 오늘은 숙제 뭐 해야 해?"

"학습지 수학 세 장 풀고 엄마 불러. 맨날 엄마한테 뭐 해야 하냐고 묻지 말고, 스스로 계획하고 해야지."

자리에 앉아 연필을 잡은 아이는 1분 뒤 엄마를 부릅니다.

"엄마, 나 이거 모르겠어."

엄마는 한숨을 푹 내쉬며 말합니다.

"읽어보고 다시 생각해봐. 바로 엄마 부르지 말고. 이건 네 공부잖아. 엄마한테 자꾸 도와달라고 하면 어떡해."

"아, 하나도 모르겠어. 나 목말라. 배고파."

아이는 이런 저런 핑계로 학습지를 붙들고 책상에 앉아 있지만 한 시간이 지나도 학습지 세 장을 다 풀지 못했습니다. 결국 엄마가 옆에 앉아 한 문제, 한 문제 읽어주고 설명해주면서 숙제를 함께 해줍니다. 그 과정에서 엄마는 화가 나고 불안해집니다. '스스로 학습을 해내야 하는데…', '점점 더 학습량이 많아질텐데…' 우리 아이들도 자기주도 학습을 꿈꿀 수 있을까요?

요즘 아이들의 자기상실학습

"현민아, 영어 성적이 잘 안 오르네? 어떻게 공부하고 있어?"

"학원에서 나눠준 자료 외우고, 문제집 계속 풀었어요."

현민이는 영어 성적이 70점대입니다. 중학교에서 대부분의 교사는 수업 중 가르친 내용, 교과서, 추가적으로 나가는 학습지 밖에서 시험 문제를 내지 않습니다. 그런데 현민이는 중간고사, 기말고사 직전에도 학원에 가서 학교에서 들었던 똑같은 수업을 다시 듣습니다. 학원 선생님이 정리해준 내용을 들고 암기를 합니다. 학원에서 준 평가 문제들을 풀어보면서 문제 푸는 연습을 합니다. 매일 열심히 학원도 가고, 시키는 공부도 했지만 성적은 90점 이상을 넘지 못합니다. 부모님은 현민이가 제대로 하지 않아서, 라고 합니다. 현민이는 자신이 머리가 안 좋다고 생각합니다. 어느새 아이는 자신은 늘 70점을 받는 아이, 그 이상의 성적은 받지 못하는 아이라고 자신의 성장에 한계를 두기 시작합니다.

이는 현민이만의 문제가 아닙니다. 저는 시험 기간 아이들의 학습 태도를 보면서 '자기주도학습'이 되지 않는 수많은 아이들을 봅니다. 요즘 아이들은 '타인주도학습'도 아닌, '자기상실학습'을 하고 있습니다. 학습의 시작부터 마무리 단계까지 온전히 자신만의 것으로 학습하는 것이 아닌, 자기 자신을 상실한 학습을 하고 있습니다.

학습 전 자기상실

계획 단계에서부터 '자기상실'이 있습니다. 학교에서 시험 공부를 하는 아이들을 보면 대부분 스프링 제본이 된 '00학원' 이름이 적힌 문제들을 풀고 있습니다. 이렇게 모두가 학원을 다니고 있다면, 성적이 상승곡선을 그려야 하는데 30점부터 80점까지 그 성적이 다양합니다. 제가 본 현민이의 문제는 이렇습니다. 학교에서 앉아서 수업을 듣고, 학원에서 복습해주는 강의를 듣고, 제공하는 문제를 푸는 행위가 현민이에게 '공부했다'라는 착각을 불러일으키는 것이지요. 이것이 현민이가 계속 70점에 머무는 이유입니다.

공부 절차를 하나하나 짚어보면, 공부는 계획을 하는 데서 출발함을 알 수 있습니다. 그런데 현민이는 공부 계획은 학원이 해주고, 선생님의 강의를 들으며 고개만 끄덕였을 것입니다. 내용을 이해하고 있다는 안도감으로 주어진 문제를 풀어봅니다. 틀린 문제가 나오면 곧장 친구나 선생님께 묻습니다. 또는 해답지를 열어봅니다. 설명을 듣고, 해답지를 읽어보니 왜 틀렸는지 이해가 됩니다. 그렇게 또 한 번 '나는 알고 있다'라는 착각에 빠집니다.

시험을 보기 전 공부 내용을 다 안다고 생각한 아이는 시험지를 받자마자 1번부터 풀어나갑니다. 그런데 어딘가 본 것 같은 문제인데도 너무나 새롭습니다. 아이는 자신이 기억하는 지식을 최대한 활용하여 문제를 풀어보지만 답은 틀렸습니다. 머릿속에 넣었다고, 이해했다고 '착각'했기 때문입니다. 아이는 기억 속에서 그 지식이 이미 휘발된지도 모른 채 시험을 본 것입니다.

학습 중 자기상실

다음으로 학습 과정에서 발생하는 '자기상실'을 알아봅니다. 현민이는 영어 시험을 위해 단어를 외우기로 합니다. 그러나 그 과정을 돌아보면 몰입하여 집중한 기억이 없습니다. 오늘 하기로 마음먹은 공부를 하려 자리에 앉았는데, '띵' 하고 스마트폰 메시지가 뜹니다. 친구가 보내온 '페메(페이스북 메시지)'입니다. 시험 기간이 되면 아이들은 더욱 단체 채팅방이나 SNS를 열심히 합니다. 시험은 다가오고 공부는 해야 하지만, 지루한 이 과정에 노력을 들이는 것이 익숙치 않은 아이들은 '회피'하려 합니다. 당장의 재미를 찾아 친구에게 연락을 하고, 숏폼(1분 미만의 짧은 동영상)을 보는 것이죠. 주의력이 약한 아이라면 더욱 유혹을 뿌리치기 힘들 것입니다.

이처럼 주의력이 낮다는 건 '자기조절능력'이 약하다는 뜻도 됩니다. 자기조절능력이 약한 아이들은 계획을 세워도 당장의 눈앞에 있는 단기적인 보상에 쉽게 흔들립니다. 친구와의 게임, 어린 아이라면 장난감, 낙서하며 그림 그리기 등에 말이죠. 아이들은 주의를 두어야 할 곳에 두지 못하고 자꾸만 방황합니다.

학습 후 자기상실

마지막으로 평가에서의 '자기상실'입니다. 평가의 목적은 무엇일까요? 바로 '내가 아는 것과 모르는 것을 구분'하기 위함입니다. 그러나 부모님과 아이들은 평가의 목적을 '성적을 받는 것'으로 이해하고 있습니다. 이런 왜곡된 평가에 대한 개념으로 인해 아이들은 평가를 '남이 나에게 주는 것'으로 이해합니다. 여기서 또 한 번 아이들은 자기 자신을 상실합니다. 평가를 성적을 받는 도구로 생각하면, 객관식 문제를 풀 때에도 대충 알고 풉니다. 5지선다 중 답을 찍어서 얻어걸린 점수여도 그걸로 됐다고 생각합니다. 중간고사 전에 푼 문제를 다 맞았어도, 본 시험에서는 성적이 잘 안 나오는 이유가 이 때문이지요.

진정한 평가 의도는 '내가 아는 것과 모르는 것'을 구분하는 데 있습니다. 이는 메타인지와도 관련이 있습니다. 메타인지란, 자신이 생각하는 방식이나 학습 과정을 스스로 인식하고 조절하는 능력을 말합니다. '내가 무엇을 알고 있고, 무엇을 모르는지' 또는 '어떻게 해야 더 잘 배울 수 있을지'를 아는 능력입니다. 이 메타인지가 높은 아이들이 '자기주도학습'을 잘할 수밖에 없습니다. 자신이 모르는 부분을 어떻게 하면 잘 배울까 고민하며 스스로 목표를 세우고, 시간을 관리하며, 실행하고, 평가를 통해 모르는 것을 보완하는 그 과정을 잘 해내기 때문입니다.

산만한 아이는 왜 자기주도학습이 더 어려울까요?

'자기주도학습'의 키는 바로 '메타인지'에 있습니다. 그런데 이 메타인지와 관련된 뇌 영역은 전두엽, 특히 전측선두엽 피질prefrontal cortex이 주요 역할을 담당합니다. 전두엽은 계획, 의사결정, 자기조절, 문제해결과 같은 고차원적인 인지 기능을 담당하며, 메타인지 능력 역시 이 영역의 기능에 크게 의존합니다.

전두엽 기능의 약화

그런데 산만한 아이는 메타인지를 담당하는 이 전두엽 부분이 활성화가 잘 되지 않습니다. 《몰입》의 저자 황농문 교수님 인터뷰에 따르면, 자극적인 숏폼 콘텐츠와 게임은 '나' 자신을 거기에 집중시키고, '나'를 몰입하게 한다고 합니다. 스스로 집중하려는 노력을 안 하고, 외부의 자극적인 것들이 도파민을 분비시킨다는 것이죠. 이 경우, 뇌는 더 이상 집중하려는 노력을 하지 않는다고 합니다. 이에 따라 전두엽이 억제되거나 덜 사용되면서 전두엽의 기능이 점차 약화되는 것입니다. 게다가 집중력, 논리적 사고, 감정조절을 담당하는 전두엽이 자극적인 환경에 오랫동안 노출되면 감정억제능력 또한 저하되고, 충동적이며 사회적 기능이 약화된다고 합니다. 학습뿐만 아니라 생활 여러 면에서도 '조절능력'이 떨어지게 되는 것이지요.

요즘 아이들은 초등학교 저학년 때부터 스마트폰을 사용합니다. 자극적이고, 짧은 길이의 콘텐츠에 어릴 때부터 노출되고 있지요. 게임과 소셜미디어까지 아이들의 뇌를 자극하는 요소들이 늘어가고 있습니다. 이런 환경적인 영향으로 인해 아이들은 점점 더 전두엽의 기능이 약화되고, 스스로 계획하고, 실행하고, 성찰하는 메타인지 능력 또한 저하될 수밖에 없는 것입니다. 공부를 해야 하는 것도 알고 있고, 하고 싶기도 하지만 집중을 '할 수 없는 상태'가 되어버린 것이죠.

산만함을 결핍이 아닌
특성으로 바라볼 때 생기는 일

"ADHD여도 자기주도학습이 가능할까요?" ADHD 아이를 키우시는 부모님들께 이 질문을 자주 듣습니다. 선천적으로 주의력이 약한 세모와 만 5세부터 초등학교 4학년인 지금까지 매일 학습을 함께해왔습니다. 아이의 ADHD 진단 후, 아이의 뇌를 이해하기 위해 많은 책을 읽었습니다. 느린 전두엽 발달로 인한 주의력 결핍, 과잉행동, 충동성 조절의 어려움이 아이가 학습하는 데 있어 크고작은 문제들을 만든다는 것을 깨달았습니다.

지능에 문제가 없어도 아이와의 학습은 늘 어렵습니다. 학습을 시작하려 자리에 앉히기까지 여러 번 이름을 불러야 했습니다. 겨우 공부를 시작한 아이는 한 문제를 풀고는 관련없는 말을 시작하며 수다를 떨기도 하고, 동생에게 장난을 걸기도 합니다. 주의력이 약한 아이는 자신 있는 과목인 수학 문제를 풀어도 중간 과정에서 숫자를 마음대로 바꿔 전혀 다른 답이 나오는 실수도 합니다.

그럼에도 아이의 학습을 포기하지 않았습니다. 다섯 살, 1에서 100까지 숫자가 군데군데 적힌 학습지의 빈칸을 채우는 것이 첫 숙제였습니다. 숫자를 셀 줄 알아도 하기 싫어서 방구석에 숨던 아이는 초등학교 3학년이 되어 분수 연산 학습지 세 장을 해냅니다. 매주 일요일마다 그 다음주의 학습계획을 주간계획표에 적습니다. 그리고 매일 같은 시간에 책상에 앉아 해야 할 과제를 합니다. 주의력 결핍이 있는 ADHD 아이 세모는 어떻게 여기까지 해낼 수 있게 되었을까요?

산만한 아이들이 겪는 학습의 어려움을 해결하기 위해, 부모로서 무엇보다 우선해야 할 것이 있습니다. 바로 아이의 산만함을 결핍이 아닌, '특성'으로 바라보는 것입니다. 약한 주의력 또는 산만함을 결핍으로 바라보면, 우리는 계속 아이를 '고치고' 싶어집니다. 공부가 하기 싫다는 아이를 미워하게 되고, 계획 세우기를 어려워하는 아이에게 스스로하지 않는다고 채근하고, 몇 번이고 알려준 것을 계속 잊어버리는 아이를 한심하게 바라봅니다. 우리는 끊임없이 아이를 부족한 아이로 바라보게 됩니다. 그 과정에서 아이는 계속 자기 자신을 '상실'한 학습만을 배워갈 것입니다. 부모가 세운 공부 계획에 따라 부모가 시키는 대로 공부를 하니, 공부가 왜 어려운지, 공부를 해도 왜 점점 어렵기만 한지 그 이유도 모릅니다. 아이는 자신이 어느 방향으로 가는지도 모른 채 끌려가는 것이지요.

그러나 이 아이들의 산만함을 하나의 특별한 '성향'으로 바라보면, 우리는 아이를 돕고자 노력하게 됩니다. 아이의 산만한 말과 행동 그 너머에 있는, 자신도 잘하고 싶은 그 작은 마음을 들여다보게 됩니다.

그렇다면 이 아이들을 어떻게 도와야 할까요? 이제부터 아이들이 학습을 할 때 보이는 모든 어려움들에 "왜 그럴까?"라는 질문을 던져보세요. '왜 꼼지락거리는 걸까?', '왜 학습을 싫어할까?', '왜 자꾸 미룰까?', '왜 알면서 틀릴까?' 우리가 그 원인을 이해하고 공감할 때, 비로소 아이의 성취를 위해 함께 노력할 수 있습니다.

아이의 학습,
지능이 문제일까요?

아이의 ADHD를 의심하여 검사를 받았을 때, 종합심리검사(풀배터리)와 주의집중력 검사CAT를 받았습니다. 종합심리검사에는 아이의 지능을 테스트하는 웩슬러 지능검사가 있습니다. 웩슬러 지능검사에서 도출된 총점이 IQ(지능지수)로 변환됩니다. 웩슬러 지능검사의 총 IQ 점수는 대개 100점이 평균입니다. 즉, 대부분의 사람들은 IQ 85~115 사이에 분포하게 되며, 그 외의 범위는 더 낮거나 높은 지능을 의미합니다.

아동정신과 의사 미야구치 코지가 쓴 《케이크를 자르지 못하는 아이들》에는 경계선 지능에 대한 개념이 설명되어 있습니다. IQ 70이하의 사람을 지적 장애인으로 규정하며, 경계선 지능인은 IQ 70~84로 느린 학습자라고 지칭하기도 합니다.

흥미로운 점은 ADHD의 경우, 인지 기능이 높거나 낮은 정도에 상관없이 유전적, 신경학적, 사회심리학적으로 영향을 받아 주의산만, 과잉행동, 충동성을 나타나는 경향을 의미한다고 합니다. 즉, 주의력 결핍이 있다고 해서 지능이 낮을 거라는 생각은 잘못된 오해라는 것이죠. 실제 ADHD인들은 경계선 지능인부터 높은 IQ를 갖고 있는 영재까지 그 스펙트럼이 매우 넓습니다.

높은 지능이 성적을 보장해줄까요?

ADHD 아이를 키우시는 부모님들께서는 ADHD 진단을 받는 과정에서 아이의 지능 점수를 알게 됩니다. 이때 부모님의 반응은 둘로 나뉩니다. '지능은 평균 이상이라서 다행이다'와 '지능마저 평균 아래라니 학습은 안 되겠네'. 물론 지능이 높은 아이가 지능이 낮은 아이보다 이해도 빠르고, 기억력도 좋을 것입니다.

그러나 우리가 알아야 할 것이 있습니다. 높은 지능이 반드시 좋은 성적을 보장해주지 않는다는 사실을요. 중학교에서 아이들을 가르치면서 참 열심히 하는데도 성적이 잘 나오지 않는 친구들과 대충하는 것 같은데도 성적이 잘 나오는 친구들을 많이 보았습니다. 적당히 대충 공부해도 성적이 잘 나오는 친구들은 아마도 지능 점수가 높은 '머리 좋은 친구들'일 거라 생각합니다. 척하면 척 빠르게 이해하고, 남들보다 적은 시간을 투자해도 기억을 잘합니다.

그런데 반전이 존재합니다. 중·고등학교 6년을 보내면서, 상위권 아이들이 바뀌기 시작합니다. 고등학교에 가서도 늘 1등만 할 것 같던 친구들이 상위권에서 내려오고, 상위권까지 갈 수 없을 것 같았던 아이들이 어느새 전교 최상위권에 있습니다.

이렇게 상승곡선을 그려나가는 친구들의 공통점이 있습니다. 바로 학습에 있어 끈기를 갖고, 성실하게 하는 아이들이라는 것입니다. 자신의 머리만 믿고 뚜렷한 목표 없이 성적이 쉽게 잘 나오던 친구들은 실수 몇 번에 쉽게 좌절하고 공부를 점점 놓습니다. 저는 이런 친구들을 종종 보았습니다.

그릿Grit은 성공과 성취를 이끌어내는 중요한 성향으로, 끈기와 열정을 뜻합니다. 그릿이라는 개념은 심리학자 앤절라 더크워스가 제안한 것으로, 재능이나 IQ보다도 성공에 더 큰 영향을 미치는 요인이라고 합니다. 그릿은 짧은 기간의 노력이나 순간적인 열정이 아니라, 오랜 시간 동안 목표를 포기하지 않고 끝까지 밀고 나가는 태도를 말합니다. 그녀는 분야를 막론하고 성공한 사람들은 대부분 높은 그릿을 가지고 있으며, 이는 성공과 성취의 중요한 열쇠로 작용한다고 주장합니다.

학생들과 시험 전 상담을 할 때, 그릿이 높은 아이들을 만나곤 합니다. 그릇이 높은 친구들은 자신의 머리를 믿지 않습니다. 오히려 자신이 다 알고 있다는 착각에서 벗어나 계속해서 자신이 얼마나 알고 있고, 무엇을 모르는지를 끊임없이 성찰합니다.

부모님들께서는 아이의 지능이 높게 나오면 쉽게 단언하곤 합니다. 우리 아이는 공부를 잘할 것이라고요. 학부모 상담에서 단골로 듣는 말이 있습니다. "초등학교 때는 매일 100점 맞던 아이가 중학교 오니 공부를 안 해요." 인지 능력이 아무리 좋아도 학습에 대한 그릇이 없는 아이는 성취하기 어렵고, 인지 능력이 부족해도 그릇이 높은 아이는 포기하지 않고 끝까지 나아갑니다. 실수해도 다시 돌아보고 또 도전하지요. 이 과정을 통해 아이는 결국 자신이 목표한 곳에 다다릅니다.

'나는 똑똑하지 않아'라는 사고방식

저는 특별한 문제가 없다면 아이의 지능 검사를 굳이 하지 말라고 권해드리고 싶습니다. 지능 점수를 아는 부모는 아이의 학습 자체에 관심을 가지기보다 결과에 중심을 두게 됩니다. IQ가 높은 아이가 성적이 안 나오면 '왜 머리는 좋은데 노력을 안 하냐고' 할 것이고, 성적이 잘 나오면 아이의 노력보다 '역시 머리가 좋으니 잘하네'라며 결과값을 중시하게 되는 것이죠.

IQ가 낮은 아이들은 어떨까요? 아이가 학습을 힘들어할 때마다 부모는 도와주려 애쓰기보다 '어차피 성적이 잘 나올리 없지'라고 생각하며 쉽게 한계를 둡니다. 성적이 기대했던 것보다 안 나오면 '역시 머리가 안 좋아서 그렇구나' 하는 쉬운 결론에 이르겠죠.

우리 아이들은 주의집중력이 좋은 아이들에 비해, 계획하기부터 시간 관리, 부주의한 실수, 느린 학습 속도 등 여러 면의 실행 기능이 약합니다. 이러한 특징으로 인해, 부모는 '우리 아이는 공부에 관심이 없네', '공부 머리가 없네', '집중력이 약하니 공부는 당연히 못할 거야' 하고 아이의 성장 가능성에 대한 기대를 섭습니다. 바로 '고정 사고방식fixed mindset'을 갖고 있는 것이죠.

헨리 뢰디거의 저서 《어떻게 공부할 것인가》에는 '고정 사고방식'과 '성장 사고방식growth mindset' 개념을 설명합니다. 캐롤 드웩의 초기 연구 중에 뉴욕 시티의 한 중학교에서 성적이 부진한 7학년 학생들을 대상으로 한 연구 내용이 나옵니다. 이 연구를 통해, 그는 자신의 지능 수준이 고정되어 있지 않으며, 내 손에 달려 있다는 '확신'이 학습과 수행에 큰 영향을 미친다는 것을 밝혀냈습니다.

즉, 고정 사고방식을 가진 아이들은 '나는 집중을 잘 못하니까. 나는 공부 머리가 없으니까. 다시 해도 내가 원하는 목표는 이루지 못할 거야'라고 생각할 것입니다. 이런 사고방식을 갖고 있다면 어떨까요? 아이는 학습지 하나를 할 때에도 어려워 보이면 도전하기보다 도망갈 것입니다. 해봤자 잘 못할 것이라는 두려움이 생기기 때문입니다. 영어단어가 잘 외워지지 않으면, '나는 기억력이 나쁘니까' 하고 적당히 외워버릴 거예요. 시험 때 아는 문제도 틀리는 부주의함에도 다시 주의를 기울여 성찰하기보다 '나는 원래 실수를 잘 하니까'라고 생각하며 점점 학습에 대한 부정적인 인식과 태도가 습관화될 것입니다.

부모의 사고방식이 아이에게 미치는 영향

"우리 아이는 이렇게 산만하니 학습은 포기해야겠지."

"우리 아이는 주의력이 약할 뿐, 방법을 알려주면 다 해낼 수 있어."

우리는 아이를 바라보며 어떤 생각을 더 많이 할까요? 김주환 교수의 저서 《내면소통》에는 '내적 스토리텔링'에 대한 개념이 나옵니다. 우리의 뇌는 계속해서 자기 자신에게 스토리텔링을 들려준다고 합니다. 이런 스토리텔링은 우리가 자라면서 듣고, 경험해온 모든 것들이 만들어 내는 이야기입니다.

만약 아이가 양육자로부터 늘 들어온 말들이 고정 사고방식에 기인한다면 어떨까요? "공부를 하는데 집중을 해야지. 그런 태도로 공부할 거면 하지 마. 다른 애들은 이 정도는 다해. 이 정도도 못한다고 하면 어쩌려고 그러니?" 우리는 마음속 보이지 않는 잘하고 싶은 마음보다 머릿속 둥둥 떠다니는 생각으로 안절부절못하는 모습에 대해서만 자꾸 지적합니다. 부정적인 말을 듣고 자란 아이는 어떨까요? 아이는 자신도 모르게 '나는 공부 머리가 없어', '나는 못하는 애야', '나는 부족해'라는 내적 스토리텔링을 키워갈 것입니다.

반면, 부모인 우리가 성장 사고방식을 갖고 있다면 어떨까요? 아이가 주의력이 약해도 많은 성취를 이룰 수 있다는 믿음이 생깁니다. 그리고 부모가 아이에게 하는 모든 말과 표정, 행동에서 그 믿음이 전해질 것입니다. 아이의 점수보다 다시 도전하는 태도에 감탄하겠죠. 아이가 문제가 어려워 회피하고 싶을 때에도 비난하기보다 아이의 마음을 먼저 읽어주는 부모가 될 것입니다.

> 어린 시절 자아self가 형성되어가는 동안 양육자가 지속적으로 들려주는 사랑의 목소리는 아이의 자기가치감의 근원이 된다. 사랑과 보살핌의 목소리는 아이의 자의식에 내재적 질서로 펼쳐져 들어가 짜여지게interwoven 된다. 아이는 '누군가 나를 이렇게 보살피고 사랑해주는 것을 보니 나는 분명 가치 있는 존재다'라는 스토리텔링을 습관적으로 하게 된다. 이것이 아이의 '자기가치감sense of self-worth'의 근거가 된다.
>
> – 《내면소통》, 김주환 지음, 인플루엔셜

부모는 아이의 '환경' 그 자체입니다. 아이들을 키우면서 우리가 하는 모든 말과 행동이 아이들의 성장 속에 하나의 스토리텔링을 만들어 가고 있지요. "너는 가치 있는 존재야.", "주의집중력이 약해도 필요한 기술만 잘 익히면 너도 성공할 수 있어." 부모의 긍정적인 말은 아이의 내면에 스토리텔링을 만들어 주며, 용기를 북돋아줍니다. 이는 또 아이의 머릿속 스토리텔링이 되어 전해집니다. "나는 가치 있는 존재야. 나도 노력하면 집중할 수 있고 좋은 성적도 받을 수 있어."

앞서 말했듯, 산만한 아이의 특징은 전두엽 기능이 약한 것입니다. 이 전두엽 기능이 약한 관계로 '실행 기능'이 부족합니다. 학습을 계획하는 법, 시간을 관리하며 쓰는 법, 주의력을 잘 조절하는 법 등을 잘하지 못합니다. 산만한 아이들은 실행 기능을 높이는 기술들을 익히는 데 있어 반드시 '성장 사고방식'이 필요합니다. 아이는 자신이 산만하더라도 학습을 포기하지 않고, 도전하고, 또 도전하는 자세가 필요합니다.

부모가 아이에게 어떤 사고방식을 물려주는지에 따라, 아이가 난관에 봉착할 때 그대로 주저앉을지, 한 번 더 일어날지를 결정할 것입니다. 아이에게 '성장 사고방식'을 가져야 한다고 말하기 전에, 부모인 우리부터 성장 사고방식을 가져야 합니다. "나도 노력하면 잘 할 수 있다. 그러니 포기하지 말고 또 해보자." 아이의 내면의 목소리를 변화시켜 주세요.

아이의 학습을
쉽게 만들어 줄 습관

"엄마, 나 숙제를 안 하고 와서 찝찝해."

세모와 여행을 하는 중이었습니다. 아침 일찍 여행 일정을 소화하기 위해, 세모는 해야 하는 숙제를 하지 않고 호텔에서 나와야 했습니다. 아이는 '숙제를 하지 않은 상태'를 찝찝하다고 표현했습니다. 마치 아침 식사 후 양치를 하고 나오지 않았을 때처럼 말이죠. ADHD가 있는 세모를 키우면서 가장 중요시했던 것이 있습니다. 바로 '습관'입니다.

산만한 아이들은 뭐든 시작하는 것이 어렵습니다. 아이에게 "이제 숙제할 시간이야. 앉아."라고 말하면 바로 앉을까요? "아, 5분만 이따가." 아이는 5분 뒤로 미뤄버립니다. 5분이 지나면 아이는 또 말하죠.

"그냥 밥 먹고 하면 안 돼?", "자기 전에 하면 안 돼?" 숙제를 더는 미루지 못할 때가 오면 아이는 한 번 더 말합니다. "내일, 오늘 것까지 하면 안돼?"

많은 일들은 일단 시작을 하면 쉬워집니다. 습관은 시작을 쉽게 만들어 주는 중요한 키^{key}입니다. 주의력이 약한 아이에게 무엇보다 중요한 것은 루틴을 만들어 습관화해주는 것, 학습을 자동화해주는 것입니다. 아이가 처음 양치를 배울 때를 생각해보세요. 매일 아침 먹고 어린이집 등원 전에 양치하고, 점심을 먹고 나서 친구들과 함께 양치를 합니다. 그렇게 해온 아이는 반복된 루틴이 습관화됩니다. 습관화된 행동의 특징은 '이유를 묻지 않고 한다'는 것입니다. 학습 역시 습관이 되고, 자동화되면 우리는 "왜 해야 해?"라는 말을 더 이상 듣지 않게 될 것입니다.

산만한 아이들은 학습에 대해 꾸준히 물을 것입니다. "이거 왜 해야 해? 안 하면 안 돼?", "내일 하면 안 돼?", "왜 엄마 맘대로 해?" 이때, 아이에게 왜 해야 하는지, 왜 약속한 학습을 오늘 다 완료해야 하는지를 설명하지 않아도 되는 것이 습관입니다. 공부에 대해 동기부여도 잘 되고, 학습할 때 주의집중력이 높은 아이들은 아마도 스스로 이런 습관을 형성해갈 것입니다. 그러나 산만한 아이들은 이 습관이 자리잡기까지 부모의 노력이 필요합니다. 특히 부모의 간섭이 극도로 싫어지는 사춘기 이전, 그래도 부모의 권위를 잘 따르는 초등 저학년에 학습이 습관이 되도록 도와주어야 합니다.

산만한 아이들은 게으른 게 아니에요

"선생님, 왜 이렇게 아침마다 늦장 부릴까요? 맨날 빨리 하라고 해도 느릿느릿 준비합니다."

"선생님, 태영이는 너무 게을러요. 공부를 성실하게 해야 하는데 책상에 앉을 때까지도 오래 걸리고, 앉아서도 집중을 안 해요."

부모님들과 상담을 해보면 '산만한 아이는 게으르다'는 생각이 깊이 자리잡아 있음을 느낍니다. 아이가 어릴 때부터 쭉 보여준 행동들로 인해 부모님께서는 그렇게 판단할 수밖에 없을지도 모릅니다. 그러나 산만하다고 해서 결코 게으른 것은 아니에요. '게으르다'는 '할 수 있는데도 안 하는 아이들'에게 해당하는 표현입니다. 산만한 아이는 주의력이 약한 아이들입니다. 약한 주의력은 자신이 선택한 것이 아니죠. 전두엽 기능이 또래보다 저하되어서 그런 것입니다. 산만한 아이들의 마음을 들여다보면, 하고 싶은 마음도 있고, 또 잘하고도 싶어 합니다. 그러나 잘 안 되는 것 뿐입니다.

그렇다면 이 아이들은 못 하니까 하지 말아야 하는 걸까요? 아닙니다. 아이의 특성을 이해하고 핸디캡을 극복할 수 있도록 방법을 찾아 도와주어야 합니다. 주의력이 약함에도 불구하고 아이들이 습관적으로 해내는 것들을 한번 생각해보세요.

- 늦어도 늘 학교에 갑니다.
- 숙제를 빈약하게 해도 제출은 합니다.
- 준비물을 잊을 때가 많지만, 가방도 메고, 교복도 입고, 학교에 갑니다.
- 체육복을 잃어버릴 때도 있지만, 체육복을 빌려서라도 갈아입고 수업에 참여합니다.
- 아침·저녁 식사 후, 양치는 꼭 하고 잡니다.

아이의 하루 행동을 돌아보세요. 무언가 부족해 보일지 몰라도, 아이는 어느새 습관적으로 많은 것들을 해내고 있습니다. 아이의 어린 시절을 떠올려보세요. 지금 아이가 하는 행동들은 부모의 모습을 통해 배운 것입니다. 양육자가 매일 같은 시간과 장소에서 아이와 함께 한 행동들의 흔적입니다. 해가 뜨면 아이를 깨웁니다. 세수를 하고, 아침 식사를 하고, 양치를 하고, 외출복으로 갈아입고, 준비물을 챙겨 어린이집, 유치원, 학교에 갑니다. 같은 시간의 같은 행동들이 쌓여 루틴이 되고, 자동화가 된 덕분이지요.

학습도 마찬가지입니다. 처음이 어려울지 몰라도 늘 같은 시간에 같은 과제를 하고, 그 결과 작은 성공 경험들이 보상이 되어 쌓이면 아이는 학습을 더 쉽게 시작하고, 완료할 거예요. 그러니 아이를 불성실하거나 게으른 아이로 바라보지 마세요. 습관이 되지 않은 것뿐입니다. 매일 아침 학교에 가는 게 습관이 된 아이들은 "엄마 왜 학교에 가야 해요?"라고 매일 묻지 않습니다. 그냥 갑니다. "엄마, 왜 내복이 아니고 외출복을 입어야 해요?"라고도 말하지 않지요. 아이는 매일 외출복으로 갈아입고 나갔으니까요. 학습도 그렇게 자동적으로 해낼 수 있습니다. 습관의 힘으로 말이죠.

여든까지 가져가는 좋은 습관 만드는 법

주의력 결핍에 과잉행동과 충동성이 있는 ADHD 아이를 키우면서 깨달은 것이 있습니다. 산만하다는 것이 절대 학습을 하지 못한다는 변명이 될 수 없다는 것을 말이죠. 저는 아이가 "왜 숙제를 해야 해요? 왜 공부를 해야 해요? 왜 지금 해야 해요?"라는 말을 매일 들을 자신이 없었습니다. 매일 설득할 자신도 없었고요. 산만한 아이들은 학습에 대한 동기부여가 잘 되지 않고, 학습 난이도가 올라가거나 학습량이 늘어나면 집중을 어려워하니 쉽게 포기하고 좌절하는 경향이 짙습니다. 그럴 때마다 아이는 이런 생각에 빠질 겁니다. '왜 이걸 해야 할까? 재미도 없고, 성과도 없는 이 어려운 것을 왜 엄마가 시킨다고 해야 할까?'

백 번을 말해도 지나치지 않은 습관의 중요성

헨리 뢰디거, 마크 맥대니얼, 피터 브라운의 저서 《어떻게 공부할 것인가》에서는 습관에 의한 '자동적인 행동'을 이렇게 설명합니다. 목표를 위해 '의식적으로 행동'할 때 쓰이는 신경 회로는, 습관의 결과로 '자동적인 행동'을 할 때 쓰이는 신경 회로와 다르다고 합니다. 습관적인 행동은 뇌 안쪽에 있는 기저핵에서 담당합니다. 연속적 과제를 오랫동안 훈련하고, 반복하면 기저핵 영역에 기록이 되는데요, 이 기저핵에서는 안구 운동, 걷기 등 무의식적인 행동을 통제합니다. 즉, 습관 형성은 안구 운동이나 걷기 같은 운동 동작과 의식적으로 생각하는 인지적 행위를 하나로 묶는 것을 의미합니다.

우리는 소리가 나면 소리가 나는 쪽을 바라봅니다. 책을 읽을 때는 글자를 따라 눈을 움직입니다. 아침에 일어나 화장실을 가고 싶을 때, '오른쪽 다리를 들고 왼쪽 발을 땅에 딛으며 걸어야 해'라고 생각하며 걷지 않습니다. 모든 것이 자동적이죠. 습관을 들인다는 것은 이런 의식적인 결정을 생략하는 것입니다. 처음엔 연습이 필요했던 모든 행동들을 루틴으로 만들어 매일 하게 되면 반사적인 행동이 됩니다. 산만한 아이에게는 이 습관이 너무나도 중요한 것이지요. '지금 공부 할까 말까', '이 과목을 왜 해야 하지', '엄마 말을 들을까 말까' 하는 선택의 순간에 쓰이는 불필요한 에너지 소모를 생략해주는 것입니다.

또한 습관은 해야 할 일을 우선하는 데에도 도움이 됩니다. 주의력이 높은 아이들은 해야 할 일과 하고 싶은 일이 있을 때, 해야 할 일에 쉽게 자신의 주의를 조절하여 몰입합니다. 조금 지루하더라도 해야 하는 일이니까, 보상을 받을 수 있다는 장기적 관점에서도 생각하며 해야 할 일을 우선하지요.

그러나 주의력이 약한 아이들은 해야 할 일과 하고 싶은 일, 두 가지 모두 중요하게 생각합니다. 당장 내일 시험이 있는데도, 오늘 친구와의 게임 한 판 역시 중요한 일인 거죠. 특히 즉각적이고 재미있는 게임이 주는 도파민 자극에 익숙해진 아이들은 시험 공부를 해서 시험 점수를 잘 받고, 자신의 미래에 도움이 된다는 장기적인 보상에 동기부여를 얻기 어렵습니다. 당장 나에게 도파민을 줄 수 있는 행위를 바로 선택하지요.

이때, 해야 할 일을 먼저 하는 습관 형성이 된 아이들은 아무리 게임이 하고 싶어도, 일단 해야 할 과제를 합니다. 세모는 주말에만 게임을 할 수 있습니다. 월요일부터 금요일까지는 해야 할 과제를 합니다. 하루라도 과제를 하지 못하면, 주말에 게임을 하지 못합니다. 이 루틴은 아이가 만 5세일 때, 매일 학습지 한 쪽 풀고 스티커 하나 붙이기에서 시작되었습니다. 전두엽 기능 저하로 실행 기능이 약한 아이들은 우선순위를 구분하는 연습이 매우 중요합니다. 따라서 매일 해야 할 일을 먼저 하고, 하고 싶은 일을 이후에 할 수 있게, 어릴 때부터 습관화해주는 것이 중요합니다.

습관의 세 가지 조건

첫째, 습관 형성을 위해서는 '반복, 완료, 보상', 이 세 가지가 가장 중요합니다. 반복적으로 매일 같은 과목과 같은 시간, 같은 학습량으로 루틴을 만들어 줍니다. 세모는 수학 연산 문제 두 장, 심화 문제 한 장, 국어 독해 문제집 세 장, 영어책 한 권 낭독을 매일 하고 있습니다. 물론 학습 과목이나 양은 아이의 수준이 올라갈 때는 늘려주기도 하고, 또 너무 어려워할 때에는 줄여주기도 하는 융통성을 발휘합니다.

매일 학습 루틴을 만들 때 주의할 사항이 있습니다. 주의력이 약한 아이들은 매일 같은 과목을 하는 것이 중요합니다. 월요일은 국어, 화요일은 영어, 수요일은 수학 이렇게 하기보다 적은 양이라도 매일 국, 영, 수를 모두 학습하고, 다음 날 그 과목들을 반복하는 것이 좋습니다. 매일 다른 과목을 할 경우에는, 아이들이 "오늘은 뭐하는 날이지?" 하며 정보를 입력하고 확인하는 데 주의가 분산되기 때문입니다.

둘째, 학습을 매일 '완료'하도록 도와줘야 합니다. 산만한 아이들은 시작한 일을 '끝맺는 것'이 어렵습니다. 아이들이 매번 과제를 완료하지 못하면 어떨까요? 주의를 기울이고, 집중하려 노력하고, 애를 쓰는 데 성취감을 느끼지 못합니다. 그러다 보면 다음에 또 하고 싶은 생각이 들지 않습니다. 따라서 아이에게 작은 성공 경험을 주기 위해서는 언제나 '끝맺음'을 중요시해야 합니다.

만약 아이가 과제를 하는 데 있어 끝맺음이 어렵다면 두 가지 방법을 사용해보세요. 난이도를 낮추거나, 양을 줄이세요. 가끔 어머님들께서 이렇게 말씀하십니다. "학습지 두 장이 많나요? 덧셈 뺄셈인데요?" 과제를 대하는 아이의 태도가 자신감이 결여되어 있고, 하기 싫어서 몸을 배배 꼰다면, 학습지 두 장이 아무리 쉬운 내용이어도 아이에겐 어려운 것이지요. 양이 많은 것입니다. 이땐 학습지 한 장으로 줄여야 합니다. 한 장도 많다고 하면 한 쪽, 한 쪽도 많다고 하면 문제 세 개로 줄여야 해요. 우리의 목표는 '작은 성공 경험'을 주는 것입니다. 그 성취감은 '완료'에서 나옵니다. 그렇게 쌓인 성취감이 내일 또 문제 세 개를 풀게 만드는 것입니다.

마지막으로, 적절한 보상이 있어야 합니다. 이 보상은 아이들마다 다릅니다. 확실한 것은 산만한 아이들에겐 처음엔 과제의 즐거움에서 오는 '내적 보상'보다 아이들이 정말로 갖고 싶어 하고 동기부여가 확실히 되는 '외적 보상'을 이용하셔도 됩니다. 스티커 붙이기나 맛있는 간식, 하고 싶은 놀이 하기 등 아이가 해야 할 일을 먼저했더니 하고 싶은 것, 갖고 싶은 것이 온다는 그 경험을 하게 해주셔야 합니다.

처음에는 즉각적으로 보상해주셔야 합니다. 보상 지연은 이 주의력이 약한 아이들에게 매우 어렵습니다. 보상 지연이 잘 되는 아이들이었다면 '내가 오늘 힘들어도 이 공부를 하면 내가 원하는 직업을 가질 수 있어'라고 생각했겠지요. 그러나 산만한 아이들은 이런 장기적인 보상을 보는 것이 어렵습니다. 따라서 처음에는 즉각 보상으로 시작해보세요. 보상에 대한 자세한 내용은 4장에서 자세히 다루겠습니다.

* 2장 *

학습의 시작: 시작조차 어렵다면

사라진 동기를 찾습니다

"내가 영어를 왜 배워야 해? 우리나라에서만 살 건데 영어를 왜 배우는 거야.", "무슨 말인지 하나도 모르겠어! 그냥 내일 하면 안 돼?" 우리는 아이와 학습을 할 때마다 이런 난관에 부딪힙니다. 시작부터 어렵지요. 산만한 아이들은 왜 학습을 더 하기 싫어할까요? 주의력이 약한 아이들은 왜 학습동기마저 잃는 것일까요? 주의집중력과 동기부여는 어떤 관계가 있을까요?

중학교 2학년과 3학년의 영어 학습부진 아이들을 가르치면서 느낀 점이 있습니다. 바로 이 아이들은 그동안 누적된 학습 실패 경험들이 또래보다 더 많다는 것이었습니다. 누적된 실패 경험들은 아이들에게

'나는 해봤자 못해'라는 자아개념을 심어줍니다. 자기 자신에 대한 부정적인 인식으로 인해, 과제에 '주의'조차 기울이고 싶지 않은 것이지요. 아이들은 과제가 아닌 즉각적으로 성취감을 쉽게 느낄 수 있는 게임이나 친구들과의 SNS 채팅에 쉽게 주의력을 빼앗깁니다.

"왜 이렇게 산만하니?", "친구들은 한글을 다 읽는데 효정이 너도 빨리 읽어야지.", "아까 여러 번 말해줬는데 또 까먹었어? 집중하긴 한 거야?" 어릴 때부터 부정적인 피드백을 들어온 아이 입장에서는 동기부여가 더욱 되기 쉽지 않습니다. 누적된 실패감으로 인해, 아이에게는 '학습은 나에게 실패감만 주는 것'이라는 생각과 그 정서가 깊이 박혀 있습니다. '숙제해봤자 또 못 풀어서 엄마한테 혼나고, 곱셈도 못하는 아이로 비춰질 거야' 하는 두려움도 아이의 동기를 사라지게 만드는 원인입니다.

게다가 부모가 아무리 "한글을 읽을 줄 알아야 책을 읽고 똑똑해질 수 있다.", "영어를 잘하면 글로벌하게 해외 경험을 쌓고, 돈도 많이 벌 수 있다."라고 동기부여를 해봐도, 먼 미래를 상상하기 어려운 산만한 아이들에겐 크게 동기부여가 되지 않습니다. 마치 우리에게 누군가가 "이제 중국어, 불어를 배워야 한대."라거나 "박사 학위 정도는 따야 크게 성공할 수 있어."라는 말을 해줘도, 먼 미래의 나에게 필요할 것 같지 않다면 전혀 동기부여가 되지 않는 것처럼 말이죠.

단 하나의 초콜릿이 주는 동기

산만한 아이부터 주의집중력이 높은 아이까지 모두가 함께하는 교실에서 수업을 할 때, 모든 아이들의 주의집중을 한 번에 끌어올릴 수 있는 방법이 있습니다. 바로 외적 보상을 거는 것입니다. 어느 날엔 상점을 부여하거나 어느 날엔 달달한 초콜릿이나 사탕을 준비합니다. 그런 날은 수업 내내 졸던 아이도 일어나서 하나라도 문제를 더 맞히려고, 제가 설명하는 개념들을 놓치지 않고 열심히 듣습니다. 하지 않던 필기도 하고, 영어단어를 하나라도 더 적어두며 외우려고 노력하는 모습도 보입니다.

앞서 말했듯이 주의력이 약한 아이는 일단 시작이 어렵고, 보상을 위해 자신의 만족을 지연시키는 힘도 약합니다. 그렇기에 즉각적인 외적 보상을 줌으로써 일단 '하게 만드는 것'이 중요합니다. 저 역시 세모에게 새로운 일을 시키는 게 어려웠습니다. 처음은 항상 두렵고, 오르지 못할 산처럼 높게만 보이니까요. 부모님들께서도 무언가를 처음 배울 때를 생각해보세요. 처음 외국어를 배울 때, 특히 관심도 없고 싫어하는 과목을 공부해야 했을 때는 무엇으로 동기부여를 얻으셨나요?

동기에는 외적 동기와 내적 동기가 있습니다. 외적 동기는 특정 과제를 잘했을 때 받는 부모나 교사의 칭찬, 용돈, 게임 시간, 토큰(스티커) 등으로 인해 발현되는 동기를 말합니다. 또는 하지 못했을 때 받는 부정적인 피드백이나 벌점도 그 일을 하게 만드는 동기가 됩니다. 반면, 내적 동기는 그 과제에서 느끼는 재미, 관심에 의해 하게 되는 동기를 말합니다.

산만한 아이들은 자신이 가장 좋아하거나 관심 있는 것에는 몰입을 하지만, 해야 하는 일에는 좀처럼 몰입을 하지 못합니다. 단순한 '의무감'으로는 동기부여가 되지 않기 때문이죠. 이때 하기 싫은 과제에 '좋아하는 것'을 보상으로 연결시켜주는 것이 '외적 보상'의 개념입니다. 외적 보상은 외부에서 주어지는 보상으로, 물질적 보상이나 사회적 인정 등이 이에 해당합니다. 예를 들면, 시험에서 좋은 점수를 받으면 칭찬을 듣거나 상을 받는 것, 숙제를 제때 끝내면 게임 시간을 추가로 허락받는 것 등이 외적 보상입니다.

외적 보상은 하기 싫거나 어려워 보이는 일에 도전하고 재미를 느낄 수 있을 때까지 그 과제를 지속하게 하는 데 아주 효과적입니다. 세모의 학습은 스티커 붙이기에서 시작되었습니다. '하기 싫지만 그래도 앉아서 학습지 한 쪽을 푸니 스티커를 받았네?' 이 경험이 아이의 두 번째 학습동기가 되었습니다. 그리고 또 한 번의 성취감이 세 번째 학습동기가 되고, 그 다음으로 이어져 긍정적인 첫 학습의 경험이 쌓이는 것입니다.

물론, 외적 보상이 좋기만 한 것은 아닙니다. 외적 보상은 행동을 강화하기 위해 구체적이고, 즉각적인 결과를 제공하는 데 유리하지만, 지나치게 의존하면 보상이 없어졌을 때 동기 유지가 어려울 수 있습니다.

그러나 정말 다행인 것은 외적 보상을 통해 꾸준히 학습한 경험이 아이의 실력을 향상시킨다는 점입니다. 누구든 "나 이거 좀 잘하네?"라는 마음이 들면 그 일에 대해 재미를 느끼게 되는데요, '자기효능감'은 이렇게 탄생합니다.

따라서 외적 보상은 아이가 첫 과제를 실행하는 순간부터 내적 동기가 발현되어 습관적으로 해낼 수 있을 때까지 이끌어주는 역할을 합니다. 우리의 목표는 아이가 어려운 걸 끙끙대며 붙잡고 완료하지 못해 좌절하게 만드는 것이 아닙니다. 아이에게 '곱셈도 계속 하니까 그렇게 어렵지 않네? 엄마가 하라는 게 생각보다 많진 않네? 나 좀 잘하는 걸? 나도 숙제를 잘 하는 아이구나?' 이런 생각이 들도록 돕는 것입니다. 지속할 수 있는 힘을 키워주는 것을 목표로 삼아야 합니다.

멀리 보는 연습도 필요합니다

"세영아, 너는 왜 공부를 안 해?" 3월 진단평가에서 영어 학습부진학생으로 선정되어 기초학습지원반에 들어온 세영이에게 단도직입적으로 물었습니다.

"잘 못하기도 하고, 꼭 필요하진 않아서요."

"이제 5년 뒤면 스무살 성인이 될 텐데, 무슨 일을 하며 돈을 벌고 싶니?"

"모르겠어요."

학습부진이 누적된 아이들은 보이지 않는 것을 '보는 힘'이 약합니다. 보이지 않는 것 중에는 '시간'이 있습니다. 주의력이 약한 아이들은 실제로 시간 개념이 약합니다. 따라서 계획을 잘 세우지 못합니다. 실행력도 부족하고요. 계획은 다른 의미로 목표를 뜻합니다. 산만한 아이들은 목표를 단기적·장기적으로 세우기 어려워합니다. "내가 오늘부터 매일 수학 세 장을 풀면 이 문제집을 한 달 뒤에 끝낼 수 있고, 이 문제집을 다 풀고 나면 4학년이 되었을 때, 분수를 더 쉽게 배울 수 있겠다. 이렇게 열심히 공부하면 좋은 고등학교에 입학해서 내가 원하는 대학, 원하는 과에 들어갈 수 있을 거야. 결국 나는 내가 되고 싶었던 과학자가 되는 거지!" 이 아이들은 장기적인 목표를 염두에 두고, 동기부여를 하는 것이 매우 어렵습니다.

목표 설정과 동기부여의 중요성

주의집중력이 약한 아이들에게는 확실한 목표 설정과 동기부여가 필요합니다. 이 아이들에게 목표를 설정하고, 동기부여를 주고자 할 때는 다음의 방법을 활용해보세요.

첫째, 아이가 공부하는 과목이나 과제가 자신의 삶에 어떻게 도움이 될지 구체적으로 설명해줍니다. 예를 들어, 일상생활과 연관을 지어주는 것입니다. 어린 아이들에게는 "덧셈, 뺄셈을 매일 연습하면 나중에 네가 좋아하는 게임의 점수 계산을 더 잘할 수 있어. 친구가 점수 계산을 잘못했는데 네가 모르면 어떨까? 억울할 수도 있겠지?"

미래의 꿈과 연결해주어도 좋습니다. "세영이 넌 축구를 좋아한다고 했지? 우리 동네에 키즈축구클럽 하시는 코치님 계시잖아. 그런 직업을 가질 수도 있어. 그런데 영어를 배우잖아? 그럼 넌 영어를 할 수 있는 외국인에게도 축구를 가르쳐줄 수 있고, 영어도 배우고 싶어 하는 아이들을 위해 영어축구클럽을 운영할 수도 있지. 영어를 한다는 건 말이지, 전 세계인이 너의 고객이 될 수 있다는 걸 의미해. 그러니 영어를 배워두면 언젠간 도움이 되겠지?"

유·초등생 아이들에게는 성공한 사람들의 이야기를 많이 들려주는 것도 좋습니다. 저는 세모에게 ADHD가 있음에도 성공한 스티브 잡스나 빌 게이츠 등의 위인전을 꼭 읽게 했습니다. 자신과 비슷한 특성이나 성향을 지닌 위인의 어린 시절을 읽어보는 일은 자신의 미래를 실제로 그려보고 시각화하는 데 도움이 됩니다. 위인이 걸어온 발자취를 간접적으로 경험해보며 장기적인 목표도 세워볼 수 있지요.

둘째, 학습이 우리의 뇌 발달에 얼마나 중요한지 과학적으로 설명해주세요. '아이들이 이런 말들을 이해할 수 있을까?', '와 닿긴 할까?' 라는 생각이 들 수 있습니다. 그러나 아이들에게 꾸준히 강조해주면,

공부가 단순히 지식을 얻는 것 이상으로 문제해결 능력이나 논리적인 사고를 길러준다는 점을 받아들이게 됩니다.

"뇌는 사용하지 않으면 그 기능을 담당하는 부분을 가지치기 하면서 쓰지 않게 한대. 그런데 매일 게임만 하고, 책도 안 읽고, 수학 문제도 풀지 않는다면 어떻게 되겠니? 점점 뇌가 발달하지 않겠지? 우리가 골고루 먹어야 키도 크고, 몸무게도 늘고, 건강해지잖아. 뇌는 우리가 운동하고, 책을 읽고, 수학 문제도 풀 때 점점 더 건강하게 발달해. 이 과제들은 우리 뇌가 자랄 때 필요한 영양소 같은 거야.", "수학 문제를 풀 때 너의 두뇌가 더 똑똑해지고, 어려운 문제를 만나도 해결하는 방법을 배울 수 있어.", "글을 읽고 쓰는 건 네가 세상을 더 잘 이해하게 만들어 줘. 네 생각을 더 쉽게 표현할 수 있겠지." 디지털 기기에 주의력을 도둑맞는 시대를 살아가는 우리 아이들에게 뇌 건강의 중요성은 '단 것을 많이 먹어서는 안 되고, 가공육을 적게 먹어야 몸에 좋다'고 말해주는 것과 같습니다. 뇌 건강을 살아가며 중요하게 여겨야 하는 부분으로 가르쳐주세요.

마지막으로 아이들이 다양한 경험을 통해 자신의 적성을 찾고 학습의 의미를 깨달을 수 있도록 도와주세요. 아이들에게는 교과서를 보고 문제집을 푸는 것이 자신의 꿈에 어떤 도움이 될지 와 닿지 않습니다. 실제로 아이들이 어떤 직업을 가지게 될지 우리는 상상하지 못합니다. 아이들이 살아갈 세상은 빠른 속도로 달라지기 때문입니다.

그럼에도 불구하고 아이들에게 학습을 시켜야 하는 이유는 분명 있습니다. 학습은 수단이기 때문입니다. 매일 같은 자리에 앉아 해야 할 업무를 마무리하는 자세, 장기적인 목표를 세우고 단기적인 계획을 세워 완료하는 성실함, 하고 싶은 일보다 해야 할 일을 우선하는 책임감, 자신이 모르는 것을 성찰하고 다시 도전하는 회복탄력성 등을 아이는 학습을 통해 배웁니다. 이런 태도들은 아이가 어떤 직업을 가지든 반드시 필요합니다.

다양한 경험을 통한 적성 찾기

캐나다에서 지내며 주위 학부모들의 아이들이 고등학교를 졸업한 후에 다양한 진로를 선택하는 이야기를 종종 들었습니다. 한 아이는 농장에서 젖소를 돌보고, 우유 짜는 일을 한다고 합니다. 아침 일찍 일어나 젖소들의 건강을 점검하고, 여물과 물을 주며 청결을 유지하는 일로 하루를 시작하겠죠. 젖소들이 편안하고 건강하게 지낼 수 있도록 늘 주의를 기울여야 합니다. 일이 끝나면 각종 장비를 세심히 점검하고, 위생을 유지하는 등 반복적인 일들을 해냅니다. 이런 반복적인 일 속에서 아이는 어린 시절 학습을 통해 익힌 성실함과 책임감으로 자신만의 직업에서 성취감을 느끼며 살아갈 것입니다.

어릴 때부터 다양한 경험을 해본 아이들은 자신이 좋아하는 일, 잘할 수 있을 것 같은 일을 찾을 확률이 높습니다. 우리나라에서 초등학생 아이들이 꿈꾸는 직업 1위는 운동선수이고, 중학생과 고등학생의 희망 직업 1순위는 교사라고 합니다. 미디어를 통해 가장 많이 보는 스포츠나 학교에서 제일 자주 보는 선생님이 아이들의 꿈이 될 확률이 높은 것이지요. 제 제자들 중에는 양계장에서 일하거나 자동차 정비 등 다양한 직군에서 일하는 아이들이 있습니다. 아이들이 어떤 직업을 선택하게 될지 알 수 없지만, 아이의 선택권을 넓혀주는 일은 부모의 몫이라 생각합니다. 모든 아이들이 의대를 향해 달려갈 필요는 없습니다. 또 그렇게 할 수도 없고요. 아이의 적성에 한계를 두지 마세요. 다양한 경험을 통해 아이는 자신에게 맞는 장기적인 목표를 찾아낼 수 있습니다.

'공부는 그냥 하는 거야' 마인드셋

세모의 학습 습관 형성을 도와줄 때였습니다. 초등학교 1학년 때까지는 저 역시 아이의 학습을 이끌기 위해 많은 설득을 해야 했습니다. 영어가 왜 중요한지, 수학은 왜 중간에 그만두면 안 되는지 등 아이가 꾸준히 성장곡선을 그리도록 도와줘야 했죠.

그러나 때로는 "공부는 그냥 하는 거야."라고 말해주었는데요, 이 말도 꽤 도움이 되었습니다. 이는 아주대학교 정신건강의학과 조선미 교수님께서 유튜브 채널 〈교육대기자TV〉에서도 강조하신 말씀이었습니다. 재밌어서 과하게 몰입하던 공부도, 부모가 무섭게 혼을 내서

하는 학습도 어느 순간 재미가 사라지거나 부모의 말이 더 이상 먹히지 않는 사춘기가 오면 멈추기도 합니다.

저는 세모에게 이렇게 말해주곤 했습니다. "사람은 누구에게나 해야 할 일이 주어져. 그게 의무야. 그걸 해내면서 책임감을 배우고, 보상도 받아. 엄마는 학교에, 아빠는 회사에 출근해. 그렇게 해야 할 일을 하고, 월급을 받고, 우리 가족이 먹을 음식이나 즐거운 여행에 돈을 쓸 수 있는 거야. 세모는 학생이기 때문에 학습이 해야 할 일이야.", '해야 할 일을 해야 하고 싶은 일을 할 수 있다'는 개념을 가르쳐 주기 위해 이렇게 설명해주기도 했습니다. 특히 초등 저학년부터 이 개념을 알려주고, 꾸준히 학습 습관을 형성해준다면, 아이는 더 이상 수많은 '왜'를 묻지 않을 것입니다. 모든 아이들이 이 가치관을 가졌으면 좋겠습니다. 건강한 일상을 살아가는 사람은, 해야 할 일을 우선하는 데서 그 보상이 따라오는 것을 잘 아는 사람이라는 것을요.

계획을 왜 세워야 해요?

시험 기간이 다가오면 아이들은 수업 시간에 꾸벅꾸벅 좁니다. 시험 기간에 더 집중해서 수업을 들어야 하는데, 왜 더 잠을 자려고 할까요? 평소에 하지 않았던 공부를 몰아서 하기 때문입니다. 벼락치기라고 하죠. 그런데 이 기간에도 눈이 똘망똘망한, 자신의 주의를 어디에 기울여야 할지 알고, 집중력을 유지하는 아이들이 있습니다. 상위권 친구들입니다. 전교 1등 학생에게 학습 시간 관리 비법을 물어본 적이 있습니다. 아이는 제게 자신의 계획표를 보여주었습니다. 아이의 스터디플래너를 보고 나니 고개가 끄덕여졌습니다. 이 아이가 왜 시험 기간에도 불안해하지 않고, 차분히 공부할 수 있는지 말이죠. 전교 1등의 스터디플래너에는, 최소 3개월의 월간계획과 주간계획, 그리고 매일 해야 할 일을 적어놓은 To do List와 색깔 별로 구분하여 체크해 둔 타임트래커까지 빼곡했습니다.

저는 ADHD 아이와 매주 일요일마다 주간계획을 함께 세웁니다. 매일 같은 일정이라, 계획이라 할 것도 없이 지난주의 스케줄을 그대로 옮겨 적는 일도 많습니다. 그럼에도 꾸준히 계획표를 쓰게 하는 이유가 무엇일까요? 주의력이 약한 산만한 아이들에게 '계획'은 마치 기어다니는 아기에게 뛰자고 하는 것만큼이나 어려운 과제입니다. 때문에 반복을 통해 습관으로 만들어 주는 것이 좋습니다. 그 뿐만이 아닙니다. 계획을 세워도 실행하지 못하는 경우도 많지요. 그럼에도 왜 계획을 세워야 할까요? 계획이 없으면 시험에 임박해서 급히 밤을 새며 공부하느라 학교에 와서 꾸벅꾸벅 졸거나, PC방에서 종일 게임을 하거나, 시간이 어떻게 가는지도 모른 채 스마트폰에 몰입하기 때문입니다.

산만한 아이의 시간은 흐르지 않아요

산만한 아이에게 '시간'이란 어떤 것일까요? 일단, 주의력이 약하면 '시간 개념' 역시 굉장히 약합니다. 이 아이들에게 시간은 그저 시계 바늘이 나타내는 하나의 숫자일 뿐입니다. 주의력이 약한 아이들은 보이지 않는 것을 보는 힘이 약하다고 했었지요. 상상력이나 추론 능력이 부족합니다. 시간 역시 그렇습니다. ADHD 아이를 키워보면, 비ADHD인과 ADHD인들의 시간 개념이 어떻게 다른지 더욱 실감하게 됩니다. 비ADHD인들은 과거-현재-미래 순으로 시간의 흐름을 인지하지만, ADHD인들은 시간을 흐름이 아닌 '지금'과 '지금이 아닌 시간' 이분법적으로 인지합니다.

주의력이 떨어지면 주변을 살피고, 주의를 필요한 곳에 기울이기 어렵습니다. 이때, 시간 지각마저 어려우면 어떨까요? 해야 할 일보다 하고 싶은 일에 푹 빠져 시간을 헛되이 씁니다. 지각도 잦고, 미루고 미뤄 산더미처럼 불어난 학습을 감당하지 못해 안절부절하며 밤을 새겠죠. 아니면 눈덩이가 되어 굴러오는 공부량이 무서워 스마트폰이나 게임으로 도망가 버릴 것입니다.

산만한 아이의 시간은 흐르지 않고 멈춰 있습니다. 과거-현재-미래의 시간의 흐름을 잘 인지하지 못하는 이 아이들은 지루한 일을 할 때 시간이 아주 느리게 갑니다. 과잉행동이 있는 아이들은 이 지루함을 견디지 못하고, 수업 시간에 손을 꼼지락대거나 몸을 가만두지 못해 들썩이며 옆 친구와 수다를 떨기도 하지요.

중학교에서는 이런 학생들도 많이 봅니다. 과잉행동은 없지만 머릿속이 공상으로 꽉 찬 산만한 아이들입니다. 수업이 지루하게 느껴지면 이 아이들의 머릿속은 '지금-여기'에 있지 않고, 지금이 아닌 시간에 머물러 있습니다. '오늘 끝나고 뭐하지?', '오늘 점심 어떻게 빨리 먹지?', '쟤네는 무슨 얘기하는 거지?' 또 가만히 있지 못하고 조용히 교과서에 낙서를 하는 친구들도 많습니다. 이 아이들의 귀에는 선생님이 설명하는 수업 내용이 그저 배경음악처럼 의미 없이 흘러갑니다.

반면, 이 아이들이 흥미가 있거나 자극적인 도파민들을 만드는 스마트폰, 게임 등에 몰입할 때는 시간이 매우 빠르게 흘러갑니다. 주의력이 높은 아이들은 이런 게임을 하더라도 '아, 6시에 학원 수업이 있으니 5시까지만 하고 준비해서 나가야겠다'라는 미래에 대한 시간까지 관리할 수 있지만, 산만한 아이들은 이렇게 시간을 관리하는 것이 어렵습니다.

산만한 아이들의 계획은 더욱 정교하게

아이들의 시간 관리 문제는 또 다시 '실행 기능' 저하 문제로 귀결됩니다. 전두엽 기능이 저하되면 '실행 기능'이 떨어집니다. 실행 기능 안에 가장 중요한 것이 바로 '계획을 세우고, 시간을 관리하는 능력'입니다. 누군가에게는 계획이 그저 할 일을 적고, 그 일을 해내고, 선을 긋는 단순한 일일 수 있지만, 계획 설정은 굉장히 고차원적인 행위입니다. 보이지 않는 미래를 상상하고, 자신이 목표한 일을 위해 단계적으로 무엇을 해야 할지 인지해야 하고, 그 일의 소요 시간도 예측할 줄 알아야 합니다. 이 과정을 순차적으로 정리하는 것이 바로 계획입니다.

그러므로 산만한 아이들에게는 '계획하기'를 정교하게, 친절하게 가르쳐줄 필요가 있습니다. 어른의 눈으로 보면 아이들이 계획 없이 편한 마음으로 하루를 보내는 것 같지만, 아이들 마음속은 늘 불안합니다. 아이들도 계획을 세워 하루를 알차게 보내고 싶어 합니다. 다만 하기 어려운 것일 뿐이지요. 아이들은 계획을 세우지 못해 늘 미완성된 과제를 제출하면서 느끼는 후회와 늦은 등교 준비로 인한 지각과 해야 할 일이 있음에도 게임을 멈추지 못했다는 자책감을 느낍니다. 아이들은 늘 대비하지 않은 일들을 맞닥뜨려 왔습니다. 무계획적인 일들을 즉흥적으로 처리함으로써 쌓이는 '불안감'은 아이를 더욱 긴장하게 만듭니다. 불안이 높아지면, 더 집중하지 못합니다. 따라서 계획하기 훈련은 산만한 아이들에게 자기통제감을 주기 위해 꼭 필요한 것입니다. 아이들은 자기통제감을 통해 얻은 안정감으로 진짜 주의를 기울여야 할 곳에 비로소 주의집중을 할 수 있게 됩니다.

4단계 계획하기 훈련

방학이 되면 아이들은 동그란 시계 모양에 하루 계획표를 세웁니다.

가정에서도 아이와 함께 계획표를 세워보신 적이 있을 겁니다. "몇 시에 일어날 거야?", "9시.", "그럼 숫자 9 쓰고 옆에 적어. 일어나기." 우리는 아이와 함께 '몇 시에 뭐하기'라는 심플한 계획을 세우는 것부터 시작했습니다. 그런데 우리는 아이 스스로 계획을 정교하게 세우길 기대합니다. 우리가 계획 세우는 법을 제대로 가르쳐준 적이 없는데 말이죠. 앞서 말했듯이 계획하기는 아주 정교한 작업입니다. 특히, 잘 미루고, 계획을 세워도 잘 잊는 산만한 아이가 스스로 계획을 정교하게 세우는 것은 더욱 어렵습니다.

우리 아이들에게는 계획하기도 레벨별로 차근차근 알려주어야 합니다.

계획하기 레벨 1: 주간계획 세우기

6세부터 초등 저학년까지는 월요일부터 일요일까지의 주간계획 세우기를 함께해주세요. 이때, 평일과 휴일의 개념이 중요합니다. 아이에게 평일은 말 그대로 평범한 날들, 즉 각자의 일상을 성실하게 해내는 날이라는 이미지를 심어주는 것이 좋습니다. 평일에는 매일 해야 할 학습을 적어줍니다.

토요일과 일요일 둘 중 하루는 숙제 없는 날로 만들어도 좋습니다. 아이가 월요일에서 금요일까지 열심히 학습을 해내고 얻은 '보상' 같은 의미로 말이죠. 이는 아이가 학교에 적응하는 데에도 도움이 됩니다. 평일은 아침에 일어나기 힘들어도 학교에 가야 하는 평범한 날로,

주말은 평일을 열심히 보낸 댓가로 얻은 달콤한 휴일 같은 날인 것이죠. 이런 루틴을 만들어 주는 게 주간계획입니다.

주간계획 안에는 요일 별로 할 일 목록을 적습니다. 체크리스트를 만드는 것이죠. 아이가 그 일을 해냈을 땐 체크 표시를 하거나 줄을 긋도록 해주세요. 이 행위는 아이에게 해야 할 일을 했다는 인식을 심어줌으로써 또 다른 성취감을 줄 것입니다.

계획하기 레벨 2: 우선순위 정하기

주간계획과 할 일 목록에 익숙해진 아이는 레벨 2로 업그레이드합니다. 초등 고학년까지는 이 레벨에 익숙해지도록 도와주세요. 레벨 2에서 중요한 포인트는 '우선순위'를 정하는 것입니다. 레벨 1에서 주간계획 안에 요일별 해야 할 일 목록을 적었습니다. 이제는 순서를 정합니다. 이때는 아이에게 '자율성'을 주는 것이 중요합니다. 아이는 자라면서 자율성이 강해지는데요, 이 시기에 통제권을 아이에게로 조금씩 넘겨주세요. 해야 할 일과 양은 부모가 정하셔도 좋습니다. 대신, '무엇부터 할지'는 아이가 선택하도록 해주세요.

순서는 '해야 할 일 먼저, 하고 싶은 일은 이후' 순으로 정합니다. 또는 '하기 싫은 것 먼저, 좋아하는 것은 이후에'로 정해도 좋습니다. 산만한 아이들은 보통 하기 싫은 일을 미루다가 집중력이 소진되는 경우가 많습니다. 하기 싫은 것을 먼저 하고, 남은 시간에 흥미 있는 과제를 하게끔 하면 어떤 변화가 일어날까요? 하기 싫지만 해야 할 일을 끝내면 쉽고 즐거운 일을 할 수 있다는 일종의 보상에 대한 인식이 아이들 마음속에 자리잡습니다. 해내기 어려운 일을 먼저 해결하면서 작은 성취감을 맛보니 자신감도 생기고요. 산만한 아이에게는 작은 성취감을 반복적으로 느끼게 해주는 것이 매우 중요한데요, 이는 자기효능감을 키우는 핵심요소이기 때문입니다. 무엇보다 하기 싫은 일을 먼저 끝내는 습관을 통해, 우선순위를 구분하는 연습도 할 수 있습니다.

계획하기 레벨 3: 소요 시간 예측하기

초등 고학년에서 중학생으로 넘어가는 시기부터는 학습량이 많아집니다. 초등학교 고학년 정도의 아이들에게 가장 중점적으로 알려줘야 하는 것은 '각 과제에 걸리는 시간'을 예측하는 것입니다. 아이들은 자신이 과제를 수행하는 데 있어 어떻게, 얼마나 해낼 수 있는지를 인지하는 능력이 약합니다. 이런 약한 메타인지로 인해 아이들은 자신을 과대평가 또는 과소평가를 하지요. 많은 학습량을 무리하게 계획하거나 너무 적은 학습량을 계획하여 비효율적으로 공부하기도 합니다.

아이들과 매일 해야 할 학습을 할 일 목록에 적었다면, 각 과제의 소요 시간을 체크해야 합니다. 이때는 타이머나 시계를 보며 기록하는 연습을 하게 해주세요. 일주일 동안 과제 별로 걸리는 시간을 기록하면서, '내가 수학 세 장 푸는 데 대략 30분 정도 걸리는구나' '국어 독해 문제집 세 장은 약 15분 정도 걸리는구나'를 스스로 아는 것이 좋습니다.

소요 시간을 아는 것은 매우 중요합니다. 하루는 세모가 수학 세 장과 국어 세 장을 풀기로 약속해놓고, 자기 전에 하겠다며 할 일을 계속 미뤘습니다. 아이는 아직 각 과제의 소요 시간을 잘 모르는 상태였지요. 늘 10시경 잠자리에 드는데, 9시가 다 되어서 숙제를 하겠다고 하더라고요. 아직 씻지도 않았고, 잠자리 독서도 하지 못했는데 말이죠. 소요 시간을 모르는 것은 그 과제의 시작 지점과 끝 지점을 정하지 못한다는 뜻입니다.

계획하기 레벨 4: 시작과 끝 시간 정하기

계획하기의 마지막 레벨은 시작 시간과 끝나는 시간을 정하는 일입니다. 각 과제의 소요 시간을 알았다면, 이제 학습의 시작 시간을 정해서 구체적인 타임 라인을 그려나가야 합니다. 여기서 중요한 것은 약간의 '융통성'입니다. 지속적인 주의집중력을 유지하기 위해서는 적당히 쉬는 시간도 필요합니다. 과목별로 과제를 전환할 때 쓰이는 전환주의력이 약한 아이들은 과제와 과제 사이의 간격이 너무 좁아서는 안 되기 때문에, 15분 또는 30분 단위로 계획을 세우는 것이 좋습니다. 이때는 10분~15분 정도의 여유를 두고 시간 계획을 세워야 합니다.

끝나는 시간을 정하는 것은 아이 성향에 따라 결정하세요. 불안이 높은 아이들은 마감 시간이 있을 때 오히려 집중을 하지 못합니다. 또한 계획한 시간 안에 과제를 끝맺지 못한 채 다른 과제로 넘어가면 아이들은 성취감을 느끼지 못하지요. 앞서 말했듯 가장 중요한 것은 끝맺음입니다. 산만한 아이들은 처리속도가 또래보다 느린 편이므로 마무리 시간을 촘촘하게 정하는 것보다 과제의 '완성'에 기준을 두는 것을 더 추천드립니다.

계획을 세울 때 유의할 세 가지

마지막으로, 학습을 계획할 때 세 가지를 유의해야 합니다.

첫째, 계획표 쓰는 시간 정하기입니다. 세모와 주간계획표를 쓰기 시작했을 때, 아이가 "엄마 오늘 뭐 해야 해?"라고 물으면 계획표를 보라고 했습니다. 그러면 아이는 "아무것도 없는데?"라고 하더군요. 세모도, 저도 계획표를 쓰는 일을 잊은 것입니다. 그 이후, 우리는 일요일을 각자 계획 세우기 요일로 정했습니다. 일요일이 되면, 자기 전에 다음 일주일의 학습을 계획표에 적습니다. 이렇게 계획표를 쓰는 날을 정하면, 잊지 않고 계획을 세울 수 있습니다.

둘째, 미완료한 과제들을 보충할 수 있는 요일을 정합니다. 여행을 가거나 친구와의 약속이 있는 날에는 그날의 과제를 끝내지 못하는 날도 있습니다. 갑작스럽게 아플 때도 그렇지요. 하루 정도 여유를 두고 계획을 세워보세요. 그러면 그날은 미완료한 과제들을 보충하는 날로 쓸 수 있습니다. 특히, 이 방법은 미완료한 과제가 있을 때 강박적으로 잠을 줄여서라도 완료하려고 하는 아이들에게 매우 효과적입니다. 계획을 좀 더 융통성 있게 짤 수 있기 때문입니다. 이 방법으로 아이는 일주일에 해야 할 과제들을 모두 완료할 수 있게 됩니다.

마지막으로, 휴일이나 여행 시에도 평일 학습 루틴을 쭉 지키는 것이 좋습니다. 특히 ADHD 아이라면 더욱 평소와 같은 학습 루틴을 유지하는 것이 좋습니다. 조금이라도 하던 일을 매일 하면 그 일을 시작하고 수행할 때 큰 어려움이 없습니다. 그러나 아예 하지 않다가 여행을 마치고 와서 다시 하려고 하면, 아이는 과제를 산처럼 크게 느낍니다. "연휴에도 평일엔 그냥 하는 거야. 주말에 쉬고." 담백하게 이야기하시면 됩니다. 저는 여행을 갈 때도 해야 할 분량을 요일 별로 나누어 파일에 담아 챙겨갑니다. 기차나 비행기 안에서 하기도 하는데요, 그래야 주말에 아이가 원하는 자유 시간을 얻을 수 있거든요. 여행이라는 변수가 있지만 아이의 루틴은 이어집니다. 그 안에서 아이는 오히려 안정감을 갖고 학습을 해냅니다.

이렇듯 산만한 아이의 효율적인 시간 관리를 위해서는 부모님께서 아이의 특성을 이해하고, 단계별로 또래보다 정성을 들여 계획하는 방법을 가르쳐주셔야 합니다. 아이는 계획을 지키고 싶지 않았던 것이 아니라 계획하는 법을 몰랐을 뿐입니다. 부모님의 공감과 이해, 정성이 아이의 실행 기능을 높여줄 수 있다는 사실을 기억해주세요.

"5분만 이따가 할게."
미루는 아이들

"세모야, 너 알림장에 수학 틀린 문제 다시 풀기 있던데… 했어?"

"아니. 밥 먹고 할게."

"밥 다 먹었으니까 앉아. 수학 다시 풀게."

"만화 조금만 더 보고 할게."

ADHD 아이를 키우면 이런 대화를 정말 하루도 빠지지 않고 하게 됩니다. 엄마는 끊임없이 아이에게 해야 할 일을 알려주고, 아이는 부지런히 또 "…하고 나서 할게."라며 미룹니다.

산만한 아이들은 학교에서도 이런 모습이 두드러집니다. 아이들에게 2주 전, 수행평가 방식과 문제를 안내합니다. 아이들은 바로 수행평가 준비를 계획하고 공부를 시작해야 합니다. 수행평가를 잘 준비하는 아이들도 있지만, 미루고 또 미룬 아이들은 수행평가 날이 되어서야 "내일 수행평가예요? 악! 하나도 안 했는데?!" 하며 당황합니다. 심지어는 "오늘이 수행평가예요?!" 하는 학생도 있습니다.

앞서 여러 번 말했듯이 산만한 아이들은 실행 기능이 떨어집니다. 이에 따른 결과로 계획 세우기를 어려워한다고 했었죠. 부모와 함께 계획을 촘촘히 잘 세워도 아이들은 또 다른 문제를 마주합니다. 바로 '미루기'입니다. 사실, 미룬다고 해서 반드시 못하는 것은 아닙니다. 오히려 계속 미루다가도 마지막 순간에 집중력을 끌어올려 성공적으로 마무리하는 아이들도 있습니다.

그러나 산만한 아이들 대부분은 게임을 하느라, 스마트폰 채팅을 하느라, 만화를 보느라, 친구랑 노느라 해야 할 일을 미룹니다. 이 아이들에게 게임과 숙제 중에 먼저 해야 할 일을 하나 고르라고 하면, 당장 눈앞에 보이는 자극적이고 재밌는 게임을 선택할 것입니다. 아이들은 게임과 해야 할 일 모두 중요하다고 생각하기 때문이에요. 아니, 게임이 더 중요하다고 생각할 것입니다.

계획을 세워도 '시작'할 동기도, 실행력도 약한 아이들은 '미루기' 문제를 도와주어야 학습을 해낼 수 있습니다. 이 아이들의 문제는 게임을 하느라 미뤄둔 과제들을 더는 미룰 수 없을 때가 되면 불안감이 올라온다는 것입니다. 반대로 어떤 죄책감이나 불안감을 느끼지 못하기도 합니다. 다음 장면을 상상해볼까요? 과제를 미룬 아이는 부모님의 잔소리를 들으니 기분마저 안 좋아집니다. 이런 감정 소모를 하니 또다시 주의가 산만해집니다. 결국 하기 싫은 마음과 부모에 대한 짜증, 자신에 대한 실망감을 안고 과제를 시작합니다. 아이는 과제를 대충대충 해서 만족감을 느끼지 못하거나 아예 완성하지 못하는 결말에 이릅니다. 좋아하는 게임도 했고, 과제도 마무리 지었지만, 그 끝은 성취감도 없고, 시간을 낭비했다는 허망함 뿐이죠.

미루는 이유, 아이의 감정을 들여다보세요

미루기의 다른 말은 시작하지 못하는 것입니다. 산만한 아이들이 바로 시작하지 못하고, 자꾸만 시간을 미루는 이유에는 주의력 외에 심리적인 것과도 관련이 있습니다. 시작을 잘 할 수 있도록 도와주기 위해서는 아이들이 왜 미루려 하는지 그 감정을 이해하는 데서 출발해야 합니다. 아이들은 왜 자꾸 지금이 아닌 나중에 하고 싶어 하는 걸까요?

첫째, 아이들은 불안할 때 미룹니다. 왜 불안할까요? 해야 할 과제가 너무 어려워 보이거나 거대한 산처럼 느껴지면 어디서부터 시작해야 할지 몰라 불안해지는 것이죠. 산만한 아이들은 자신에게 주어진 과제를 거뜬히 해내본 경험보다 부모님의 손에 이끌려, 부모님의 호통에 떠밀려 10분이면 다할 과제도 시간을 질질 끌다 겨우 끝낸 경험이 많습니다. 아이는 늘 과제를 완료해왔지만, 그 과정에서 성취감을 느끼기 어려웠을 거예요.

이런 아이들은 저녁 7시, 수학 문제집 세 장 풀기 계획을 세웠지만, 막상 시작하려 하면 시간이 오래 걸릴 것 같고, 문제도 어려워 보입니다. 한 번 동기가 확 꺾여버린 아이들은 생각이 극단으로 향하지요. "수학은 왜 해야 되는 거야?", "수학을 잘 해야 원하는 과학자가 될 수 있어.", "나 꿈 바꿨어. 과학자 안 할 거야." 즉석으로 꿈까지 바꿔버릴 정도로 자신이 당장 이 과제를 안 해도 될 이유를 붙이기 시작합니다. 어렵고 힘들어 보이는 과제를 회피해버리는 것이죠.

둘째, 완벽주의 성향인 아이들은 시작이 어렵습니다. 이 또한 불안과 관련이 있습니다. 불안이 높은 아이들은 통제함으로써 안정감을 찾고 싶어 합니다. 그렇기 때문에 한 치의 오차도 없이 자신이 기대하는 수준으로 잘 해내고 싶어 하죠. 이런 강박적인 완벽주의는 일을 시작하게 하기보다 계속 미루게 만듭니다. 마라톤을 뛰려면 일단 한 발짝을 떼어야 합니다. 그런데 마라톤의 마지막을 미리 상상하며 '완주하지 못하면 어쩌지? 기록이 안 좋으면 어쩌지? 너무 힘들 것 같은데?' 하며 한 발짝도 떼지 못하는 상황인 것이죠. 아이들은 시작을 미루면서 결과에 대한 기대치를 높입니다. 불안은 점점 커지지요. 결국 마감시간이 되어서야 서둘러 대충 마무리하고, 그 결과 기대보다 낮은 성과를 내놓습니다. 또다시 기대만큼 해내지 못했다는 실망감에 이후 같은 과제를 마주했을 때 '이번엔 잘 할 수 있다'라는 자신감보다 '또 완벽하게 하지 못하면 어쩌지?' 하는 두려움이 앞섭니다. 겁이 납니다. 결국, 아이는 또다시 쉽게 일을 미루게 됩니다.

셋째, 주변에 방해 요소들이 많을 때입니다. 주의력이 약한 아이들은 우선순위를 구분하는 데 어려움을 겪습니다. 특히, '해야 할 일'과 '하고 싶은 일'을 명확히 구별하기 어렵습니다. 우선순위를 잘 모른다는 뜻이죠. 그런데 우선순위를 모른다는 것이 주의력과 어떤 관련이 있을까요? 주의력이 약한 아이들은 중요도에 따라 주의를 적절하게 조절하기 어렵습니다.

예를 들어, 아침 8시 30분까지 등교를 해야 합니다. 바쁜 아침 시간에 아이는 일어나서 바로 옷을 입고, 밥을 먹고, 양치를 하고, 준비를 마친 후 집을 나서야 합니다. 그런데 갑자기 눈 앞에 어제 하다 만 레고블록, 마무리하지 못한 퍼즐, 또는 장난을 걸고 싶은 동생이 보입니다. '등교하기'라는 중요한 과업보다 눈앞에 당장 재밌어 보이는 레고블록, 퍼즐, 동생 등 다른 것에 더 쉽게 주의를 빼앗깁니다. 이때 엄마가 말합니다. "학교 늦겠다. 이제 그만하고 이리 와서 양치해." 그럼 아이는 말하지요. "아, 이것만 하고."라고요. 또는 대답을 안하기도 합니다. 특정 과업에 집중을 하다가 다음으로 '해야 할' 과업이 생길 때, 그 주의를 전환하는 힘을 '전환주의력'이라고 합니다. 전환주의력이 약하면 아이는 우선순위를 구분하지 못하고, 눈앞에 놓인 흥미로운 것에만 열중합니다.

요즘 아이들의 주의력을 빼앗는 가장 큰 방해꾼이 있죠. 바로 스마트폰입니다. 학교에서 본 아이들은 이미 스마트폰 중독이 심각해 보였습니다. 코로나 19를 겪으면서 사람보다 스마트폰을 더 많이 접한 아이들은 스마트폰을 손에서 놓지 못합니다.

2023년 4월 〈동아일보〉 '나도 모르게 또 집어 든 스마트폰…혹시 '산만 중독'?'이라는 기사가 실렸습니다. 미국의사협회 소아과저널에 실린 '미디어 멀티태스킹과 인지, 심리, 신경, 학습의 차이' 연구 결과 미디어 멀티태스킹은 청소년 이하의 아이들의 기억력과 학습력을 떨어뜨리고, 충동성은 증가시킨다고 합니다.

산만한 아이들은 소셜미디어를 통해 친구들과 대화를 하거나 게임을 시작하면 끊어내지 못하고, 해야 할 과제로 주의를 전환하는 데 어려움을 겪습니다. 시간은 예상보다 빠르게 흘러가고, 또 미루고 싶지 않아도 결국 미루게 되는 일이 생기는 것이죠. 특히 유튜브 쇼츠나 인스타그램의 알고리즘은 아이들이 영상을 클릭 또 클릭하게 만듭니다.

'일단 시작하기'가 어렵다면, 이렇게

미루는 아이들에게 가장 좋은 방법은 큰 덩어리로 보이는 과제를 작게 쪼개어 작은 단위의 절차로 보여주는 것입니다. 어떤 일이든 일단 시작하면 주의를 기울이며 집중을 이어나갈 수 있어요. 따라서 시작하기 쉽도록 절차를 작은 단위로 나누어 보도록 도와주셔야 합니다. 주의력이 약한 아이들에게는 "독해 문제집 세 장 풀자."라고 말하기보다 "책상에 앉자."라고 말하는 것이 훨씬 효과적입니다. 아이가 책상에 앉으면 "문제집 몇 쪽 펴자." 대신에 "연필 들고 1번 문제 풀어."라고 단계적으로 지시를 주세요.

그래도 시작을 힘들어한다면 과제 난이도나 양이 아이에게 적절한지 다시 한 번 생각해봐야 합니다. 문제가 어려워 보이거나 학습량이 많으면 되레 겁을 먹고 회피합니다. 따라서 시작이 수월할 수 있게 학습량과 난이도를 조절해주세요.

이때 꼭 해야 할 것이 있습니다. 이런 절차를 시각적으로 볼 수 있게 해주는 것이지요. 세부적인 절차를 적은 계획표를 책상 앞에 붙여두고, 끝낸 학습은 체크 표시를 하거나 줄을 긋도록 해줍니다.

다음으로, 스톱워치를 이용해 '시작하기까지 걸리는 시간'을 재봅니다. 세모가 전환주의력이 약해 하던 놀이를 멈추고, 과제를 하러 책상에 앉기까지 꽤 오랜 시간이 걸렸어요. 해야 할 일을 미루고 또 미뤄 겨우 자기 전에 숙제를 마친 적도 많습니다. 저는 세모의 전환주의력을 높이고, 바로 시작할 수 있는 습관을 들이기 위해 스톱워치를 이용했습니다.

"세모야, 넌 다른 일을 하다가 숙제를 해야 할 때가 되면 자꾸 미루는 것 같더라. 그런 습관은 고쳐야 해. 정해진 시간이 됐으면 일단 빨리 시작하는 게 좋아. 자, 수학책 12쪽 첫 문제를 푸는 데 시간이 얼마나 걸리는지 재볼까?"

타이머는 시간이 줄어들고, 스톱워치는 시간이 쌓여요. 빨리 시작할 수록, 스톱워치의 시간이 적을 수록 아이는 성취감을 느낄 수 있습니다. '5분 내에 바로 시작하기' 미션을 주고, 성공하면 스티커를 주는 식의 외적 보상을 통해 행동을 수정해주는 것도 좋은 방법입니다.

첫 문제를 풀고 나면 다음 문제에 주의를 옮기는 건 어렵지 않습니다. 따라서 일단 첫 번째 문제를 풀도록 안내하며, 그때까지 걸리는 시간을 스톱워치로 재보세요. 스톱워치의 장점은 '어제의 나'와 경쟁할 수 있다는 거예요. "세모야, 어제는 첫 문제 풀 때까지 10분 걸렸거든? 근데 오늘은 얼마나 걸릴 것 같아?"라는 말에 아이는 "엄마, 내가 5분 안에 시작해볼게."라고 대답합니다. 아이는 점점 더 빨리 시작하려 노력할 것입니다.

마지막으로, 등교 전이나 자기 전에 미루지 않고 과제를 완수한 '나'의 모습을 '시각화'하는 것입니다. 저는 매일 아침, 세모와 명상을 합니다. 명상을 마무리할 때는 스스로를 객관적으로 바라보며 시각화하는 연습을 해요. 자신의 감정을 잘 조절하고, 선생님 말씀을 경청하며 차분히 하루를 보내는 모습을 상상해보는 거예요. 캐나다의 비숍스 대학교 연구원 푸샤 M. 시로이스는 4,000명을 대상으로 미루기에 관한 연구를 하였습니다. 이 연구 결과, 과제를 완료했을 때의 성취감과 기쁨을 상상해본 사람들은 미루기를 하지 않는 경향이 있다고 해요. 운동 선수들이 경기 전에 성공적인 경기 모습을 그려보는 것처럼, 미루는 습관도 시각화를 통해 개선할 수 있습니다. 미루는 사람들에게도 '시각화'는 성공적으로 과제를 시작하고 완료하는 데 도움을 줍니다. 아이와 함께 조용히 명상하는 시간을 가져보세요. 눈을 감고 과제를 마친 후의 뿌듯한 모습을 상상하도록 이끌어주세요.

좋아하는 과목만 할래요

아이를 키우다 보면 어린 시절부터 자연스럽게 아이의 관심사를 발견하게 됩니다. 공놀이를 좋아하는 아이, 블록 쌓기에 집중하는 아이, 책 읽기에 몰두하는 아이, 생물이나 곤충에 푹 빠진 아이까지 부모가 의도하지 않는데도 아이들은 저마다의 뚜렷한 관심사를 보여줍니다. 이런 관심사들은 학교 교과목과 밀접하게 연관되기도 하여, 부모님과 교사는 아이의 관심사를 학교 교과목과 연관 짓는 성급한 결론을 내리기도 합니다. "너는 체육을 잘하는구나.", "너는 국어를 좋아하는구나.", "넌 과학에 소질이 있네?"라고 말이죠.

어릴 때에는 한 가지에만 깊은 관심을 보여도 크게 걱정할 필요가 없습니다. 그런데 우리나라 교육시스템 상 한 과목만 높은 점수를 받는 것보다 모든 과목에서 적당한 점수를 받는 것이 중요합니다. 이는 중·고등학교가 되면 더욱 중요해집니다. 내신 성적을 모든 과목에서 골고루 잘 받아야 수시전형으로 대학을 갈 때 유리하기 때문이죠.

그런데 산만한 아이들은 대부분 편식하듯 공부를 합니다. 좋아하는 과목 계획을 세울 때는 신이 나서 합니다. 해야 할 과제들도 기꺼이 잘 해내고요. 반면 싫어하는 과목은 미루고 미루거나 아예 포기해 버립니다. 부모님들께서는 이렇게 생각하실 수도 있습니다. "좋아하는 것만 깊이 파고들어 공부하면, 요즘 시대에는 더 성공할 수 있는 기회가 되지 않을까요?" 그렇게 되면 정말 좋지만, 장기적 관점에서 보면 좋아하는 과목만 공부하는 습관은 아이를 더 학습에서 더 멀어지게 만들기도 합니다.

잘하는 것만 하고 싶어요

ADHD 진단을 받은 세모는 수학을 좋아합니다. 어느 날에는 밤 11시까지 연산 문제집 한 권을 다 풀고 잔 적도 있습니다. 이런 모습은 ADHD 아이의 특징입니다. 한 가지에 '과몰입'하는 것이죠.

물론 과몰입 대상은 ADHD 아이들 저마다 다릅니다. 중학교에서 만난 어느 ADHD 학생은 개미나 잠자리, 메뚜기 등 곤충을 좋아했습니다. 집에서도 곤충을 키우고, 학교에서도 곤충 관찰을 너무 좋아해 점심도 거른 채 곤충 채집을 하거나 관찰합니다.

세모는 숫자에 과몰입을 하는 편입니다. 가족들이 외식을 하면 메뉴판에 있는 음식 가격을 보며 더하기, 빼기, 곱하기를 하면서 숫자를 가지고 노는 것을 즐깁니다. 즉, 산만하다고 해서 집중을 못하는 것은 결코 아닙니다. 다만 불균형하게 몰입하는 것이죠. 이런 과몰입을 긍정적으로 활용하면, 진로를 찾는 좋은 기회가 될 수도 있습니다.

아이들은 왜 좋아하는 것만 하고 싶어 할까요? 우리는 보통 재미있는 것을 하다 보면 잘하게 된다고 생각합니다. 그런데 반대로 잘하기 때문에 재미있어지기도 합니다. 즉, 특정 과목을 싫어하는 이유는 대부분 '못하니까'입니다. 성취감을 느낄 기회도 적어 자연스럽게 회피하고 싶은 거지요.

이는 아이들이 좋아하는 과목만 공부하는 것을 피해야 하는 이유이기도 합니다. '잘하기 때문에' 학습동기가 생기는 아이들은 반대로 잘하지 못하게 됐을 때 학습동기를 잃기 쉽습니다. 좋아하는 과목에만 몰두하는 학생들이 학년이 올라가면서 그 과목을 포기하는 일이 종종 있습니다. 내용이 어려워지고 공부해야 할 양이 많아지기 때문입니다.

아이가 자신 있는 과목을 계속하는 이유는 바로 조금만 노력해도 성과가 잘 나오기 때문입니다. 싫어하는 과목은 많은 노력과 시간을 들여야 좋은 점수를 얻을 수 있습니다. 못하는 과목을 계속 피하면 그 과목의 난이도가 올라갈수록 학습을 시작하는 것이 점점 더 어려워집니다. 마치 '수.포.자' '영.포.자'처럼 아예 재진입이 어려운 상황이 되는 것입니다.

하기 싫지만 해야 하는 일

우리는 아이들에게 어릴 때부터 공부의 본질적인 특징을 강조해줘야 합니다. 싫어하는 것도 노력하면 잘하게 되고, 잘하게 되면 좋아하게 된다는 진리를요. 지겨움을 견디기 어려워하는 산만한 아이들에게는 초등 저학년 때부터 공부를 통해 '하기 싫지만 해야 하는 일'을 견디고 해내는 자세를 배울 수 있게 도와줘야 합니다. 아이가 미래에 어떤 직업을 가지든 이는 꼭 필요한 삶의 태도입니다. 모든 과목을 다 '잘' 해야 한다고 강조하는 것이 아닙니다. 어려워도 도전하고, 꾸준히 노력하면 이룰 수 있다는 '그릿'의 태도를 가르치는 것이죠.

좋아하는 일에만 몰입하는 행동는 집중력은 좋지만 주의력이 약해서 생기는 문제이기도 합니다. 주의력이 높은 아이는 하기 싫어도 해야 할 일에는 스스로 동기부여를 하고, 주어진 과제를 완수합니다. 지루한 수업 시간도 '학교니까, 수업이니까'라고 생각하며, 주의집중해서 수업을 성실히 듣습니다. 따라서 산만한 아이들에게도 싫어하는 과목일지라도 주어진 과제에 최선을 다하는 태도가 매우 중요하다는 것을 가르쳐주어야 합니다.

싫어하는 과목이
잘하는 과목이 되기까지

세모는 수학은 좋아했지만, 영어를 참 싫어했습니다. 그럼에도 불구하고 영어 학습을 매일 함께해왔습니다. 앞서 말했듯 아이가 특정 과목을 싫어하는 이유는 대부분 잘 못한다고 생각해서이니, 잘할 수 있다는 '자기효능감'이 생길 때까지는 기초를 쌓아가는 시간과 부침을 조금은 견뎌내야 합니다. 부모는 곁에서 아이가 그 시간을 견딜 수 있도록 돕는 역할을 해야 합니다. 싫어하는 과목이 잘하는 과목이 되기까지 우리는 아이들을 어떻게 도와주어야 할까요?

아이에게 해야 할 학습이니 해야 하는 것이라고 정확히 알려줘야 합니다. 하기 싫다는 이유로 해야 할 일은 미루거나 하지 않을 수 없다는 사실을 말이죠. 이때 부모님도 지켜야 할 게 있습니다. 소질이 없는 과목을 공부할 때는 또래와 비교하지 않고, 아이가 쉽고 재밌게 접근할 수 있게 도와주어야 해요. 저의 예를 들어볼게요. 아이의 또래들이 매일 영어단어를 외우고 시험을 볼 때, 세모는 저와 함께 집에서 파닉스 한 쪽을 했습니다. 영어단어 쓰기를 너무 싫어해서, 아이가 준비될 때까지 철자를 외우는 단어 시험은 하지 않았습니다. '이 정도는 할 만 하네'라는 정도의 레벨로 조심스럽게 영어 학습을 시작했습니다.

다음으로, 아이가 잘하기를 기대하지 않는 마음가짐이 필요합니다. 잘하고 못하고를 떠나, 쉬운 과제여도 '매일 해야 할 일을 끝냈는지'에 초점을 맞춰야 합니다. 부모는 아이가 공부하는 모습을 보며 '이렇게 해서 언제 또래만큼 해내려나', '이만큼 했으면 좀 실력이 늘어야 하는 것 아닌가?' 하는 불안감이 들 수 있습니다. 이는 잘하기를 기대하기 때문이지요. 아이가 해야 할 일을 '완수'한 것을 대견하게 여겨야 해요. "하기 싫다고 대충하면 어떡해?", "이렇게 조금씩 해서 언제 친구들 따라갈 거야." 이런 말들을 하게 되면, 아이는 그 과목이 더 두렵고, 더 싫어지게 됩니다.

"하기 싫었을 텐데 꾹 참고 해야 할 일을 다했네. 잘했어. 노력하는 모습이 늘 멋져.", "이 과목은 네가 조금 힘들어하는 과목이니 다른 친구들이 얼마나 잘하는지 너무 신경쓰지 않아도 돼. 원래 잘하기까지는 시간이 걸려. 잘 하고 있어."라고 부모가 말해준다면, 아이는 하기 싫어도 해야 할 일을 완수해나갈 거예요. 아이가 잘하길 기대하는 마음은 표정에서 드러납니다. 아이가 실망하는 부모의 표정이나 감정을 느낀다면, 흥미도, 동기도 사라집니다. 반면, 아이가 잘 못하더라도 주어진 과제를 조금씩이라도 해내는 '태도'와 '과정'을 칭찬해준다면, 아이는 계속 시도하고 노력할 것입니다.

싫어하는 과목도 매일 조금씩 하다 보면 결국 잘하는 때가 옵니다.

물론, 부모의 기준에는 못 미칠 수도 있습니다. 세모는 초등학교 3학년이 되어서야 영어단어를 외우고 쓸 수 있었습니다. 초등학교 2학년 때까지 그렇게 알파벳 쓰기를 싫어했던 아이가 어느새 영어단어를 외워서 쓰고 있었습니다. 4학년이 되면서 한 달 동안 영어 문장 한 개를 외우고 받아쓰는 과제도 시작했습니다. 두 문장도 외워서 쓰기 싫어하던 아이였지만, 한 문장은 기꺼이 쓰겠다고 했습니다. '해 볼만 한 과제'였기 때문입니다. 그렇게 매일 한 문장씩 쓰던 세모는 한 달이 지나자 떠오르는 문장들을 써보겠다고 도전하며 처음으로 세 줄, 다섯 줄 영어 글쓰기를 하기 시작했습니다. 첫 한 문장을 외워 쓰던 성공 경험이 없었다면 글쓰기로 이어지지 못했을 겁니다. 학습을 아이 속도에 맞춘 덕분이었습니다.

부모로서 우리는 아이의 어떤 면을 보고 있나요? 아이가 잘 해주길 기대하고 있진 않나요? 우리는 아이가 최선을 다하는 '과정'에 가치를 두고 있나요?

+ PLUS +
# 과몰입이 나쁜 것만은 아니랍니다

산만한 아이들이 집중력이 약하다고 생각하시나요? 산만한 아이들도 자신이 흥미와 관심을 갖고 있는 분야는 시간 가는 줄도 모르게 몰입합니다. 이렇게 자신이 좋아하는 것을 발견하여 미래 진로로 연결된다면 큰 업적을 남길지도 모릅니다. 특정 분야에 과몰입하여 성공한 인물들을 한번 살펴볼까요?

사례 1. 일론 머스크

어린 시절, 일론 머스크는 책과 컴퓨터에 몰입하여 세상과 단절된 듯 생활했다고 합니다. 그는 한 번 몰입하면 주변에서 무슨 일이 일어나는지도 모를 정도였다고 해요. 그의 어머니는 머스크가 책을 읽을 때나 컴퓨터에 몰입할 때 몇 번이나 불러도 반응이 없어서 청력검사를 받으러 간 적도 있다고 회상합니다. 하지만 이런 깊은 몰입 덕분에 그는 열두 살에 독학으로 비디오 게임을 프로그래밍하고 이를 판매하면서 어린 나이에 프로그래머로서의 첫발을 내디뎠습니다. 친구들과 노는 것에는 큰 흥미를 느끼지 못했던 그는 오히려 지식과 상상의 세계에서 놀라운 즐거움을 발견했죠. 물론 이런 성향 때문에 학교에서는 따돌림을 당하기도 했지만, 그는 이를 극복하여 몰입을 통해 자신만의 길을 개척하여 스페이스X, 테슬라 등 여러 혁신적인 기업의 성공으로 이끌었습니다.

사례 2. 스티브 잡스

스티브 잡스는 어린 시절부터 기술과 디자인에 과몰입하곤 했습니다. 잡스는 부모가 차고에 만들어 준 작업 공간에서 전자기기를 분해하고 조립하는 데 시간을 보냈습니다. 한 번은 잡스가 트랜지스터 라디오를 분해하다가 몇 시간을 보내며 어떻게 작동하는지 완벽히 이해하려고 했던 일이 있었습니다. 이 과정에서 그는 저녁 식사 시간도 잊고 가족들로부터 꾸지람을 들었다고 해요. 학교에서도 잡스는 규칙을 어기거나 정해진 틀을 거부하는 성향이 있었지만, 기술과 창의적인 프로젝트에 몰입할 때는 누구보다 열정적이었습니다. 그가 어렸을 때부터 몰입하던 기술에 대한 탐구는 결국 애플의 성공을 이끄는 중요한 기반이 되었지요.

사례 3. 마이클 펠프스

마이클 펠프스는 ADHD로 인해 어린 시절 집중력이 부족하다는 평가를 받았습니다. 하지만 수영이라는 활동을 만난 이후 그는 모든 에너지를 수영에 쏟아부었습니다. 펠프스는 매일 수영장에서 4~5시간씩 훈련하며 물속에서 만큼은 누구보다 집중력이 뛰어난 모습을 보였습니다. 그의 어머니는 펠프스가 수영에 몰입할 때 다른 모든 일을 잊어버린다고 했습니다. 예를 들어, 그는 숙제를 해야 할 시간에도 수영장에서 훈련을 계속하겠다고 고집을 부렸고, 때로는 교사가 그의 학업 태도를 걱정하기도 했지요. 그러나 펠프스는 수영이라는 한 가지 목표에 몰입한 결과, 올림픽에서 역대 최다 금메달을 획득하는 위업을 달성했습니다.

사례 4. 하시모토 겐지

하시모토 겐지는 어렸을 때부터 독특한 몰입 성향을 보였다고 해요. ADHD를 가지고 있던 그는 종종 학교에서 선생님 말씀을 듣지 못하고, 창밖을 바라보며 나뭇잎의 모양과 움직임에 빠져들곤 했습니다. 수업에 집중하지 못하는 아이로 낙인찍히기도 했지만, 자신만의 세계에서 특별한 재능을 발견했습니다. 그는 나뭇잎의 모양을 섬세하게 관찰하며 그것을 조각하는 작업에 몰입했고, 밤새도록 작업에 집중했습니다. 다른 활동에는 무관심했지만, 나뭇잎 아트에 대한 열정은 누구도 따라하지 못하는 독보적인 나뭇잎 아트의 세계로 이끌었습니다.

우리 아이가 징징이가 된 이유

"아! 내가 이걸 왜 해야 해? 못 하겠어… 흐흑….''

공부를 하던 아이가 겨우 한 문제를 풀고 울기 시작합니다. 도대체 공부를 왜 해야 하냐고 묻는 아이에게 이유를 논리적으로 설명을 하면서도, '나를 위해 공부하는 것도 아니고, 자신을 위해 공부하는 건데…'라는 생각에 한숨이 푹 나옵니다. "너 잘 되라고 공부하라는 건데 왜 울어?!"라며 화도 내보고, 그만두지 않길 바라는 마음이 더 크면서 "그럴 거면 하지 마!"라는 마음에도 없는 말을 던집니다. 책상에 앉아 눈물을 뚝뚝 흘리는 아이를 보면, 아이에게 나쁜 일을 시키는 것 같아 죄책감이 들기도 해요.

비단 우는 일뿐만이 아닙니다. 몸을 배배 꼬고, 세상 가장 지루한 일을 하고 있다는 듯 한 쪽 팔을 얼굴에 기대고 앉아 있거나, 엄지와 검지 사이에 연필을 살짝 껴놓은 채 공부하기 싫은 마음을 격하게 내비칩니다. 버럭 화를 내버리거나 책을 찢기도 하지요.

이럴 때 부모가 느끼는 1차적 감정은 분노와 좌절입니다. '내 아이가 공부를 이렇게나 싫어한다니? 계속 이렇게 싫어하면 어떡하지?' 하는 걱정이 앞서기 때문이죠. 우리 아이들은 왜 눈물까지 흘리면서 공부를 거부할까요? 이런 태도는 산만함과 어떤 관련이 있을까요?

불안도 산만함의 원인이 될 수 있어요

주의력이 약한 아이들을 지켜보면, 행동은 차분해 보여도 머릿속은 바쁩니다. 특히 평소에 열심히 하던 친구들도 시험을 볼 때는 꽤 집중을 하지 못합니다. 손톱을 물고 뜯거나, 머리를 만지거나, 다리를 떨며 '안절부절'하지요. 시험 공부를 못 해서 그런 거라고 생각할 수도 있지만, 정말 열심히 준비한 아이들이 오히려 시험에 집중하지 못해 실수하는 경우도 있습니다. 이런 아이들은 대게 '불안'이 높은 편입니다.

불안이 높은 아이들은 평가 받는 상황에서 불안도가 더 높아집니다. 이 불안의 근원지는 '나는 잘 해야만 한다'는 높은 기준입니다. 불안이라는 감정이 부정적인 것만은 아닙니다. 미래를 위한 준비를 잘 할 수 있게 도와주고, 앞으로 일어날 여러 상황을 대비할 수 있게 해주는 장점도 있습니다. 그러나 불안을 잘 다스리지 못하는 아이들은 공부 준비 단계부터 평가 단계까지 학습의 매 순간 주의가 흐트러집니다. 자신의 주의를 잘 조절하여 학습과 시험에 집중해야 하는데 시험 문제를 풀면서도 '5번이 답이 아니면 어떡하지? 또 평균을 못 넘으면 어떡하지? 시간 안에 다 풀 수 있을까?' 같은 걱정들에 주의를 빼앗깁니다. 불안감에 떠오르는 온갖 걱정들에 에너지를 다 쏟음으로써 정작 주의를 기울여야 하는 곳에는 에너지를 쓰지 못하는 것이죠.

불안으로 인해 산만한 아이들은 부모님과 함께 공부할 때도 그 성향이 나타납니다. '오늘도 공부를 해야 해, 그런데 시작이 너무 어려워. 잘할 수 있을까? 만약 또 틀리면 어떡하지? 그냥 포기하고 싶어져. 해야 하는 과제는 산더미 같고, 한눈팔고 싶은 마음이 계속 올라와' 같은 생각을 합니다. 아이들은 딴짓을 하거나 스마트폰을 보며 잠시나마 불안한 마음에서 벗어나려고 해요. 심지어 부모가 공부를 강요한다고 느끼며 부정적인 생각에 울음을 터뜨리는 것이죠.

불안이 높은 아이들은 부정적 사고가 휘몰아치면 학습을 미뤄버립니다. 더 이상은 미룰 수 없는 순간까지 미루다 끝내지 못한 과제에 겁이 나 그제야 급하게 할 일을 시작해버리지요. 체계적으로 계획하지 못하고, 충동적으로 일을 시작하는 것이 산만한 아이들의 특징입니다.

불안한 아이는 학습할 때에도 '지금-여기'에 있지 못합니다. 아이는 아직 하지도 않은 과제의 결과를 상상하며 '이걸 완벽하게 끝내야 해. 실패하면 안 돼!' 하며 불안을 증폭시킵니다. 동시에 미루고 회피해온 스스로를 돌아보며 괴로워하죠. 지금 당장 시작하면 될 단순한 문제를 행동으로 옮기지 못합니다. 그 결과 더더욱 완벽하게 마치려는 마음과 현실의 괴리가 생기고, 불안은 쌓여가지요. 악순환처럼 이런 상황으로 인해 아이들은 체계적으로 계획을 세우기 어려워하고, 순간적인 충동으로 다른 일에 주의를 돌립니다. TV나 만화, 그림 그리기, 때로는 책 읽기에 빠져버립니다.

불안한 아이, 해답은 부모의 말

불안이 높은 아이들은 이 불안만 잡아줘도 주의력을 높일 수 있습니다. 그런데 아이를 가장 불안하게 만드는 요인이 하나 있습니다. 바로 '부모님의 말'입니다.

"너는 왜 항상 집중을 못 하니?"
"이 문제 이해가 안 되니?"
"이번엔 꼭 잘해 오렴."
"다른 애들은 잘하는데, 계속 뒤쳐지면 어떡하니."
"시간 다 돼 가는데 아직도 못 끝냈어?"
"또 이런 실수를 했어?"

불안이 높은 아이들은 결과물에 대한 기대치가 높지만 회복탄력성은 낮습니다. 실패가 두려워 아예 시작조차 못하고 그냥 미뤄버리는 '회피 전략'을 택하기도 합니다. 과제에 대한 부정적인 사고를 스스로 만들어 냄으로써 불안을 증폭시키는 성향이 있는 아이들은 부모의 말 한마디에 더욱 긴장을 하지요.

아이가 집중하길 원한다면 이렇게 도와주세요.
첫째, 아이의 불안을 결핍이 아닌 특성으로 바라보세요. 주의력이 약해 안절부절하는 산만한 아이의 학습 태도 역시 부족함이 아닌 성향으로 이해해주세요. 아이가 힘들어하는 부분에 대해 압박을 주기보다 이해하는 태도로 접근하는 것이 중요합니다. 특히 회복탄력성을 높여주는 부모의 말은 아이의 불안을 잠재우고, 주의력을 필요한 곳에 쓰도록 하는 데 도움이 됩니다.

"너에게 조금 어렵게 느껴지는 건 괜찮아. 모든 과정을 다 이해하지 않아도 돼."
"네가 지금 열심히 노력하고 있다는 걸 알아. 결과보다 그 노력이 정말 중요해."
"한 번에 다하지 않아도 돼. 지금 할 수 있는 만큼만 해보자."
"네가 모르는 부분이 있다면 함께 풀어보자. 천천히 해도 괜찮아."
"어려운 문제가 나와도 괜찮아. 다음에 다시 해보면 돼."

"틀리는 건 나쁜 게 아니야. 오히려 도움이 될 때도 있어. 무엇을 모르는지 알게 되니까. 더 발전할 수 있는 기회야."
"네 속도로 해도 좋아. 네가 이해하는 방식대로 배우면 돼."
"하나씩 해보는 게 중요해. 작은 발전도 중요하니까 천천히 해보자."
"지금 하는 것들이 네게 꼭 필요하진 않아도, 새로운 경험이 될 거야. 이걸 알아가는 것도 의미 있어."

이러한 표현들은 학습 과정에서 느끼는 불안과 압박을 덜어줍니다. 도전과 실패를 긍정적으로 받아들일 수 있도록 회복탄력성을 높여주는 말을 자주 해주세요.

다음으로, 불안의 근원을 정확히 파악해야 합니다. 아이의 불안인지, 부모의 불안인지 냉철하게 살펴봐야 해요. 한 학기 동안 아이들을 관찰하다 보면, 불안이 높고 기질이 예민한 아이들이 눈에 띕니다. 이런 아이들의 부모님과 상담을 해보면, 대체로 부모님들도 다른 부모님들에 비해 불안이 크고 예민한 성향을 보입니다. 이는 아이가 부모의 기질적 성향을 닮았기 때문일 거예요.

문제는 불안한 성향의 부모와 아이가 만났을 때입니다. 부모는 자녀에 대한 기대치가 지나치게 높고, 아이 역시 스스로에 대한 기준이 높아 부정적인 상승작용이 일어나게 됩니다.

불안이 높은 부모는 아이의 작은 실수 하나에도 미래의 실패한 모습까지 상상하곤 합니다. 부정적인 시나리오를 만들어 내고, 그렇게 될 것이라고 단정 짓습니다. 그러나 아이가 오늘 하루 산만한 태도로 수학 문제를 제대로 풀지 못했다 하더라도, 미래에도 그럴 거라는 근거는 없습니다. 그럼에도 불안한 부모는 늘 '최악의 상황'을 그립니다. 이러한 부모의 불안은 결국 아이를 대하는 말과 행동에 고스란히 묻어나오게 됩니다.

불안이 높은 아이의 집중을 향상시키는 효과적인 방법은 부모가 자신의 불안을 아이에게 전이시키지 않는 것입니다. 부모의 불안은 철저히 부모의 것으로 남겨두세요. 불안이라는 과정은 쉽게 전염되기 마련입니다. 부모의 불안한 생각은 불안한 말로 이어지고, 그 말은 아이의 불안을 더욱 증폭시킵니다. 아이들이 학습에 잘 집중하려면 불안을 잘 관리해야 합니다. 부모님도 '지금-여기'에 집중하는 연습을 해보세요. 과거에 머무르지 마세요. '내가 좀 더 아이에게 학습 습관을 만들어 줬어야 했나? 그 학원을 일찍 보냈어야 했나?'라는 생각을 멈추세요. '지금-여기'로 나를 데려오세요. '아이가 공부를 못하면 어쩌지? 이렇게 산만해서 공부 못하고 직업도 못 가지는 거 아니야?' 같은 생각도 당장 멈추세요. 아직 일어나지 않은 미래의 일을 상상하며 불안을 키우지 말고, 미래에 있는 자신을 '지금-여기'로 데려오세요. '이건 내 불안이야. 아이는 지금 성장 과정에 있어'라며 자신을 다독여주세요.

불안한 아이를 위한 효과적인 학습법

관점을 달리하면, 비로소 '아이를 어떻게 도와줘야 할까?'라는 질문을 할 수 있게 됩니다. 불안이 높은 아이들은 '자기통제감'을 느낄 때, 불안이 줄어들고 안정감을 느낍니다. 자기통제감을 높이기 위해서는 두 가지가 필요합니다. '나도 할 수 있다'는 확신과 '실수해도 괜찮다'라는 회복탄력성이 필요합니다. 이 두 가지를 키우기 위한 방법을 소개합니다.

첫째, 학습 난이도와 양을 조절해주세요. 앞에서 언급했던 '과제를 미루는 아이'가 바로 이런 불안이 높은 아이인 경우가 많습니다. 아이가 '나도 할 만한데?'라는 마음이 들어야 비로소 불안이 줄어들고 주의력을 높여 과제에 집중할 수 있습니다. 목표를 작은 단위로 나누고, 난이도를 낮춰 부담을 덜어주는 것이 도움이 됩니다. 이 아이들에게 필요한 건 '나도 할 수 있다'라는 작은 확신 뿐입니다.

둘째, 계획을 더욱 세세하게 짜봅니다. 아이가 과제를 지나치게 버겁게 느끼는 이유는, 그 안에 포함된 작은 단계들을 제대로 인지하지 못했기 때문입니다. 예를 들어, 2주 후에 영어 문장 20개를 암기해서 써야 하는 수행평가가 있다고 할 때, 아이들 대부분은 20개를 한 번에 다 외워야 한다고 생각합니다. 하지만 20문장을 외우기 위해서는 1번 문장을 외우고 쓰는 일에서부터 시작됩니다. 그 다음 날에는 1번과 2

번 문장을 외워 써보는 것이죠. 절차를 작게 작게 쪼개어 2주라는 시간 안에 다 외울 수 있도록 나누어 주세요. 무엇을, 언제, 얼마나 할지 구체적인 계획을 세우면, 아이는 미래에 20개를 다 외워야 한다는 불안감에 사로잡히기보다 한 문장을 외우는 데 집중할 수 있습니다. 이때, 주간계획표나 체크리스트, 타이머 등을 활용해 시각적으로 확인할 수 있게 하면 더욱 효과적입니다.

마지막으로, 반드시 휴식도 계획하세요. 성적이 높은 학생들 중에는 불안도가 높은 아이들이 꽤 있습니다. 자신이 실수할까 봐 교과서나 문제집을 보고 또 봅니다. 또한 자신을 통제하며 목표를 이루기 위해 학습량과 학습 시간을 철저히 계획하다 보니 자기 에너지를 과하게 소진하기도 하지요. 그런데 이 친구들의 실수는 휴식의 중요성을 간과하는 것입니다. 쉬고 있으면서도 마음과 머리는 '다음에 뭐 해야 하지?'라는 미래에 머물고 있습니다. 결국 제대로 쉬지 못했다는 사실에 자책하며 다음 과제에 집중하지 못합니다. 이런 아이들의 심리를 알고 있는 저는 늘 아이들에게 주의집중력을 위해서 반드시 휴식도 계획하라고 조언합니다.

불안한 아이에게는 자신의 불안을 털어놓고 잠재울 수 있는 '안전기지'가 필요합니다. "잘 못해도 괜찮아."라고 말해주고 평정심을 갖게 하는 곳이 필요한 것이죠. 우리는 아이에게 어떤 말을 해주고 있나요?

이런 데서 어떻게 공부하나요?

'산만한 아이'라고 하면 어떤 모습이 떠오르시나요? 한시도 가만히 있지 못하고 꼼지락거리는 아이의 모습이나 공상으로 가득찬 복잡한 아이의 머릿속이 떠오를지 모릅니다. 우리는 아이의 이런 모습을 보며, 그저 산만한 성향이려니 하며 어쩔 수 없다고 생각하지요. 세모가 공부할 때를 관찰해보면 동생의 유무에 따른 차이가 있습니다. 학습 태도, 주의집중력, 심지어 정답률까지 달라집니다. 동생이 방에서 놀고 있으면, 세모의 몸은 책상을 향해 있지만 눈과 귀는 동생을 향해 있지요. 거실에서 저와 둘이 공부할 때에는 집중도 잘하고, 정답률도 높습니다. 그래서 세모가 방학 중일 때는 동생이 어린이집에 간 후에 학습을 시작했습니다. 이처럼 산만한 아이의 학습 문제점은 기질 뿐만 아니라 외부 환경에도 큰 영향을 받습니다.

〈SBS 스페셜〉 '20분의 기적 내 마음 설명서'에서 정재승 박사는 '보이지 않는 고릴라 실험'에 대해 이야기합니다. 정재승 박사가 흰색 옷을 입은 사람들과 검은색 옷을 입은 사람들이 공을 서로 패스하고 있는 장면에서, 흰색 옷을 입은 사람들이 얼마나 많이 패스를 주고받았는지 세어보라고 합니다. 한 사람이 패스 횟수를 말하자 박사는 물어봅니다. "이상한 점은 없었나요?" 패스 횟수를 센 사람은 이상한 점을 발견하지 못했다고 말합니다.

이번에는 패스 횟수를 세지 말고, 패스를 주고받는 장면에 집중하라고 합니다. 그제야 그 사이를 지나가는 고릴라 탈을 쓴 사람을 발견합니다. 우리의 뇌는 한 가지에 집중하고 있으면, 그 외의 것은 보지 못합니다. 모든 정보를 한 번에 처리하기 어려운 것이죠. 고릴라 탈을 쓴 사람을 본 사람은 패스 횟수를 세지 못했고, 패스 횟수를 센 사람은 고릴라를 보지 못했습니다.

이 실험은 우리가 주의를 어디에 두느냐에 따라 인식하는 정보가 달라진다는 사실을 보여줍니다. 특정한 정보에만 과도하게 집중하면 중요한 주변 정보를 놓칠 수 있고, 반대로 모든 자극에 쉽게 휩쓸리면 핵심을 파악하지 못할 수도 있습니다. 마치 패스 횟수를 세는 데 집중한 사람이 고릴라를 보지 못한 것처럼, 또는 고릴라를 본 사람이 패스 횟수를 놓치는 것처럼 말이죠. 이처럼 학습이나 일상생활에서도 상황에 맞게 주의의 초점을 조절하는 능력이 필요합니다. 필요할 때는 집중하고, 때로는 시야를 넓혀 주변을 살필 수 있어야 합니다. 그렇기 때문에 박사는 '조절' 능력을 기르는 것이 매우 중요하다고 강조합니다.

이 실험이 우리에게 시사하는 바가 있습니다. 조절 능력이 약한 산만한 아이의 주변에 '고릴라'를 두고 있지는 않은지 살펴봐야 합니다. 장난감, 형제자매들, 어지럽혀진 책상 등의 환경은 산만한 아이가 '학습'이라는 한 가지 정보를 처리하는 데 큰 방해가 되기도 합니다. 아이가 정말 집중해야 할 것에만 주의력을 쏟을 수 있게 하기 위해서는 어떤 환경을 조성해주어야 할까요?

학습이 어려운 환경

주의력에는 청각 주의력과 시각 주의력이 있습니다. 이들은 각각 청각과 시각 정보에 집중하는 데 필요한 능력으로, 학습과 일상생활에서 중요한 역할을 합니다. 청각 주의력은 주변의 다양한 소리 중에서 필요한 소리에 집중하고, 이외의 소리를 배제하는 능력입니다. 예를 들어, 교실에서 선생님의 설명에 집중하거나, 시끄러운 환경에서도 특정한 대화나 지시에 집중할 때 청각 주의력이 필요합니다. 청각 주의력이 약한 경우에는 주변 소음에 쉽게 산만해져 필요한 소리를 놓치기 쉽습니다.

반면, 시각 주의력은 여러 시각 정보 중에서 중요한 것에 집중하고, 불필요한 정보를 배제하는 능력입니다. 예를 들어 문제를 풀거나 책을 읽을 때 필요한 정보에 집중하고, 책상 위에 놓인 다른 물건들에 신경 쓰지 않는 능력입니다. 시각 주의력이 부족하면 책이나 자료를 읽을 때 쉽게 산만해지거나, 중요한 정보를 놓칠 수 있습니다.

학습 환경을 만들 때 고려할 점

아이가 집중할 수 있는 학습 환경을 만들어 줄 때 고려할 점이 있습니다. 우리 아이가 청각 주의력과 시각 주의력 중 무엇이 더 취약한지를 파악해야 합니다. 세모의 경우, 종합주의력검사 결과 청각 주의력 점수가 더 낮았습니다. 학습을 할 때 시끄러운 소리나 주변 대화 소리에 쉽게 주의를 뺏기는 것이죠. 세모는 조용한 환경에서 집중을 더 잘합니다. 반면, 시각 주의력이 약한 아이들은 주변에 시선을 빼앗기는 물건이나 사람이 없어야 집중력을 유지할 수 있을 것입니다.

산만한 아이를 더욱 산만하게 만드는 환경 네 가지

산만한 아이가 피해야 할 학습 환경은 어떤 모습일까요?

첫째, 어수선한 책상입니다. 필요한 물건을 찾기 어려울 정도로 정돈이 안 된 상태는 지양하세요. 장난감이나 학습과 관련 없는 물건들이 책상 위에 있으면 주의가 쉽게 분산됩니다.

둘째, 책상에 앉아 고개를 들었을 때 보이는 양옆의 벽이나 창문이

지저분해도 안 좋습니다. 지나치게 화려한 포스터나 장식은 학습에 집중하기 어렵게 만들어요. 특히 책상 옆 벽에 다양한 색상의 그림이나 사진이 걸려 있으면 집중력이 떨어질 수 있습니다. 집중력이 약한 아이들은 주의가 더 산만해지지요.

셋째, 불규칙한 학습 공간입니다. 아이가 매번 다른 장소에서 공부하거나 고정된 학습 자리가 없으면, 아이는 학습 장소를 인식하지 못해 집중하기 어렵습니다. 예를 들어, 어느 날은 거실이나 식탁에서 공부하고, 어느 날은 방이나 침대 위에서 하게 되면 학습 환경이 불확실해져 아이가 공부를 시작할 때 주의를 기울이기 어렵습니다.

넷째, 소음이 많은 곳입니다. 특히 청각 주의력이 약한 아이는 더욱 집중이 어렵습니다. TV, 대화, 주방 소리 등 다양한 소음으로 인해 아이가 쉽게 집중이 흐트러지지 않도록 신경써주세요. 세모는 거실에서 어린 동생이 놀고 있거나 집안일을 하느라 분주하게 움직이는 부모님에게 주의를 뺏겨 산만해집니다. 자신의 방 책상에 앉아 공부할 때 더 빠르게 과제를 완료합니다.

눈과 귀가 한 곳에 머물도록

'보이지 않는 고릴라' 실험에서도 보았듯 우리의 뇌는 동시에 모든 정보를 처리할 수 없습니다. 뇌의 인지적 한계 때문입니다. 아이가 수학 문제 하나를 풀고 다음 문제를 풀려고 하는데, 갑자기 방에 동생이 들어옵니다. 아이는 동생이 들어오는 장면에 시선을 빼앗기겠지요. 청각 주의력이 약한 아이는 일상적인 엄마와 아빠의 대화에도 갑자기 귀를 쫑긋 세웁니다. 이후 학습지를 다시 풀려고 해도 주의를 기울이기 어렵습니다. 주의전환이 잘 되지 않기 때문이지요. 따라서, 아이의 눈과 귀가 한 곳에 오래 머물도록 하는 환경을 만들어 줘야 합니다.

첫째, 책상 위에는 필요한 학습도구만 두어 간결하게 정리된 상태를 유지합니다. 책상 위에는 딱 학습도구 네 가지만 있으면 됩니다. 필기구, 책, 타이머, 계획표입니다. 이 네 가지 외에는 책상 위에서 모두 치워주세요. 이렇게 해야 아이는 한 곳에 집중할 수 있습니다. 이를 위해, 아이에게 자기 전에 책상과 방을 정리하고 자는 습관을 들여주세요. 다음 날 학습을 바로 시작할 수 있도록 '리셋'을 해두고 잠자리에 드는 것입니다. 또한 장난감이나 학습과 관련없는 책들은 아이의 등 뒤에 두도록 합니다.

둘째, 벽에는 학습 관련 자료나 간단한 일정표만 두세요. 저는 세모가 주의력이 떨어질 때는 집중력 학습 도구를 사용했습니다. A4 용지 한가운데에 점을 찍어 놓은 것으로, 집중력을 다시 끌어올리는 데 효과적이었어요. 아이가 공부를 하다 집중력이 흐트러지면 "10초 동안 종이에 있는 점을 바라보고 다시 시작하자."라고 말했습니다. 그러면 아이는 주의를 환기한 후 과제에 집중을 할 수 있었습니다. 주의를 환기할 수 있는 장치나 아이가 쓴 목표를 벽에 붙여 놓고 집중력이 약해질 때마다 보게 해주세요.

셋째, 일정한 장소에서 학습하게 해주세요. 그래야 그 공간이 공부하는 자리라는 인식을 형성할 수 있습니다. 이때 거실이냐 방이냐에 대한 의견이 분분한데요, 저마다 가정 환경이 다르니 우리 가정의 상황에 따릅니다. 세모의 경우는 자신의 방에서 학습했습니다. 책상 위에는 학습에 필요한 것만 두고, 등 뒤로 장난감과 책을 두었더니 집중에 더 도움이 되었습니다. 학습 시간이 모든 가족이 일과를 마치고 집으로 돌아온 저녁 시간이기도 했고, 동생도 어려 거실에서 혼자 공부하기가 어려웠어요. 그러나 온 가족이 함께 책을 읽거나 과제를 하는 환경이라면, 거실을 이용해도 좋습니다. 분명 도서관 같은 환경이 잘 맞는 아이가 있을 것입니다. 아이의 성향과 가정의 환경을 살펴본 후, 몇 번 테스트를 해보고 최적의 환경을 결정하세요.

넷째, 청각 주의력이 약한 아이들에게는 귀마개나 가사가 없는 음악도 도움이 됩니다. 특히 소음에 굉장히 민감한 아이들이 있습니다. 학생 중에 여러 명의 친구들이 동시에 말할 때, 다른 친구들에 비해 소음을 견디지 못해 귀를 막고 괴로워하는 아이도 있었습니다. 이런 아이들처럼 감각적으로 민감한 친구들은 소음을 차단하는 귀마개를 사용하거나 거실보다는 방이 집중하는 데 도움이 될 수 있습니다.

마지막으로 시각 주의력이나 청각 주의력과 관계없는 가장 중요한 것이 있습니다. 바로 디지털 기기입니다. 스마트폰이나 스마트워치 등은 자신이 의도하지 않아도 푸시 알림이 울리죠. 푸시 알림이 울리는 순간, 시각적·청각적으로 주의를 스마트폰에 뺏깁니다. 아이는 그 순간 푸시 알림을 확인할까, 말까 고민합니다. 실행 기능이 약한 이 아이들은 강한 충동으로 푸시 알림을 확인하고, 다른 앱도 들어가보며 스마트폰을 또 한참 사용하겠지요. 따라서, 스마트폰은 무음으로 설정해놓고, 눈에 보이지 않는 곳에 두도록 합니다. 디지털 기기는 주머니에 넣어두기만 해도 지루해할 때 만지고 싶은 충동이 생깁니다. 디지털 기기 사용과 관련된 내용은 3장에서 자세히 다루겠습니다.

수업을 하다 보면 아이들이 창밖을 보거나, 다른 친구를 관찰하기도 하고, 교과서에 낙서를 하는 모습을 자주 볼 수 있습니다. 이런 아이들은 산만한 성향인 경우가 많습니다. 그런데 이 아이들도 맨 앞줄에 앉으면 훨씬 더 잘 집중합니다. 선생님과 더 자주 눈을 맞추게 되고, 시야에 다른 친구들이 보이지 않기 때문이죠. 가정에서는 어떤 환경을 제공하고 있나요? 정돈되지 않은 거실, TV를 보는 아빠, 간식을 먹는 동생이 있는 공간에서 아이가 공부하고 있진 않나요? 이런 환경에서 아이에게 집중을 못 한다고 화살을 돌리고 있진 않나요?

3장

학습의 과정: 앉아는 있지만 학습이 어려운 이유

책상에 앉아 있는 시간이 중요한 건 아니에요: 주의력 결핍

'2말 3초'라는 말이 있습니다. 이는 초등학교 2학년 말, 3학년 초반의 시기를 뜻하는데요, 이 시기에 ADHD 아이들의 과잉행동, 충동성, 주의력 결핍 증상이 또래 사이에서 두드러지기 시작합니다. 그 전까지는 모두가 학교에 적응하는 단계여서 아이들이 자신의 행동을 조절하는 능력이 미숙하고, 크게 튀지 않지만 '2말 3초'가 되면서 그 차이가 서서히 드러납니다. 세모는 취학 전에 ADHD 진단을 받고 초등학교 1학년 때부터 약물 치료를 시작했습니다. 약효 덕분에 학교에 잘 적응했습니다. 초등학교 3학년이 되면서 다른 친구들과 차이를 느끼기 시작했어요. 세모가 눈에 띄었던 것이 아니라, ADHD 증상을 보이지만 진단과 치료를 받지 않는 친구들이 부각되기 시작했습니다. 이 친구들은 수업 시간에 떠들거나 충동성 강한 행동을 하여 학급 친구들과 트러블이 자주 생겼습니다.

ADHD 아이들은 대부분 과잉행동이나 충동성으로 인해 초등학교 저학년 시기에 진단받는 경우가 많습니다. 그런데 일부 아이들은 초등학교 시기에는 ADHD를 인지하지 못하다가 중학생이 되었을 때 알게 되는 경우도 있습니다. 이는 과잉행동이 없는 '조용한 ADHD' 또 다른 말로 주의력 결핍 우세형 ADHD인 'ADD^{Attention Deficit Disorder}'일 수 있습니다. 조용한 ADHD나 ADD는 정신건강의학과에서 공식적으로 쓰이는 진단명은 아니지만, 과잉행동이나 충동성은 두드러지지 않으나 주의력 결핍이 있는 경우에 이렇게 부릅니다. 이 아이들은 유아기부터 초등학교 때까지는 의자에 잘 앉아 있어 수업을 열심히 듣고 있는 것처럼 보입니다. 또한 튀는 행동을 하지 않기 때문에 발견하기 어렵습니다. 그러나 중학교 시기가 되면 학습량도 많아지고, 스스로 해야 할 일도 늘어나 주의력 결핍이 뚜렷해집니다. 수업 시간에 몸은 가만히 있지만, 머릿속은 공상으로 가득하고, 수업 내용은 그저 머리를 스쳐지나가지요.

몸은 '지금-여기'에 있지만,
머릿속은 바다를 떠돌고

나의 상태를 표현해 보면, 물결이 일렁이는 망망대해에서 안착할 섬을 찾거나 길 안내가 될 부표를 찾는 것 같다. 자극이 되는 정보가 걸러지지 않고 그대로 유입되는 정보의 바다에서 집중해야 할 부표를 찾지 못한 채 그냥 떠돌고 있는 느낌이에요.

- 《ADHD 청소년의 몸 따로 마음 따로 경험이야기》, 오영림 지음, 학지사

주의력이 약한 아이들의 마음을 이해하기 위해서는 그들의 마음에 귀를 기울여야 합니다. 한 번은 산만한 아이들의 모습을 교실 뒤에서 가만히 지켜본 적이 있습니다. 원어민 교사와 협력 수업 중이었지요. 원어민 교사가 수업을 진행하는 동안 저는 아이들의 수업 태도를 관찰했습니다. 주의력이 높은 아이들의 눈과 귀는 오롯이 선생님을 향해 열려 있고, 그 집중력은 오랫동안 지속됩니다.

그러나 산만한 아이들은 선생님이 전달하는 내용 외에도 시선이 자주 이리저리 움직입니다. 운동장에서 나는 축구하는 소리, 화장실로 뛰어가는 다른 반 친구의 발소리에 반응하고, 때로는 허공을 쳐다보기도 합니다. 모든 것이 이 아이들에게는 다양한 정보로 작용합니다. 하지만 이들은 능동적으로 주의를 조절하여 필요한 정보를 선택하는 것이 아니라, 주변의 많은 자극을 수동적으로 받아들입니다. '뭐

부터 집중해야 하지?' 하며 뇌는 주의력을 어디에 집중해야 할지 몰라 멍해지거나 안절부절해지면서 산만해집니다.

스터디카페나 독서실에서 공부가 더 잘 된다는 아이의 말에 정기권을 끊어줬는데, 아이의 성적은 왜 기대만큼 나오지 않습니다. 왜 그럴까요? 아이들은 책상에 앉아 책을 좀 봤다는 것만으로도 '공부를 했다'고 착각하기 때문입니다. 앉아 있는 시간보다 중요한 건 '얼마나 주의집중하여 정보를 처리하고 기억했느냐'입니다. 주의력이 높다는 건 주의를 잘 선택하고, 잘 나누고, 전환하며, 지속하는 능력이 뛰어나다는 뜻입니다. 주의력이 높은 아이들은 더 많은 양의 정보를 처리하고 기억하는 효율이 좋기 때문에, 같은 시간을 들여도 주의력이 약한 아이들보다 학업 성취 결과가 더 우수합니다. 학습할 때 온전히 '학습'에만 주의를 기울이는 것이 매우 중요한 이유입니다.

아이의 주의력을 높이기 위해서는 우리 아이가 어떤 주의력이 약한지 아는 것도 도움이 됩니다. 수잔 영, 제시카 브램햄 박사의 저서 《청소년 및 성인을 위한 ADHD의 인지행동치료》에서는 주의력을 다음과 같이 네 가지로 구분합니다.

1. 선택주의력: 현재 하고 있는 과업에 집중하는 능력. 이 주의력이 부족하면 세부사항을 못 보거나 문서를 읽거나 작성할 때 잦은 실수가 있습니다.

2. 분할주의력: 두 가지 이상 정보에 집중하는 능력. 이 주의력이 부족하면 동

시에 두 가지 일을 균등하게 적정 수준으로 하기 어렵습니다. 예를 들어, 소음이 있으면 선생님 말씀에 집중하기, 설명 들으면서 필기하기 등이 어렵습니다.

3. **전환주의력**: 하나의 정보에서 다른 정보로 주의를 옮기는 힘. 주의력 전환이 어려운 경우, 한 가지 주제에 얽매여 다른 주제로 옮겨갈 수 없습니다. 예를 들어, 게임을 하다가 내일까지 마감인 숙제를 해야 할 때 전환이 매우 어렵습니다.

4. **지속주의력**: 주의력을 필요한 시간 만큼 쭉 지속하는 힘입니다. 주의 지속이 곤란하면 책 내용이나 대화의 흐름 놓치기 쉽고, 자신의 생각이나 주변에서 벌어지는 일로 인해 쉽게 산만해집니다. 특히 산만한 아이들은 반복적이거나 지루한 활동을 할 때 주의 지속이 어렵습니다.

대부분의 아이들은 이 네 가지 주의력 부족이 혼재되어 있습니다. 위의 주의력 결핍과 충동성이 결합되면, 지루하게 느껴지는 학습을 멈추고 도파민을 즉각적으로 분비시키는 활동들, 예를 들어 게임, 친구와 수다 떨기, 스마트폰 영상 보기 등에 쉽게 주의를 빼앗기게 됩니다. 과잉행동이 있는 아이들은 지루함을 견디지 못해 엉덩이 들썩이거나 손톱을 물어뜯는 등의 행동을 보입니다. 이 아이들의 뇌는 몸을 움직여야 에너지 발산이 되는데, 앉아서 한 가지에 집중하려 하니 몸이 계속 움직이고 싶어 하는 것이지요. 이런 아이들은 어떻게 도와줘야 할까요?

주의집중력을 끌어올리는
뽀모도로 학습법

주의력이 약하다고 해서 집중을 못하는 게 아닙니다. 자신이 관심 있는 것에는 깊이 몰입해 시간 가는 줄도 모르게 집중합니다. 미술을 좋아하는 아이라면 한두 시간은 거뜬히 집중해서 그림을 그릴 수 있을 거예요. 아이의 뇌는 저마다 다르기 때문에 자신이 몰입할 수 있는 것도 모두 다릅니다. 어떤 아이는 과할 정도로 책을 읽습니다. 책에 몰입하면 좋은 거 아니냐고요? 이런 아이들은 때때로 중간·기말고사를 앞두고도 책을 읽느라 시험 공부는 뒷전입니다. 이는 책이어서 좋은 것이 아니라 그나마 책이라 다행인 경우입니다. 결론적으로는 해야 할 일에 주의를 조절하지 못하는 것입니다.

주의집중력이 좋다는 의미는 지루하게 느껴져도 '해야 할 일'은 주의를 조절하여 과업을 수행할 수 있다는 뜻입니다. 주의를 기울일 필요성이 있다면 기꺼이 주의력을 조절해서 그 힘을 발휘하는 것이지요. 주의집중력을 올리는 데 효과적인 학습법이 바로 '뽀모도로 학습법'입니다. 이 학습법은 집중적인 학습 시간을 반복하는 방식으로, 시간 관리를 통해 학습 효율을 높이는 기법입니다. '뽀모도로Pomodoro'는 이탈리아어로 토마토를 의미하는데, 이 학습법을 개발한 이탈리아의 프란체스코 시릴로는 대학 시절 집중력을 높이기 위해 부엌에서 사용하는 토마토 모양의 타이머를 활용했다고 합니다. 이 경험을 착안해 학습법을 고안했고, 이를 뽀모도로 기법Pomodoro Technique이라고 명명한 것입니다. 지속주의력이 짧고, 다른 자극에 쉽게 산만해지는 학습자에게 효과적입니다.

25 + 5 = 토마토 1개

타이머를 25분으로 설정하고, 이 시간 동안 한 가지 학습 과제에 몰입합니다. 방해 요소를 최소화하고, 최대한 집중력을 유지합니다. 이때 2장에서 언급했던 학습 환경 세팅이 선행되어야 합니다. 25분 학습이 끝나면, 짧게 5분 동안 휴식을 취합니다. 이 시간에는 산난한 휴식으로 머리를 식힙니다. 25분 학습 + 5분 휴식을 '1 뽀모'라고 합니다. 25분 학습과 5분 휴식을 총 4회 반복하여 '4 뽀모'를 만들고, 이 사이클을 마치면 15~30분의 긴 휴식을 취합니다.

이때 25분 학습 시간에는 한 가지만 집중해야 합니다. 영어 공부를 하면서 다음 과제를 생각하지 않습니다. 수학 문제를 풀면서 시간 안에 못 풀까 봐 걱정하지도 않습니다. 해야 할 일을 분명히 하고, 그 과제에만 집중하는 것이 뽀모도로 학습법의 포인트입니다.

5분 휴식 시간에는 지나치게 자극적인 보상, 예를 들어 게임이나 친구와의 채팅, 영상 시청, 숏폼 콘텐츠를 주지 않습니다. 다음 뽀모도로 학습으로 주의력을 전환해야 하기 때문이에요. 스트레칭이나 맛있는 간식을 먹는 정도의 가벼운 휴식이 좋습니다.

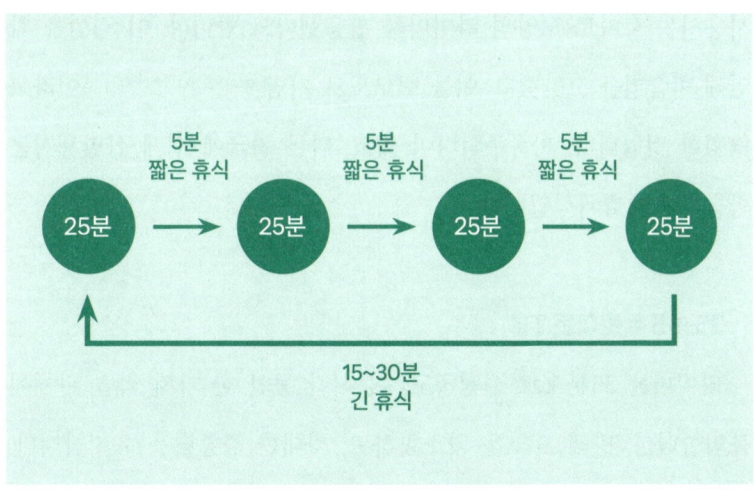

특히 ADHD를 갖고 있는 학습자들에게 뽀모도로 학습법은 매우 효과적입니다. 짧은 학습 시간 동안 몰입하고, 목표를 명확히 하여 집중력을 끌어올릴 수 있습니다. 1뽀모, 2뽀모를 헤아리며 작은 목표를 자주 달성하게 만들고, 그로 인해 성취감을 느끼게 해줍니다. 5분의 휴식은 일종의 보상 역할을 합니다. 25분 집중 후 체크리스트에 완료 표시를 하면서 시간 관리 및 계획 등의 실행 기능을 향상시킬 수 있습니다. 처음에는 아이의 나이에 따라 10~15분으로 시작해도 좋습니다. 점차적으로 주의 지속 시간을 늘려가면 되니까요.

움직여야만 집중이 되는 아이들

과잉행동과 충동성이 특징인 ADHD 아이를 키우며 아이의 넘치는 신체 에너지에 깜짝 놀랄 많습니다. 이 아이들의 뇌는 그렇게 반응하도록 작동하기 때문에, 움직이지 말고 가만히 있으라고 하면 안 됩니다. 가만히 있을수록 머릿속이 더 산만해지고, 지루함을 견디지 못해 학습 시간이 더 힘들어집니다. 그런데 이게 비단 ADHD 아이들의 문제일까요?

2019년 〈연합뉴스〉 기사 '한국 청소년 운동부족 세계 죄악… 여학생은 146국 중 꼴찌'에 따르면, 세계보건기구WHO는 세계 146개국 11~17세 남녀 학생의 신체 활동량 통계를 분석한 결과, 81.10%가 WHO 권고 수준에 미치지 못했다고 밝혔습니다. 그중 한국 청소년의 상황은 '최악'이었습니다. 운동 부족으로 분류된 학생 비율이 94.2%로, 146개국 중 가장 높았습니다. 우리나라 아이들은 다른 나라 아이들에 비해 더욱 신체활동이 적은 것이지요. 신체 활동이 부족한 아이들은 가만히 앉아 학습을 할 때 더욱 산만해질 수밖에 없습니다. 산만한 아이들이 꼼지락거리는 행위를 영어로 '피젯팅Fidgeting'이라고 하는데요, 불안하거나 지루할 때 무의식적으로 몸을 움직이거나 손으로 작은 물건을 만지는 행동을 말합니다. 우리말로는 '꼼지락거리기' 정도로 표현할 수 있겠지요. 이런 행동은 주로 집중력이 약해지거나 신체적 에너지가 과잉될 때 나타나며, 다리 떨기, 손가락 꼼지락거리기, 볼펜 돌리기 등을 통해 나타납니다. 특히 이런 행동은 ADHD 아이나 불안감을 느끼는 사람들이 자주 보이는데요, 마음을 안정시키거나 일시적으로 집중력을 유지하는 데 도움이 되기 때문입니다.

그렇다면 꼼지락거리기는 정말 나쁘기만 할까요? 아닙니다. 오히려 아이들은 움직이면서 외울 때 더 잘 기억한다고 합니다. 실제로 수업 시간에 불규칙동사 3단 변화를 외울 때 책상이나 손뼉을 치며 따라하게 했더니 단순히 눈으로 외울 때보다 더 잘 기억을 하더라고요. 구구단이나 영어 스펠링을 외울 때 한번 시도해보세요. 짐볼에 앉아 통통 튀기며 외우기, 훌라후프를 돌리며 외우기, 줄넘기를 하며 외우기, 방을 빙빙 돌면서 외우기 등 아이는 가만히 앉아 있을 때보다 움직이며 리듬감을 주는 방식으로 외울 때 더 효과적으로 기억합니다.

우리 아이의 머릿속 지우개: 작업 기억이 낮은 아이들

매 단원을 시작할 때 아이들에게 그 단원에 나오는 영어단어 목록을 나눠줍니다. 아이들은 영어단어 20개의 스펠링과 뜻을 일주일간 외워옵니다. 분명 모든 아이들에게 같은 시간과 과제를 주었는데, 어떤 아이들은 매번 20개를 다 맞고, 어떤 아이들은 10~15개, 몇몇은 한 개도 외우지 못합니다. 왜 아이들의 성과는 왜 늘 다를까요? 0점을 받은 아이들의 경우, 철자 한두 개를 틀려 0점을 받는 일은 드뭅니다. 대부분 백지로 답안지를 내는 경우가 많죠. 이는 동기부여의 문제입니다. 그렇다면 10~15개 정도의 정답률을 보이는 아이들은 왜 그럴까요? 200여 명의 아이들의 영어단어 시험지를 매번 채점하면서 '답을 미리 알려주었는데, 아이들은 왜 시험을 볼 때 기억이 나지 않았을까?'라는 질문을 떠올려보았습니다.

특히 이런 현상은 산만한 아이들에게 더욱 두드러지는데요, 왜 준비해온 기억들이 백지처럼 새하얘지는 걸까요? 답은 ADHD 아이들의 특징에서 찾을 수 있습니다. ADHD 아이들은 전두엽 발달이 또래보다 느립니다. 이 전두엽에서 담당하는 '실행 기능'에는 바로 '작업 기억working memory'이 있습니다. ADHD 아이들은 특히 작업 기억력이 다른 인지적 기능에 비해 낮습니다. ADHD 아이들이 매번 알면서도 자꾸 "아, 맞다!"라고 하는 이유인 것이죠. ADHD가 아니더라도, 주의력이 약하고 산만한 아이들 역시 주의력을 담당하는 전두엽 기능이 저하되어 있다면 작업 기억력이 또래보다 낮다고 추측할 수 있습니다.

기억 창고의 크기가 작은 아이들

작업 기억이란, 하나의 기억 창고와도 같은 곳입니다. 짧은 시간 동안 정보를 저장하고, 조작하여 현재 진행 중인 과제를 해결하는 능력을 말합니다. 쉽게 말해, 작업 기억은 우리 머릿속에 잠시 정보를 저장하여 필요할 때 꺼내어 사용하는 '작은 메모장'과도 같습니다. 또한, 단순히 정보를 기억하는 것을 넘어서, 그 정보를 활용하고 처리하는 능력을 말하지요. 예를 들어, 누군가가 전화번호를 불러주는 상황이에요.

'123-456-7890'이라고 불러주면, 일시적으로 머릿속에서 숫자를 반복하며 기억해 핸드폰에 입력합니다. 전화번호를 핸드폰에 입력하기 전까지 머릿속에 잠시 기억해두는 과정에서 작업 기억이 사용됩니다.

그런데 작업 기억이 기억 창고라고 가정했을 때, 그 크기도 정보를 저장하는 시간도 사람마다 다르게 타고납니다. 특히 주의력이 약한 아이들은 작업 기억력도 낮은 편입니다. 이 아이들은 주의가 산만해지면 작업 기억에 저장된 정보를 빠르게 잊어버리거나, 동시에 여러 정보를 처리하는 데 어려움을 겪습니다. 캐나다의 소아 신경심리학자인 브랜다 마일즈 박사는 작업 기억을 '저글링'에 비유합니다. 우리가 기억하는 정보들은 마치 저글링의 공과도 같습니다. 우리는 늘 정보를 입력하고, 저글링을 하며, 정보를 다루다가 그 정보들을 장기 기억에도 넣고, 또 새로운 정보를 잠시 기억하기도 합니다. 장기 기억으로 가지 못한 정보들은 흘려보내고요. 그런데 어떤 사람은 공 다섯 개도 거뜬하게 저글링을 하는 반면, 어떤 사람은 공 두 개도 겨우 저글링을 합니다. 이처럼 사람마다 단기적으로 정보를 기억할 수 있는 능력이 다른 것이지요.

작업 기업력이 낮은 아이의 학습 스타일

작업 기억력이 낮은 아이들은 학습할 때 어떤 문제들을 보일까요? 예를 들어 두 자리 수 덧셈 문제인 27+45를 풀 때, 다음과 같은 작업 기억을 사용하게 됩니다.

1. **첫 번째 단계**: 일의 자리 숫자 7과 5를 더해 12라는 결과를 얻습니다.
2. **두 번째 단계**: 12에서 1을 올려주고, 일의 자리는 기억 창고에 보관한 후 십의 자리 숫자 2와 4를 더해 6이라는 결과를 얻습니다.
3. **세 번째 단계**: 십의 자리 결과 6에 1을 더해 7을 만들고, 앞서 작업 기억에 저장해둔 일의 자리 2를 추가하여 최종 답인 72를 얻습니다.

이 과정에서 아이는 임시로 숫자를 기억하고, 그 기억을 유지하면서 다른 연산을 진행해야 합니다. 이를 통해 작업 기억이 중간 결과를 저장하고, 그 정보를 바탕으로 문제를 해결하는 데 중요한 역할을 한다는 것을 알 수 있습니다. 그런데 작업 기억력이 낮은 아이들은 정보를 처리하는 단계에서 기억해야 할 정보를 잊기 쉽습니다. 1을 올려주어야 한다는 기억을 작업 기억에 오래 담지 못하거나, 일의 자리가 2였다는 것을 잊어버립니다. 산만한 아이들이 실수가 잦은 이유입니다.

작업 기억력을 올리는 훈련법

기억력은 고정되어 있는 것일까요? 타고난 기억력이 나쁘면 암기 과목들은 모두 포기하는 게 현명한 선택일까요? 다행히도 작업 기억력은 타고난 것 이상으로 훈련과 연습을 통해 개선할 수 있습니다. 무엇보다 작업 기억은 꼭 학습만을 위한 것이 아닙니다. 일상생활에도 작업 기억은 중요한 역할을 합니다. 누군가와 대화할 때 상대방의 말을 기억하고 맥락을 유지하며 이야기합니다. 또한 물건 값을 계산할 때도 작업 기억을 사용하지요. 그러므로 작업 기억력이 낮다고 해서 '난 원래 기억력이 안 좋으니까'라고 포기하기보다 기억 기술을 익히는 것이 중요합니다.

기억 창고에 잘 저장하는 법

시험 점수가 잘 안 나오는 아이들을 보면 안타까운 점이 있습니다. 아이들은 '공부했으니까 시험 점수가 잘 나올 거야'라고 착각하는 경우가 많습니다. 시험 공부는 내가 기억한 내용들이 시험지를 받아 문제를 푸는 순간까지 '기억이 나야 함'을 의미합니다. 하지만 아이들은 자신의 기억을 너무 과대평가합니다. 인간의 뇌는 기억한 것을 잊도록 설계되어 있는데 말이죠. 작업 기억력이 낮은 산만한 아이들은 배로 노력을 들여야 공부한 것을 비로소 시험 때 꺼내어 활용할 수 있습니다. 우리는 아이들의 기억 향상을 위해 무엇을 도와줘야 할까요? 어떻게 하면 작은 기억 창고에 오래 보관하여 적절히 꺼내 잘 활용하게 할 수 있을까요?

첫째, 시간을 두고 반복하여 복습합니다. 심리학자 헨리 뢰디거는 《어떻게 공부할 것인가》에서 반복 학습의 오해에 대해 이야기합니다. 무언가를 기억하려고 할 때는 단순히 반복 하는 것이 아닌 '시간 간격'을 두고 반복하는 것이 중요하다고 강조합니다. 예를 들어, 새로운 영어단어 10개를 외울 때 아이들은 보통 이 단어들을 하루 동안 여러 번 반복해서 읽고 외웁니다. 그러나 시간이 지나면 이 단어들은 금방 잊혀질 가능성이 높아요.

반면, 시간 간격을 두고 복습했을 때는 어떨까요? 첫째 날, 새로운 단어를 학습하고, 바로 한 번 복습합니다. 둘째 날에는 어제 외운 단어를 다시 복습합니다. 복습 두 번째 날과 이틀 정도의 시간 간격을 두고 세 번째 복습을 하고, 일주일 후 마지막 복습을 합니다. 이렇게 시간 간격을 두고 복습하면, 단어를 기억하려는 뇌의 활동이 더 활성화되어 장기 기억으로 저장될 가능성이 높아집니다. 우리의 뇌는 애를 써야 기억에 오래 남습니다. 아이들은 때로 쉽게 외우는 법이 없냐고 물어보지만, 모든 학습은 노력을 들인 만큼 기억할 수 있습니다.

둘째, 백지에 인출하는 연습을 해야 합니다. 이는 제가 중학교 때부터 사용했던 암기 방법입니다. 시간 간격을 두고 외우는 작업을 할 때, 말로 설명을 하거나 백지에 직접 써보았습니다. 이렇게 우리가 기억한 것을 밖으로 꺼내는 작업을 '인출'이라고 합니다. 어떤 학습을 완전하게 했다는 것은 자신의 말로 '인출'할 수 있는 정도여야 합니다.

아이들은 보통 자신이 완벽하게 안다고 생각합니다. 이는 전두엽이 담당하는, 아는 것과 모르는 것을 구분하는 능력인 메타인지와도 관련이 있습니다. 전두엽 기능이 약한 아이들은 기억력이 좋지 않아도, 잘 안다고 착각해 학습을 대충하고 끝내버립니다. 이렇게 공부를 하니 시험 성적은 생각보다 안 나오지요. 그래서 기억한 것을 꺼내보는 인출 연습이 필요합니다. '어? 아까는 분명 기억이 났는데… 나 이거 모르네?' 하며 자신이 완전히 모른다는 사실을 깨닫도록 도와주니까요.

그런데 왜 백지여야 할까요? 시험 문제는 교과서 문장이나 문제집의 문제들이 똑같이 나오는 것이 아닙니다. 모든 지식과 정보들을 조합하여, 아이들이 정말 제대로 이해하고 적용할 수 있는지를 평가합니다. 교과서에 밑줄을 긋고 읽으면 아이들은 '아 그렇지. 다 이해하고 있네'라고 생각합니다. 그러나 그 내용을 자신이 설명하거나 글로 적어보라고 하면, 내용의 반도 적지 못합니다. 따라서, 백지에 교과 내용을 적고 설명하는 연습을 반복하는 것이 중요합니다. 더 오래 기억에 남을 수밖에 없으니까요.

셋째, 기억술^{mnemonics}을 이용합니다. 기억술이란, 정보를 더 쉽게 기억하고 회상할 수 있도록 돕는 다양한 방법과 전략을 말합니다. 마치 우리의 기억 창고에 얕게 묻어둔 정보들을 더 '깊게' 묻어주는 역할을 합니다. 주로 연상, 이미지, 리듬, 이야기 등의 요소를 활용하여, 복잡한 정보나 암기, 어려운 내용을 쉽게 기억할 수 있도록 돕습니다. 우리가 조선의 왕 이름을 외울 때, '태, 정, 태, 세, 문, 단, 세…'로 초성을 따서 외우는 것처럼 좀더 쉽게 많은 양의 정보를 외우도록 하는 기술이지요.

기억술에는 이렇게 초성을 따서 외우는 것 외에 '연상 기법'도 있습니다. 연상 기법이란 친숙한 이미지와 연관 지어 외우는 방법입니다. 예를 들어, 우리나라의 역사적 사건과 연도를 기억할 때도 활용할 수 있습니다. '1919'라는 숫자를 '아이구, 아이구'라고 소리 내어 외우면, 3.1운동 당시 힘겹게 독립을 외쳤던 조상들의 마음이 떠오르며 그 의미가 더 깊이 기억에 남습니다. 단순히 숫자를 외우는 것보다 의미와 감정을 연결하여 기억하면 장기 기억이 될 가능성이 높습니다.

이 연상 기법을 더 효과적으로 사용하는 방법이 있습니다. 바로 '크게, 웃기게, 이상하게 시각화하기'입니다. 아이들은 유머를 곁들일 때 단순한 지식들을 생생한 '경험'으로 기억할 수 있습니다. 아이에게 20일까지 영어 수행평가 제출 마감일을 잘 기억하게 해주고 싶다면 이렇게 말해주세요. "네가 가장 싫어하는 알파벳이 뭐니? O라고? 그 O가 네 키의 2배로 커져서 20이라는 숫자를 머리에 달고 너를 따라오고 있어. 수행평가를 하는 내내 머리에 20을 달고 있는 알파벳 'O 몬스터'가 네가 영어 수행평가를 할 동안 계속 네 옆에 있을 거야." 아이는 머릿속에서 마감일인 20이라는 숫자와 영어 수행평가를 연관 지어 생생하게 기억할 것입니다.

실제로 세모에게 뭔가를 기억시킬 때는 '크게, 웃기게, 이상하게' 시각화 방법을 이용하는데요. 늦장부리는 아이에게 "넌 이제 소닉이란다. 소닉이 양치를 초 스피드로 하고, 가방을 메고 학교에 등교할 거야. 시간이 가고 있어. 소닉이 되면 뭐든 빨리 할 수 있을 거야!"라고 말하곤 합니다. 좋아하는 캐릭터가 되는 상상만으로도 아이는 즐거운 마음으로 등교 준비를 시작합니다. 가방 챙기는 일도 잊지 않고 말이죠.

복습이 지겨운 아이들

아이들이 공부한 시간이 아깝지 않을 만큼 공부 내용을 오래 기억하고, 시험 볼 때도 바로 기억날 수 있다면 얼마나 좋을까요? 그러기 위해서는 복습이 필요합니다. 그런데 아이들은 복습이 필수적인 기술이라는 것을 알아도, 지루하면 결코 하지 않습니다. 아이들은 왜 복습을 하기 싫어할까요? 필요성을 못 느껴서 그럴까요? 어떻게 하면 잘 복습할 수 있게 도와줄 수 있을까요?

똑같은 걸 다시 보는 고역 같은 일

수행평가나 정기고사를 보는 날, 아이들은 아침부터 손에 무언가를 들고 다닙니다. 중얼중얼 시험 내용을 외우면서 시험 준비를 하지요. 이런 날에는 공부를 한 아이들과 하지 않은 아이들이 확연하게 티가 납니다. 어떤 아이들은 손에 종이를 들고 열심히 외우고 있는가 하면, 어떤 아이들은 태평하게 앉아 친구들과 수다를 떨고 있습니다. 시험 준비를 제대로 한 아이는 어떤 아이일까요? 아마도 시험 직전까지 종이를 손에 쥐고 자신이 외운 내용을 중얼거리며 끊임없이 인출하고 확인하는 아이들이겠지요. 시험 공부를 하지 않은 아이들은 '지금 시험 내용을 본다고 해서 달라질 건 없어'라는 생각으로 친구들과 이야기를 나눕니다. 그렇다고 해서 이 아이들이 시험 점수에도 둔감할까요? 그렇지 않습니다. 시험 결과가 나오면, 공부를 안 했어도 아쉬운 마음에 한숨을 쉬거나 허탈한 웃음을 짓습니다.

무언가를 외운다는 것은 정말 지루하고 어려운 과정입니다. 산만한 아이들은 특히 더 그렇겠지요. 낮은 작업 기억으로 인해, 뭔가를 외워도 필요할 때 인출하여 사용한 성공 경험이 적기 때문입니다. 암기 자체로도 어려운데, 학습 내용을 보고 또 보는 과정은 매우 지루합니다. 우리가 어떤 행동을 할 때 보상과 쾌락 호르몬인 도파민이 분비되며 기분이 좋아지고, 그 호르몬의 작용으로 인해 다시 그 일을 하게 됩니다. 만약 영어단어 20개를 외워서 다 맞히면 성취감을 느낍니다. 이 과정에서 도파민이 분비되고, 이 경험은 영어단어 20개를 또 외워야 할 때 '보상이 올 것이라는 기대감'에 다시 공부를 하게 만드는 원동력이 됩니다.

하지만 계속 실패하면 어떨까요? 아무리 외우려고 해봐도 잘 기억나지 않고, 새로운 개념처럼 느껴진다면 도파민은 잘 분비되지 않을 겁니다. 스트레스만 쌓이겠지요. 이런 아이들은 다시 도전하기가 어렵습니다.

아마 아이들도 복습의 중요성을 알고 있을 거예요. 그러나 실패 경험이 더 많은 아이들로서는 시간 간격을 두고 반복 학습을 하면 된다고 격려해도 마치 지루한 영화를 자꾸 보자고 조르는 것처럼 느껴지는 것이죠.

복습을 복습이 아닌 것처럼 만들기

좋아하는 라면을 먹을 때를 떠올려보세요. 라면 냄새가 나는 순간부터 기분이 좋아지고, 먹고 싶어지죠. 그런데 라면을 매 끼니, 매일, 일주일간 먹어야 한다면 어떨까요? 아마 냄새만 맡아도 질릴 거예요. 이는 도파민의 특징과 관련이 있습니다. 에모리 대학의 신경경제학 교수이자 뇌과학자인 그레고리 번스는 예측가능한 익숙해진 상황보다

'새로운 상황'에서 더 많은 도파민이 분비된다고 합니다. 새로운 상황을 맞닥뜨리면 도파민 분비가 촉진되고, 이는 다음에도 그 행동을 하도록 동기를 부여해주는 것이지요.

여기에 중요한 포인트가 있습니다. 복습을 새로운 방식으로 만들어 주는 것입니다. 복습이 복습이 아닌 것처럼 말이에요. 같은 내용도 새로운 형태로 바꿔주세요. 세모는 문제집을 한 권을 풀고 나면, 그 문제집을 3회독 하는 것이 규칙입니다. 여기서 중요한 건 아이가 두 번, 세 번 같은 문제집을 공부할 때, 똑같은 방식으로 공부하지 않는 것입니다. 세모와 국어 어휘 문제집을 풀었습니다. 한 권을 모두 끝내고 난 후, 두 번째 풀 때는 각 단원의 어휘를 낭독하고, 엄마와 함께 퀴즈를 푸는 방법으로 복습을 했습니다. 제가 뜻을 말하면 세모가 어휘를 맞히거나, 세모가 뜻을 말하면 제가 어휘를 맞히는 형식으로 서로 경쟁하듯 퀴즈를 내며 복습을 했습니다. 세 번째 복습을 할 때에는 배운 어휘를 적용해봅니다. 어휘를 이용해서 문장을 만들어 보는 것입니다. 글을 쓰기 싫어하는 아이는 말로 해도 괜찮습니다. 목표는 어휘의 뜻을 알고, 적절한 문장에 사용하는 것이기 때문입니다.

이렇게 다양한 방법으로 복습을 해야 아이가 재미를 느낄 수 있습니다. 문제집은 한 권을 다 푼 후에는, 다시 한 번 푸는 것이 좋습니다. 왼쪽 페이지 세 번, 오른쪽 페이지 세 번을 보는 방식의 복습보다, 한 단원 혹은 한 권을 모두 마친 뒤 2~3회독을 하는 것이 훨씬 더 효과적이에요. 후자의 방식이 바로 '시간 간격'을 두는 복습 방법이기 때문입니다. 망각할 때 다시 한 번 보고, 그 정보를 인출하는 연습을 함으로써 오래 기억에 남기는 것이지요. 아이가 공부를 하는 이유는 단 한 번의 시험을 위해서가 아닙니다. 오래 기억하여 이것을 다른 공부의 재료로 쓰이도록 하기 위해서이죠. '시간 간격을 두고 복습하되, 새롭게 해주기' 이것이 복습 포인트입니다.

복습을 새로운 형태로 만드는 다양한 방법

새롭고 재밌게 만들어 주는 복습 방식은 여러 가지가 있습니다. 아이들의 학습 방법이 반드시 전통적인 방식일 필요는 없습니다. 아이들은 '재미'가 더해질 때 더 잘 배우고 몰입합니다.

퀴즈를 통한 경쟁

퀴즈를 통해 경쟁하는 것입니다. 아이가 직접 퀴즈 문제를 내는 것도 효과적입니다. 아이가 문제를 내고 부모님이 답을 하면, 그 답이 적절한지 아닌지 채점하는 과정에서 아이는 학습 내용을 다시 한 번 생각해보게 되기 때문입니다.

그림이나 인형극을 활용한 독후 활동

독후 활동이 반드시 '독후감 쓰기'일 필요는 없습니다. 인상 깊었던 장면을 그리고 엄마와 함께 색칠해도 좋고, 간단한 인형으로 책 속 한 장면을 재연하는 것도 좋습니다. 아이가 교과서의 글을 이해하지 못할 때는 인형극을 활용해보세요. 산만한 아이들에게는 글이라는 틀을 벗어나 머릿속으로 시각화를 하며 기억하는 방식이 매우 효과적입니다.

게임 활용하기

학교에서 아이들과 복습할 때 아이들이 가장 좋아하던 방법은 바로 '보물 찾기'였습니다. 아이들이 좋아하는 간식이나 보상으로 주기로 한 것을 숨겨두고, 복습 퀴즈를 풀 때마다 보물을 숨겨 놓은 장소 힌트를 하나씩 제공하는 방식이었죠. 아이들의 호기심을 자극하는 이런 활동은 아이들의 수업 참여를 이끌어내는 데 매우 효과적입니다.

보드 게임도 좋은 학습 도구인데요, 이미 아는 내용을 확인하는 데 도움이 됩니다. 세모의 경우, '셈셈 피자 게임'으로 덧셈, 뺄셈 연습을 했습니다. 주어진 숫자와 연산 기호에 맞게 피자 토핑을 올리거나 빼면서, 목표 숫자에 도달하는 방식의 게임입니다. 또한, '고 피쉬'를 통해 7급과 8급 한자를 복습하며 급수 시험을 준비하기도 했습니다. '고 피쉬'를 이용한 학습 방법을 소개할게요. 각 플레이어는 5~7장의 카드를 나눠 가지고, 남은 카드는 중간에 놓아둡니다. 한 플레이어가 다른 플레이어에게 특정 카드가 있냐고 묻습니다. "아들 자(子) 있나요?" 상대 플레이어가 해당 카드를 가지고 있다면, 그 카드를 줍니다. 없을 경우에는 "Go Fish!"라고 외치고, 물어본 플레이어는 피쉬 더미에서 한 장을 뽑습니다. 모든 카드를 모으거나 피쉬 더미가 없어질 때까지 진행합니다. '고 피쉬' 게임은 한자, 영어, 국어, 과학 등 과목별로 게임이 있어 아이와 함께 즐겁게 학습 내용을 복습할 수 있습니다. 특히 상대방이 요청하는 카드 내용과 자신의 카드 정보를 기억해야 하기 때문에, 기억력과 집중력을 동시에 키울 수 있는 게임입니다.

세모에게 늘 "복습은 중요해. 지금 받아쓰기 다 맞는다고 기억에 오래 남는 게 아니야. 나중에도 기억이 나야 네가 배운 걸 사용할 수 있는 거야."라고 말해왔습니다. 같은 내용을 한 번 더 보는 것뿐인데도, 아이는 복습을 지루해하며 하기 싫어했습니다. 하지만 방법을 조금씩 바꿔가며 새로운 과제처럼 만들어 주니 아이가 제법 즐거워하며 복습을 하더라고요. 초등학생만 가능한 게 아니냐고요? 산만한 아이는 중학교까지도 혼자 학습하는 것보다 소통하며 공부할 때 학습 내용을 더 오래 기억할 수 있습니다. 반복하여 인출하는 연습을 통해 성취감을 느낀 아이는 점점 더 복습의 중요성을 깨닫게 됩니다. 스스로 복습을 해내는 날은 분명히 올 거예요. 그 전까지는 아이에게 복습이 충분히 할 만하고, 필요한 것이라는 인식을 심어주세요.

숲과 나무를
구분하지 못하는 아이들

"재연아, 그걸 왜 그렇게 오래 붙잡고 있어? 다른 게 더 중요해."

시험 공부를 하는 재연이를 보며 답답한 마음에 한마디를 던졌습니다. 재연이는 평소 성적이 잘 나오는 친구는 아니었습니다. 재연이의 학습법 중에 가장 답답했던 부분은, 중요한 것보다 작고 사소한 것에 더 의미를 부여하고, 시간을 더 많이 들여 공부하는 것이었습니다.

교과서는 각 단원별로 정해진 학습목표가 있습니다. 그 단원의 가장 중요한 내용은 학습목표와 관련이 있습니다. 이외의 정보들은 중요도가 낮은 세부 내용들이죠. 재연이는 교무실에 자주 질문하러 오는 학생 중 한 명으로, 교무실에 오면 여러 과목 선생님들께 다양한 질문을 많이 합니다. 그런데 재연이가 보통 물어보는 질문들은 시험과 관계없는 내용들이 많았습니다.

요즘처럼 디지털 기기에 익숙한 아이들은 텍스트를 읽을 때, 글쓴이가 하고자 하는 말, 즉 중심 내용을 찾는 데 어려움을 겪습니다. 주의력이 약한 아이들은 글을 읽다가 앞부분을 금방 잊어버리기도 하지요. 한 문단에서 중심 내용이 하나일 때, 그 핵심을 놓치고, 뒤에 이어지는 뒷받침 내용이나 덜 중요한 내용들에 집중하는 일이 많습니다.

숲과 나무, 굳이 왜 구분해야 하나요?

물고기는 몸속에 있는 부레로 여러 가지 소리를 냅니다. 부레 안쪽 근육을 수축하거나 부레의 얇은 막을 진동해 소리를 낼 수 있습니다. 물고기가 조용하다고 느끼는 이유는 우리가 들을 수 없는 높낮이로 소리를 내기 때문입니다.

위 글은 초등학교 4학년 1학기 국어 교과서(가) 2단원 '내용을 간추려요'에 나오는 〈동물이 내는 소리〉의 한 문단입니다. 이 문단에서 '중심 문장'과 '뒷받침 문장'을 찾는 것이 아이들의 과제입니다. 주의력이 약한 아이들의 경우, 중심 문장을 고르라고 하면 대부분 마지막 문장을 고르는 경향이 짙습니다. 가장 최근에 읽은 문장이 가장 기억에 잘 남아 있기 때문입니다. 중심 문장과 뒷받침 문장을 찾아내는 문제는 산만한 아이들이 자주 틀리는 문제 유형이기도 합니다. 주의력이 약한 아이들에게는 중요한 것과 덜 중요한 것을 구분하는 데 어려움을 겪습니다.

숲(중심 내용)과 나무(세부 내용)를 구분하는 능력이 왜 학습에서 중요할까요? 교과서를 통해 배우는 내용은 보통 중심 개념과 주제를 기반으로 구성되어 있습니다. 이를 이해하지 못하면 세부적인 내용에만 집중하게 되어, 학습의 큰 그림을 놓치기도 합니다. 또한, 중학생이 되어 본격적으로 시험을 보게 되면, 학습이 더 어려워집니다. 중심 내용과 세부 내용을 구분하지 못하면, 모든 정보에 같은 의미를 부여하고, 사소한 것까지 중요하게 여겨 가성비 떨어지는 학습을 하게 됩니다. 이는 시간 낭비로 이어지고, 학습의 우선순위도 놓치게 만들지요. 중요한 개념부터 파악하고 공부하면, 효율적으로 학습할 수 있으며 더 깊이 있는 이해를 쌓을 수 있습니다.

위 교과서 문단에서의 중심 문장은 '물고기가 부레를 이용해 소리를 낸다'라는 첫 번째 문장입니다. 나머지는 세부 내용일 뿐이죠. 이때 만약 학생이 마지막 문장인 '물고기가 조용하다고 느끼는 이유'가 중요다고 생각한다면, 뒤에 이어질 내용을 예측할 때에도 '물고기가 내는 소리'일 거라 생각할 수 있습니다. 그러나 실제 이어지는 내용은 다른 동물들이 소리를 내는 방법입니다.

중심 내용과 세부 내용을 제대로 구분하지 못하면, 모든 과목의 학습에 영향을 미칠 수 있습니다. 텍스트로 이루어진 교과서를 공부할 때, 어디에 더 중점을 두고 학습해야 하는지 아는 것은 매우 중요하기 때문입니다. 만약 교과서를 읽은 아이에게 "여기서 중요한 내용이 뭐야?"라도 물었는데 제대로 답하지 못한다면, 아이는 학습 내용을 제대로 이해하지 못한 것입니다.

큰 그림을 보는 연습

커다란 숲을 봐야 할 때, 한 그루의 나무를 보거나 나뭇잎의 모양에 집중하는 아이들은 교사가 가르치고자 하는 학습목표, 교과서가 말하고자 하는 중요한 내용을 놓칠 수 있습니다. 이 아이들이 학습할 때 길을 잃지 않고, 학습목표를 성취하도록 돕기 위해서는 '목차'를 보는 것부터 시작해야 합니다. 특히, 교과서를 통한 학습은 매우 중요합니다. 교과서는 그 학년 아이들의 인지적 발달에 맞춰 제작된 학습 교재로, 교육과정과 평가 모두 교과서를 바탕으로 이루어집니다. 따라서 교과서의 구조를 잘 이해하는 아이들이 학습 목표를 더 잘 달성할 수 있습니다.

예를 들어, 영어 교과서라면 아이와 함께 목차를 살펴보고, (1)몇 단원으로 구성되어 있는지 (2)각 단원 별 주제가 무엇인지 (3)중간고사, 기말고사까지 몇 개 단원을 배우는지 등 이야기를 나눕니다. 목차의 각 단원들이 하나의 큰 뼈대입니다. 이후, 한 단원 안의 구성을 살펴봅니다. 영어 교과서는 '준비 단계-듣기-말하기-읽기-문법-쓰기-정리' 순으로 되어 있는 경우가 많습니다. 각 단원을 공부할 때에도 학습목표, 키워드, 중요 표현들을 미리 확인합니다.

다음으로 각 단계 안에 있는 '세부 내용'을 봅니다. '듣기' 단계에서는 듣기 지문이 몇 개인지, '읽기' 단계에서는 어떤 제목의 글이 있는지 확인합니다. 이 구조를 이해한 아이들은 학습을 더 효율적으로 계획하고, 해낼 수 있습니다. 또한 중요한 것과 덜 중요한 것들을 구분하는 데 도움을 주지요. 큰 주세를 중심으로 각 단원에서 다루는 소주제와 세부 내용을 파악하면, 아이가 학습 과정에서 길을 잃지 않고 핵심 내용을 놓치지 않을 수 있습니다.

글이라는 숲에서 길을 잃지 않으려면

글을 읽는다는 것은 단순히 각 글자의 소리를 인식하는 것 이상의 작업입니다. 문장을 읽으면서 우리는 문장의 의미를 머릿속에서 상상하거나, 내가 알고 있는 지식과 연결하며, 뇌는 능동적으로 글자가 의미하는 바를 이해하려 애를 씁니다. 문장과 문장 사이의 연관성을 이해하고, 문단이 말하고자 하는 바, 중심 내용을 도출해내는 것까지가 글을 이해하는 과정입니다. 결국 아이들의 학습에 큰 영향을 미치는 것은 글을 이해하는 힘, 바로 '문해력'입니다.

그런데 '디지털 네이티브' 세대인 요즘 아이들은 디지털 기기가 생활에 차지하는 비율이 크기 때문에, 글을 이해하고 활용하는 능력이 떨어집니다. 특히 산만한 기질의 아이들은 낮은 작업 기억으로 긴 글을 읽다 앞 내용을 모두 잊어버리기도 하지요. 주의력이 약해 하나의 문장을 해독하는 데 집중하지 못하고, 주변의 다른 문장에 방해를 받기도 합니다.

글의 종류에 따라 읽는 방법도 다르다

산만한 아이들이 글을 읽을 때, 중요한 내용과 덜 중요한 내용을 구분하도록 돕기 위해서는 글을 '시각화'하도록 합니다. 이때 '그래픽 조직자Graphic Organizer'를 '글의 종류'에 따라 이용하도록 알려주세요. 그래픽 조직자는 정보를 도표, 차트, 그림 등의 시각적 형태로 구조화하는 학습 도구입니다. 이는 아이들이 개념을 시각적으로 정리하고, 이해할 수 있도록 도와줍니다. 특히 비교·대조, 문제해결, 원인·결과 등 다양한 유형의 학습에 활용할 수 있습니다. 아이들이 교과서에서 만나는 대표적인 글의 종류에는 이야기, 설명문, 논설문이 있습니다.

먼저 '이야기'의 특징을 알아볼까요? 이야기는 시간의 흐름이 있고, 등장 인물이 존재합니다. 따라서, 사건을 시간 순서대로 나열하거나(타임라인), 발단-전개-위기-결말 등의 구조로 정리합니다. 등장 인물을 이해하는 것 역시 도움이 되지요. 주인공과 주인공 주변인의 관계도를 그려봄으로써, 이야기의 흐름을 놓치지 않고 숲을 보게 만드는 것입니다. 또한, 글쓰기가 어려운 아이들은 이야기의 흐름에 따라 그

제목 : 신데렐라

등장인물 : 신데렐라, 계모, 언니 두 명, 왕자님

발단 : 신데렐라는 계모와 언니 두 명에게 학대를 받으며 힘든 생활을 한다. 그녀는 집안일을 도맡아 하며 매일 고통을 받는다.

▼

전개 : 마법사가 나타나 신데렐라를 돕는다. 마법으로 드레스를 만들어 주고, 호박을 마차로 바꿔 신데렐라가 무도회에 갈 수 있게 도와준다. 신데렐라는 무도회에서 왕자와 춤을 춘다.

위기 : 신데렐라는 밤 12시가 되기 전에 돌아가야 한다는 마법사와의 약속을 잊고 있다가 황급히 무도회를 떠난다. 그 과정에서 유리구두 한 짝을 잃어버린다. 왕자는 신데렐라를 찾기 위해 전국의 여자들에게 유리구두를 신겨본다. 유리구두를 신데렐라가 신지 못하게 언니들이 방해하지만, 신데렐라는 결국 유리구두를 신게 되고, 유리구두는 신뎰레라의 발에 꼭 들어맞는다.

결말 : 왕자는 신데렐라를 성으로 데려가 결혼한다. 신데렐라는 행복하게 살게 되고, 그녀를 괴롭히던 계모와 언니들은 벌을 받는다.

림으로 표현하는 방법도 글의 내용을 이해하는 데 효과적입니다. 글쓰기가 부담스러운 산만한 아이들에게 좋은 대안이 될 수 있습니다.

둘째, 설명문은 나뭇가지 모양(마인드맵)으로 정리하여, 큰 개념과 세부 개념을 가지처럼 뻗어나가도록 합니다. 또는 벤다이어그램으로 표현하여 개념들을 비교·대조하는 방법도 있습니다. 산만한 아이들은 종종 정보간의 연결을 이해하는 데 어려움이 겪습니다. 벤다이어그램은 공통점과 차이점을 명확히 보여주고, 나뭇가지 모양의 정리는 개념간의 관계를 시각적으로 연결해주어, 학습 내용을 더 체계적으로 이해할 수 있게 도와줍니다.

직사각형과 마름모의 공통점과 차이점

직사각형	둘 다 사각형	마름모
• 마주보는 변의 길이만 같음 • 모든 각이 직각 • 세로와 가로 대칭축	• 둘 다 사각형 • 마주보는 변의 길이가 같음 • 대각선이 서로 이등분 됨	• 네 변의 길이가 모두 같음 • 모든 각이 직각은 아님 • 대각선 방향 대칭축

마지막으로 논설문입니다. 찬성과 반대의 의견이 나오는 경우, T자를 그린 후 왼쪽에는 찬성 의견, 오른쪽에는 반대 의견을 나열합니다. 이후, 찬성-반대 의견의 '주장'을 적고, 그에 해당하는 '근거'와 '예시'를 적습니다. 이를 통해 아이들은 주장문과 근거 문장을 구분하는 연습을 할 수 있습니다.

이외에 문제를 제시하고, 그에 따른 해결 방안을 제시하는 글도 있습니다. 이때에도 '문제점'을 적고, 아래로 가지치기를 하여 해결 방안과 그 이유를 정리해봅니다. 그러면 글의 구조를 한눈에 파악할 수 있습니다.

학교에서 숙제를 내주는 것이 좋을까요?

찬성 의견
- 숙제는 학교에서 배운 내용을 복습할 기회를 준다.
- 숙제를 하면 스스로 공부하는 습관을 기를 수 있다.
- 숙제를 통해 선생님은 학생들이 무엇을 이해하고, 무엇을 어려워하는지 알 수 있다.

반대 의견
- 숙제가 너무 많으면 아이들이 스트레스를 받고 피곤하다.
- 숙제 때문에 친구들과 놀거나 가족과 함께하는 시간이 줄어든다.
- 숙제보다는 학교에서 더 집중하여 배우는 것이 중요하다.

'만약 네가 선생님이라면?' 방법

아이 스스로 학습 내용을 깨닫게 하는 방법도 있습니다. 바로 "네가 선생님이라면 무슨 문제를 낼 거니?"라는 질문에 답해보는 것입니다. 저는 수업을 할 때 한 단원을 마치고 나면, 아이들에게 문제 내기 활동을 시키곤 합니다. 아이들이 직접 문제를 출제하면서 '어떤 내용이 학습자들이 알아야 하는 내용일까?', '어떤 내용이 어려울까?', '어떤 게 중요할까?' 등 스스로에게 질문을 하게 됩니다. 반드시 종이에 쓰지 않아도 됩니다.

오늘 공부한 내용을 아이와 확인할 때, 아이에게 "네가 엄마, 아빠한테 꼭 알아야 할 내용으로 퀴즈 세 개를 만들어 볼래?"라고 문제를 주문해보세요. 아이는 엄마, 아빠에게 문제를 내면서 한 번 더 학습한 내용을 복습할 수 있고, 꼭 알아야 할 내용을 생각할 수 있습니다.

이 활동은 단순히 내용을 복습하는 것을 넘어, 아이가 학습의 핵심 개념을 스스로 파악하고 정리하는 능력을 길러줍니다. 문제를 내기 위해서는 배운 내용을 다시 떠올리고, 중요한 점과 그렇지 않은 점을 구분해야 하기 때문입니다. 이는 자연스럽게 비판적 사고력과 요약 능력을 발달시킵니다.

만약 학습장애가 있다면

"선생님, 저는 바보일까요?"

우리 반 학생인 지윤이가 제게 물었습니다. 지윤이는 중학교 3년 동안 자신이 얼마나 공부에 소질이 없는지를 확인해왔다고 했습니다. 아무리 많은 시간을 투자해도, 온갖 사교육을 받아도 성적이 하위권에 머물렀습니다. 아이들이 어떤 고등학교에 지원할지를 고민하는 시기에, 지윤이는 자신이 인문계 고등학교에 가서 버틸 수 있을지를 치열하게 고민하고 있었습니다.

"왜 그렇게 생각하니?"

"저는 아무리 공부해도 시험 성적이 안 나와요."

아이는 공부를 아무리 해도 잘하지 못하니 좌절스럽다며 눈물을 흘렸습니다. 공부하기 싫어하는 아이들은 많이 봤지만, 공부를 잘하고 싶어 우는 학생은 처음이었습니다. 지윤이와 상담을 여러 차례 하면서 교실 속 지윤이의 학습 태도와 주의집중도, 과제 수행도를 자세히 관찰하게 되었습니다. 지윤이는 수업 시간에 집중을 잘하는 편이었습니다. 그런데 한 가지 걸리는 점이 있었습니다. 바로 지윤이의 필기를 전혀 알아볼 수 없다는 것이었지요.

"지윤아, 다른 교과서도 가져와볼래?"

국어 교과서 속 지윤이의 글은 중학교 수준이 아니었습니다. 초등학교 3~4학년 수준의 글씨체와 단순한 어휘 사용, 어딘가 부자연스러운 문장들이 적혀 있었습니다. 게다가 지윤이는 대부분의 수행평가에서 평균 이하의 점수를 받았습니다. 문장 능력이 또래들에 비해 부족했기 때문이었죠.

지윤이의 글씨를 보고 물어보았습니다.

"혹시 책을 읽을 때 어떠니? 내용이 잘 이해가 되는 편이야? 교과서 공부를 할 때는 어때?"

"잘 이해가 안 돼요. 글을 읽다 보면, 기억이 잘 안 날 때도 있어서 앞으로 돌아가서 다시 읽을 때도 많아요."

지윤이가 의지가 있어도 공부가 잘 되지 않았던 이유를 조금은 알 것 같았습니다.

"지윤아, 선생님은 네가 난독증이 있는 것 같아. 혹시 검사를 받아보고 싶니? 그렇다면 검사기관을 찾아서 어머님께 말씀드려 볼게."

"네, 선생님. 검사받고 싶어요."

그렇게 지윤이의 어머님께 전화를 걸어 난독증 검사를 받도록 권유드린 적이 있습니다.

산만한 아이, 학습장애일 수도

'왜 이렇게 한글을 못 떼지?', '왜 이렇게 책을 대충 읽지?', '덧셈, 뺄셈부터 어려워하다니?' 이런 생각이 들 때가 있으신가요?

한글 읽기, 쓰기, 사칙연산을 가르칠 때, 아이가 생각만큼 잘 따라오지 못하면 부모는 불안해지기 시작합니다. '우리 아이는 공부에 소질이 없나 봐', '집중을 잘 못하니 글도 대충 읽고 계산도 대충하네'라는 생각이 머릿속을 지배합니다. 게다가 읽기, 쓰기, 연산을 거부하는 모습을 보면 불안을 넘어 두려움이 몰려오지요.

학습장애의 종류

산만하고 공부에 소질이 없다고 생각한 아이가 어쩌면 '학습장애'를 갖고 있을 수도 있습니다. 대표적인 학습장애로는 읽기와 이해가 어려운 읽기장애, 쓰기가 어려운 쓰기장애, 숫자 계산이 어려운 산수장애가 있습니다.《학습장애》를 집필한 송종용 임상심리학 박사는, 학습장애를 '신경발달적 장애에 속하며, 읽기/산수/쓰기 표현 영역에서 생물학적 나이에 비해 학습 기술을 습득하는 데 지속적으로 어려움이 있을 때 진단된다'라고 정의했습니다. 읽기장애, 쓰기장애, 산수장애와 같은 학습장애 진단은 전제 조건이 있다고 합니다. 바로, '지적장애, 전반적 발달 지연, 교정되지 않는 시각과 청각 문제, 다른 신경학적 장애, 교육 기회의 부족 등으로 설명되지 않아야' 한다는 것입니다. 즉, 평균 지능에 속하지만 특정 영역인 읽기/산수/쓰기 영역에서 지속적인 어려움을 겪을 때 학습장애로 진단한다는 뜻입니다.

또한, 송종용 박사는 학습장애는 조기 진단과 조기 치료가 매우 중요하다고 강조합니다. 학습장애 치료의 결정적 시기는 만 10세 이전이기 때문입니다. 즉, 초등학교 3학년까지 조기에 치료를 받으면, 학습장애가 치료받지 않았을 때보다 훨씬 개선되어 또래만큼 학습을 해낼 수 있다는 뜻입니다. 하지만 초등학교 4~5학년 이후에는 치료나 훈련을 통해 뇌 기능을 발달시키는 데는 한계가 있다고 합니다.

학습장애, 조기 발견이 중요하다

그렇다면 어떻게 조기에 발견할 수 있을까요? 가장 중요한 것은 '교사의 피드백'입니다. 초등학교에 입학하고 한 학기 정도만 지나도, 교육 전문가인 학교 교사는 아이들의 개별적인 발달 차이를 알게 될 수밖에 없습니다. 반면, 부모는 또래 아이들이 학습을 하는 환경을 객관적으로 관찰하기 어렵기 때문에, 학교 교사의 관찰을 바탕으로 한 피드백이 매우 중요합니다.

학습장애가 있는 아이들은 대부분 주의가 산만하다고 합니다. 또한, 난독증 아이의 40%가 ADHD도 함께 갖고 있다고 하니, ADHD 진단을 받았거나 의심되는 아이가 학습에서 어려움을 겪는다면 난독 증상을 보이는지 면밀히 관찰해봐야 합니다. 특히, 받아쓰기를 많이 틀리는 아이라면 학습장애를 의심해보세요. 다른 학생들에 비해서 배우는 속도가 느리고, 어휘 수준이 낮으며, 판서를 보고 정확하게 옮겨 쓰지 못하거나, 맞춤법을 자주 틀리고 논리가 잘 맞지 않는 글을 쓴다면 학습장애를 의심해봐야 합니다. 또한 계산 부호를 헷갈려 실수가 잦거나 사칙연산을 너무 어려워하는 하는 등 교사의 피드백을 자주 받는 편이라면 학습장애 검사를 받아보는 것이 좋습니다.

아이들 잘못은 없습니다

2019년, 미국의 공립 중학교에 실습을 간 적이 있습니다. 교생실습처럼 영어 교사로서 미국 학교 수업은 어떻게 이루어지는지 참관할 기회가 있었습니다. 그중에서 가장 인상 깊었던 수업이 바로 '난독증' 수업이었습니다. 난독증 수업이 궁금해 들어간 교실은 작고 아늑했습니다. 학생 단 두 명과 교육청에서 파견된 난독 치료 전문 교사가 있었습니다. 이 학생들은 다른 학생들이 읽기 수업을 들을 때, 난독 치료 수업을 받습니다. 이 수업의 비용은 각 지역교육청에서 지원한다고 합니다. 아이들은 즐겁게 웃으면서 알파벳 퍼즐을 여기 저기 놓으며 단어를 배치하고, 자석 보드에 붙여보며 글자를 읽었습니다. 조금 읽기 힘들어도 선생님의 도움으로 천천히 읽어나가는 아이들의 얼굴엔 웃음이 번져 있었습니다.

우리나라에서는 학습장애에 대한 인식이 이제 막 생기기 시작했습니다. 2024년, 각 지역 교육지원청에서는 난독 및 경계선 지능 학생을 위한 지원 사업이 생겼습니다. 그동안 우리는 얼마나 많은 아이들을 놓쳐왔을까요? 교육열도 높고, 학력 중심 문화인 우리나라에서 왜 이런 학습장애 아이들을 이제야 돕게 됐을까요? 그저 공부를 못한다고, 게으른 아이로 여기며 놓쳐온 아이들은 지금 사회에서 어떤 어려움을 마주하고 있을까요?

《학습장애》에서는 우리나라에서 학습장애가 나타나는 양상에 대해 다음과 같이 묘사하고 있습니다.

학습장애 종류		증상
읽기장애	단어재인 장애	• 읽기 속도가 느리다. • 'ㅂ'과 'ㅍ'을 혼동하여 읽는다. • 특정 소리만 못 읽는다. • 생략하여 읽는다. • 없는 단어를 읽는다. • 단어를 바꿔 읽는다. 예) 학생 → 악생, 법 → 범, 갑 → 감

독해장애	• 글을 읽을 수 있는데, 글의 순서를 혼동한다. • 문장이나 문단 내용을 이해하지 못한다. • 글의 핵심 파악이 어렵다. • 부적절한 어휘를 사용한다. • 대명사가 지시하는 것을 잘 모른다. • 기억력이 부족하여 내용을 놓친다. • 맞춤법을 많이 틀린다. • 고학년이 될 수록 다른 과목 학업성취도가 점차 떨어진다.
쓰기장애	• 시작이 오래 걸린다. • 글씨를 알아보기 힘들다. • 칸에 맞춰 쓰기 어려워한다. • 문법이 자주 틀린다. • 구두점을 잘못 사용한다. • 손의 힘이 약하다. • 받아쓰기를 어려워한다(청각적 정보를 필기할 때까지 유지하기 어렵기 때문).
산수장애	• 블록 맞추기나 조립 같은 공간 운동 과제 수행이 잘 안 된다. • 기억력 부족으로 계산 실수가 잦다. • 간단한 연산에도 손가락을 사용한다.

이 많은 어려움들을 아이들이 매일 학교에서 겪는다고 생각하면, 조기 진단과 조기 치료의 중요성이 더욱 크게 느껴집니다. 부모와 교사들은 아이들의 뇌 발달이 다른 아이들과 다르다는 점을 모른 채, 아이의 태도나 의지 문제로만 오해해왔습니다. 그러나 아이들이 겪는 어려움은 결코 아이들의 잘못이 아닙니다. 아이들은 부모님과 선생님의 도움이 절실합니다.

학습장애, 어떻게 도와줘야 할까요?

아이의 학습장애가 의심된다면 두 가지를 기억하세요. '적극적인 치료 개입'과 '수준에 맞는 학습'입니다. 학습장애는 아이가 자라면서 저절로 나아지길 기대하기보다 조기에 적절한 치료를 받을 수 있도록 적극적으로 도와야 합니다. 그렇지 않으면 중학교 3학년의 지윤이처럼 학습을 하며 겪은 좌절감이 쌓여 자존감에도 부정적인 영향을 줄 수 있습니다.

무엇보다 가장 중요한 것은 부모의 기대를 낮추고, 아이가 성취감을 맛볼 수 있도록 수준에 맞는 학습을 제공하는 것입니다. 학습장애가 있는 아이들은 단지 읽고, 쓰고, 계산하는 게 어려울 뿐이지, 다른 발달 면에서는 우수한 점도 많습니다. 그러나 아이들은 자기 자신을 잘 인식하고 있기 때문에, 또래와 비교하며 자존감이 떨어질 수도 있습니다. 그러므로 이 아이들에게는 작은 성공 경험이 반드시 필요합니다.

아이와 학습을 할 때 꼭 기억하세요. 제 학년에 집착하지 않고, 아이 수준에 맞는 학년의 과제를 주세요. 현 학년보다 낮은 학년의 과제도 괜찮습니다. 초등학교 시기에 읽고, 쓰고, 계산하는 것을 어려워한다면, 놀이를 통해 배우도록 해주세요. 읽기장애가 있는 아이라면 유아책부터 천천히 따라 읽도록 도와주고, 쓰기장애가 있는 아이에게는 쓰기를 강요하지 않고 컴퓨터 타자 치는 법을 알려주세요. 산수장애가 있는 아이는 수를 양으로 인지할 수 있도록 구체물을 이용해 더 많이 수를 접하게 해주세요.

주의력 도둑 3대장: 숏폼, SNS, 게임

학교에 출근해서 가장 먼저 하는 일은 담임 학급을 쓰윽 둘러보는 것입니다. 교실 앞문에 머리만 살짝 밀어넣고, 아이들이 무엇을 하는지 슬쩍 훑어봅니다. 아침 조회 시간 10분 전에도 아이들은 스마트폰 세상을 향해 바쁘게 손가락을 움직입니다. 아침 8시 30분, 조회 시간이 시작되면 핸드폰을 수거하는데요, 그제야 아이들은 일사분란하게 핸드폰 수거 가방에 폰을 쏙 넣습니다. 이제 그만 전원을 끄고 핸드폰을 빨리 제출하라고 재촉할 때도 많습니다.

아이들과 성적 상담을 할 때 제가 자주 하는 질문이 있습니다.

"왜 공부가 잘 안 되는 것 같아?"

"집중이 안 돼서요."

"집중을 가장 방해하는 게 뭐야?"

"폰이요."

아이들은 이미 알고 있습니다. 공부를 해야 한다는 것, 스마트폰이 공부에 방해가 된다는 것, 스마트폰 사용을 절제해야 한다는 것을 말이죠.

학부모 상담을 할 때 부모님들께서 종종 울고 가시는 경우도 있습니다. 성별을 나누어 일반화하긴 어렵지만, 확률적으로 남학생은 게임 중독 때문에, 여학생은 우울증 때문이었습니다. 재미로 도피하듯 했던 게임이 '중독'이 되고, 혼자 있는 시간이 점점 늘어가면서 아이는 어느새 자신만의 방에 스스로를 가두게 되었습니다. 부모님께서는 어디서부터 도와주어야 할지, 이미 늦은 건 아닌지 과거에 대한 후회와 미래에 대한 걱정으로 많은 눈물을 쏟고 가십니다.

모든 원인은 스마트폰

게임중독, 우울증 모두 양상은 다르지만, 대부분 그 원인이 스마트폰에서 시작된다는 공통점이 있습니다. 게임에 중독된 아이들은 양질의 수면을 취하지 못하고, 반쯤 수면 상태로 학교에 옵니다. 당연히 수업에 통 집중을 못하지요. 수업에 몰입하지 못하는 아이들은 대게 학습부진으로 이어지는데요, 이는 자존감 하락에도 영향을 줍니다. 아이들은 자신의 존재감을 찾기 위해 또다시 게임에 몰두하는 악순환의 고리에 빠집니다.

소셜미디어^{SNS} 사용도 마찬가지입니다. 2024년 〈서울신문〉에서 관련한 기사를 다루었습니다. 옥스퍼드 대학교 학자들의 연구 결과에 따르면, 16~18세의 약 60%가 하루 2~4시간 정도 소셜미디어에 시간을 쓴다고 합니다. 그 결과 우울증과 불안장애 등이 더 높아졌다고 해요. 소셜미디어 사용과 정신건강과의 관련성은 연구 결과를 보지 않아도, 이미 교사로서 체감하고 있습니다. 대부분의 학교 폭력과 또래 관계의 문제들이 소셜미디어에서 일어나고 있기 때문입니다. 우울감이 악화되고, 불안이 고조되면 아이들은 학습에 집중할 수가 없습니다. 자연스러운 결과이지요.

특히 기질적으로 산만한 아이들에게는 전두엽 기능을 약화시키는 디지털 기기 사용에 더욱 민감하게 대응할 수밖에 없습니다.

선생님, 영화 말고 유튜브요

시험 기간이 끝나면 아이들과 휴식의 의미로 교과와 관련된 영화를 보곤 합니다. 그런데 어느 순간, 유튜브를 보자고 하더라고요. 긴 영화를 보기 힘들어하는 것이죠. 저희 부모님 세대에는 TV를 '바보 상자'라고 불렀다고 합니다. TV만 쳐다보고 있는 것이 능동적으로 사고하는 것을 방해한다고 해서 말이죠. 그런데 이젠 걸어다니면서 볼 수 있는 TV인 스마트폰이 생겼습니다. 어른들도 예외는 아닙니다. 분리수거를 하러 가는 짧은 시간에도 유튜브를 보는 분들이 계시니까요. 제 학창시절에는 영화나 드라마도 학습에 방해가 된다고 했었는데, 이젠 아이들에게 '차라리 영화를 보자'라고 말하는 시대가 왔습니다.

유튜브를 많이 보는 아이들은 영화 같은 긴 영상을 지루하게 느낍니다. 유튜브 영상도 지루한데, 선생님의 목소리로 전달되는 학습 내용이 과연 흥미로울까요? 그저 소음처럼 들릴 것입니다. 게다가 이젠 10~15분 정도의 유튜브 영상도 길다고 느끼며 끝까지 못 봅니다. 아이들은 틱톡, 유튜브 쇼츠, 인스타그램 릴스 등 숏폼에 중독되었기 때문입니다.

〈정신의학신문〉의 '숏폼 중독, 무엇이 문제일까요?'라는 칼럼에서 장승용 정신건강의학과 전문의는 이렇게 말합니다. 숏폼 콘텐츠 중독은 마약이나 알코올 같은 물질 중독과 유사한 양상을 보이고, 일상생활에 흥미를 잃거나 아주 강한 자극을 원하기에 문제가 될 수 있다고 합니다.

점점 더 짧은 영상, 더 화려하고 자극적인 영상에만 노출된 아이들은 능동적으로 내용을 받아들이기 어려워합니다. 따라서 '읽기'라는 행위가 굉장히 지루하게 느껴질 수밖에 없지요. 읽기는 능동적으로 글자를 읽고 해독하여 내용의 문맥을 살피고, 글쓴이가 하고자 하는 말과 내가 아는 내용을 접목하는 복잡한 과정이기 때문입니다.

SNS가 없으면 소외되는 것 같아요

미국수면의학학회American Academy of Sleep Medicine에서 10대들의 인지 발달과 소셜미디어 사용 간의 관련성에 대해 6,516명의 청소년들을 대상으로 연구했습니다. 연구 결과, SNS 사용과 이로 인한 부족한 수면 시간이 충동 조절과 실행 기능을 관장하는 전두엽 활동을 저하시킨다는 사실이 밝혀졌습니다. 한국 사회에서 10대 아이들, 특히 학교와 학원을 마치고 집으로 돌아와 또 공부하는 일상을 보내는 아이들은 또래 욕구를 온라인에서 해소하는 경우가 많습니다. SNS를 통해 친구관계를 맺는 것이죠. 그렇게 만난 친구와 문자를 주고받고, 다른 친구의 SNS 계정에도 방문하여 댓글을 달고, 알고리즘으로 뜨는 영상들을 보며 학습에 집중하지 못합니다. 게다가 밤 늦게까지 수면을 취하지 못해 다음날에도 영향을 미칩니다. 수면 부족과 수면의 질이 떨어지는 횟수가 잦아지면, 학습에 매우 중요한 실행 기능이 저하됩니다.

또한 SNS를 사용하다 보면 '푸시 알림'이 자주 뜨는데요, 이 알람이 울리면 아이들은 바로 답장을 해야 한다는 충동을 느낍니다. 답장에 답장이 이어지다 보면, 어느새 공부 시간은 흘러가버립니다.

게임을 멈추지 못하는 아이

아이의 게임중독은 어느 날 갑자기 생긴 것이 아닙니다. 산만한 아이들은 전두엽 기능이 약하다고 거듭 강조했습니다. 이로 인해 주의력 조절이 어렵고요. 충동성을 조절하는 실행 기능 또한 약합니다. 이 말의 의미는 산만한 아이들은 각종 '중독'에 취약하다는 뜻입니다. 동기 부여도 잘 안 되고, 학습에 집중도 어려워하는 우리 아이들이 자극적인 게임에만 푹 빠져 그곳에서 도파민을 충전합니다.

아이의 게임중독을 어떻게 알 수 있을까요? 게임을 매일 한다고 해서 중독이라고 보기 어렵습니다. 중독으로 넘어간 아이들은 매일 '게임만' 합니다. 식사, 수면, 학업 등 기본적으로 일상 생활에서 해야 할 것을 하지 않고, 게임에만 몰두하지요. 심지어 중학생 아이들은 일주일 이상을 씻지 않기도 합니다. 식사도 방으로 가지고 들어가서 게임을 하며 먹습니다.

또한, 게임을 멈춰야 한다고 생각하면서도 머릿속에서 게임 생각이 떠나지 않고, 조절할 수 없는 '충동'을 느끼는 경우도 중독으로 볼 수 있습니다. 여기에 소위 '현질'이라는 현금을 사용해 게임을 하는 경우, 소비 문제로 이어지기도 합니다. 실제로 게임중독으로 인해, 아이들은 돈을 구하러 도박 사이트를 이용하거나 친구들에게 빌리기도 합니다.

산만한 아이들은 특히 더 게임에 중독되기 쉽습니다. 학습에서 성취감을 느끼기 어려운 아이들은 도파민을 충족시키기 위해 자극적인 게임에 더 쉽게 유혹됩니다. 일상생활에서 즐거움을 느끼기 어려워지기 시작하면서 아이들은 더 게임에 몰두하게 되는 것이지요.

산만한 아이의 주의력을 지키는 법

중학생 아이들을 가르치면서 게임을 해도 크게 걱정이 안 되는 학생과 걱정이 되는 학생을 구분하게 되었습니다. 구분의 기준은 바로 '균형'입니다. 스마트폰이 있다고 해서 모두 다 중독이 되지는 않지요. SNS를 사용한다고 해도, 모든 아이들이 학습에 집중하지 못하는 것도 아닙니다. 중요한 것은 아이가 스마트폰을 사용하는 만큼, 전두엽 발달을 위해 책도 읽고, 운동도 하고, 씻기, 수면, 제 시간에 등교하기 등 일상생활을 잘 유지하고 있는지 균형을 점검해봐야 합니다.

균형을 유지하기 위해 부모로서 무엇을 도와줘야 할까요?

첫째, 아이와 대화를 통해 스마트폰 사용 규칙을 정하세요. 아이가 어릴 수록 부모의 의견을 90% 이상 반영하시고, 사춘기가 시작되는 초등학교 4학년부터는 아이 의견을 조금씩 늘려주세요. 대신, 부모님 두 분이 아이에게 양보할 수 없는 규칙이 있다면 미리 정해두세요. 결국 우리의 목표는 아이가 초·중·고를 지나 성인이 되어서도 자신의 삶을 스스로 관리하는 것이기 때문에 아이의 의견을 반영해주는 것이 좋습니다.

부모는 아이에게 스마트폰이 우리 '뇌 건강'에 미치는 영향을 잘 설명해주는 것도 매우 중요합니다. 우리는 아이들에게 "건강을 위해 골고루 먹어.", "키 크려면 우유 많이 먹어야 해." 등은 말해주면서, "게임 시간을 조절하지 못한다는 건 중독의 위험이 있는 거야. 중독이 되면 다른 일상들이 다 지루해져서 더 게임만 하게 돼."라는 정신건강에 대한 이야기는 하지 않습니다. 아이에게 뇌 건강에 대한 이야기를 많이 해주세요. 단순히 부모가 공부 때문에 스마트폰을 규제하는 것이 아님을 알려주어야 합니다.

둘째, 균형잡힌 루틴을 만들어 주세요. 특히 게임의 경우, 아이에게 평일과 주말을 구분해주는 것도 도움이 됩니다. 세모는 평일에는 게임을 금지하고, 주말에만 할 수 있습니다. 평일은 엄마와 아빠는 일을 하고 아이들은 학교를 다니고 해야 할 학습을 하는 평범한 날로, 주말은 평일을 성실히 보낸 우리에게 휴식을 줌으로써 보상하는 날로 인식하게 했습니다. 저학년의 경우, 평일에 게임을 허락하면 주의력 전환이 어려운 아이들은 게임을 하다가 다시 학습을 하는 것이 어렵습니다. 학습 후 바로 게임을 보상으로 주면, 다시 공부에 집중하기 어려워집니다. 머릿속은 게임으로 가득해 과제를 대충 마무리할 수도 있습니다.

또한, 균형 잡힌 루틴을 위해 아이들이 규칙적인 운동을 하는지, 온라인 세상이 아닌 바깥 세상에서 친구들과 교류하는지도 점검해보아야 합니다. 신경과학자인 앨릭스 코브의 저서《우울할 땐 뇌 과학》에는 운동을 계획하고, 그 계획을 지키라고 권합니다. 계획을 하면 전전두피질(전두엽의 앞 부분분을 덮고 있는 대뇌 피질)이 활성화되고, 해낸 일에 체크 표기를 하면 도파민이 분비된다고 합니다. 또한 운동을 하면 수면의 질이 높아지고, 아이들의 집중력 향상에도 큰 도움이 됩니다.

셋째, 부모님이 아이의 롤모델이 되어야 합니다. 어른들 역시 쉬고 있어도 머릿속에는 스마트폰이 맴돌고, 게임, 숏폼 콘텐츠, SNS를 보면서 주의력을 빼앗기고 있습니다. 만약 부모들의 취미가 스마트폰 보기가 아닌 밖에서 하는 운동이라면, 아이들은 밖으로 나가 배드민턴 라켓을 한 번이라도 쥐어볼 것입니다. 그러나 부모가 운동이나 독서, 산책 등 뇌 건강에 좋은 것들을 멀리하고, 스마트폰만 보고 있다면 어떨까요? 아이들은 부모와 소통하기보다 스마트폰에 더 빠져있을 수밖에 없을 거예요.

〈권장하는 스마트폰 사용 규칙〉

1. 저녁 식사 후, '몇 시'부터 스마트폰 사용 금지

2. 식사 중, 스마트폰 사용 금지

3. 게임하다 화를 내거나 흥분하면 10분 휴식하기

4. 스마트폰은 해야 할 일을 다 마치고 나서 사용하기

5. 학습할 때는 스마트폰을 비행기모드로 두기/부모님께 맡기기/공부방 밖에 두기

6. 소셜미디어 가입은 법적 연령 제한 따르기

7. 등교 전에는 스마트폰 사용 금지

8. 매일 걷기, 산책, 운동 등 균형잡힌 신체활동 하기

9. 자기 전 두 시간, 스마트폰 방 밖에 두기

10. 하루에 6~8시간 자기

11. 스마트폰 푸시 알림 끄기

12. 스마트폰 시간 제한 프로그램 이용하기

13. 정해진 사용 시간을 지키지 않으면, 다음날 스마트폰 허용 시간에서 초과한 사용 시간 빼기

4장

학습의 마무리: 공부를 했는데 점수가 안 나와요

알아도 실수하지 않도록: 부주의한 아이들

주영이의 어머님과 아이의 영어 성적 상담을 하게 되었습니다. 주영이는 평소 수업 시간에 집중을 잘 못하는 산만한 아이였습니다. "이제 70쪽을 펴고, 제목을 읽어보자."라고 하면, 주영이는 제 말에 귀를 기울이지 않고 계속 볼펜을 돌리고 있습니다. 그러다 모든 아이들이 제목을 읽기 시작하면 급히 주위를 둘러보며 교과서를 펴기 시작합니다. 주영이는 중학교 중간·기말고사 성적이 전 과목 평균 80점대가 나오는 친구였습니다. 그런데 영어 공부를 특히 더 어려워했지요. 열심히 공부했는데도 시험만 보면 다른 과목에 비해 점수가 낮았기 때문입니다.

어머님과 함께 주영이가 푼 시험지를 살펴보았습니다. 틀린 문제의 이유를 파악하는 것은, 아이의 공부 방법에 어떤 문제가 있는지 알 수 있는 아주 중요한 지표입니다. 이때 가장 중요한 것은 오답 확인입니다. 주영이의 오답을 보니, 몰라서 틀린 게 아니었습니다. 공부도 열심히 했고, 공부한 내용도 잘 기억했지만, 시험을 볼 때 실수가 잦았습니다. 주영이의 문제는 '아는데 실수하는 것'이었습니다.

예를 들어, 영어에서 동사의 과거분사형을 알고 있습니다. 그런데 문장 안에서 쓰일 때 다른 단어들이 함께 눈에 들어오면서 아이는 순간 틀린 답을 찍습니다. 시험은 시간 제한이 있다 보니, 아이는 제대로 집중하지 못하고 충동적으로 '그럴 듯해 보이는' 부정확한 답을 찍고 넘어가는 겁니다.

주의력이 약한 아이들은 왜 부주의한 실수가 잦은 걸까요? 이런 실수를 줄이려면 무엇을 도와주어야 할까요?

알아도 실수하는 다섯 가지 이유

"악! '알맞지 않은 것'인데 '알맞은 것'으로 찍었어!"

시험이 끝나도 아이들은 집에 가지 않고, 선생님이 주신 답지를 붙들고 열심히 채점을 합니다. 몇 달 동안 열심히 수업을 듣고 며칠을 밤새워 공부했는데, 실수 하나에 4~5점이 한 번에 날아가니 그 실수 한 번이 너무 아쉽습니다. 이런 경우도 있습니다. 평소라면 100점을 받아도 이상하지 않을 아이인데 50점이 나온 겁니다. 아이와 함께 답안지를 확인해보니, 시험지 뒷면에 문제가 더 있는 줄 모르고 반만 푼 것입니다. 아이는 아쉬움에 눈물을 뚝뚝 흘립니다. 이처럼 학습에 들인 노력에 비해 잦은 실수로 성적이 깎이는 아이들이 있습니다. 특히 산만하고 충동적인 아이들은 이런 부주의한 실수를 많이 합니다.

문제를 제대로 읽지 않는 유형

아이들이 자주 실수하는 유형은 무엇일까요? 정기고사가 있는 중학교에서의 경험을 사례로 들어 살펴보겠습니다. 가장 많이 하는 실수는 '문제를 제대로 읽지 않아서' 생기는 실수입니다. 대표적으로 '알맞은 것'과 '알맞지 <u>않은</u> 것'을 고르는 문제입니다.

> 문제) 다음 중 어법상 옳은 문장은?
>
> ① She go to the park every morning. (학생이 고른 답)
>
> ② They is playing soccer at the field.
>
> ③ He walk to school every day.
>
> ④ We are reading a book together. (정답)
>
> ⑤ I am goes to the store now.

위 문제는 be동사와 일반동사의 변형을 다루는 중학교 1학년 수준의 어법 문제입니다. 학생들은 어법상 옳지 않은 문장보다 '옳은' 문장 고르기를 더 어려워합니다. 어법상 옳은 문장 네 개를 보고 틀린 문장 한 개를 고르는 것보다 틀린 문장 네 개를 보고 옳은 문장 한 개를 고르는 것이 더 인지적 노동이 들기 때문입니다. 어법상 옳은 것을 고르기 위해서는, 나머지 문장의 틀린 이유를 알아야 하기 때문에 난이도가 더 높습니다. 이때, 아이들이 가장 많이 하는 실수가 문제를 제대로 읽지 않아 어법상 '틀린' 문장을 고르는 경우입니다. 1번 선택지를 보고 '아! 이거네! 이게 틀렸네' 하고 1번을 체크하고, 나머지 네 개는 확인하지 않고 넘어가는 것이지요. 아이가 be동사와 일반동사의 인칭에 따른 변형 규칙을 모두 알고 있어도, 문제가 요구하는 바를 정확히 이해하지 못하면 위와 같은 실수를 하게 되는 것이죠.

이런 아이들의 경우, 문제의 중요한 부분을 놓치지 않도록 문제의 키워드에 밑줄을 긋거나 표시하는 연습을 시켜주세요. 발문에서 아이가 놓쳐서는 안 되는 부분을 동그라미나 세모로 표시하고, 자신만의 표기법을 습관화하는 것입니다. 만약 이런 문제들을 본다면, 아이는 어디에 표기를 해야 할까요?

"다음 중 어법상 옳은 것은?" → 옳은

"빈칸에 들어갈 단어로 알맞지 않은 것은?" → 않은

"밑줄 친 (A) 문장을 영작했을 때 5번째 오는 단어는?" → 5번째 단어

마지막 발문을 보면, 밑줄 친 (A) 문장을 아이가 영작할 수 있다고

하더라도, 다섯 번째 단어를 골라야 하는 것을 인지하지 못하면 틀린 답을 고릅니다. 이처럼 문제가 요구하는 것을 표시하고 한 번 더 주의를 기울이는 연습을 한 아이는 부주의한 실수를 미리 방지할 수 있겠지요.

또한, 초등 저학년 때 한글을 읽기 시작한 아이에게는 문제를 소리 내어 읽도록 연습시켜 주세요. 문제를 소리 내어 읽으면 시각과 청각을 동시에 활용하게 되어, 문제에 더욱 집중하게 됩니다. 눈으로 읽을 때보다 의미를 더 잘 파악할 수 있어요.

요구하는 것을 모르는 유형

두 번째 유형은 질문 마지막에 나오는 요구사항을 놓쳐서 실수하는 경우입니다. 이는 첫 번째 유형인 '문제를 잘 읽지 않는 경우'의 연장선이기도 합니다. 두 번째 유형은 주관식 문제를 풀 때 특히 두드러집니다. 다음과 같은 수학 문제가 대표적입니다.

> 문제) 철수는 친구들에게 사탕을 나눠주려고 합니다. 사탕이 모두 15개 있고, 친구들에게 2개씩 나눠주었습니다. 남은 사탕의 개수를 구하고, 그 답에 2를 더하세요.

세모는 이런 문제를 만나면 15에서 2를 몇 번 나눌 수 있는지 계산하여 남은 사탕 개수 1까지는 잘 구합니다. 문제는 답을 그대로 1을 적는 것입니다. '그 답에 2를 더하세요'를 놓친 것이지요. 이 문제는 아이가 나머지가 있는 나눗셈을 할 줄 아는지를 평가하는 문제입니다. 세모는 15 나누기 2을 한 후, 나머지가 1이라는 것까지 나눗셈을 잘 해냈습니다. 그러나 마지막에 요구한 '더하기 2'는 넘어간 것이지요.

아이가 언제나 마지막 요구사항에 형광펜으로 강조해두거나 별표를 해두는 등 자신만의 '최종 답'에 대한 표기법을 만들어 두도록 해주세요. "세모야, 여기서 네가 구해야 하는 건, '나온 값에 더하기 2 한 것'이야. 꼭 구해야 하는 것에 별표 표시를 해두자. 이건 너만의 기호야." 또한 문제를 다 풀고 난 후, 마지막으로 조건을 다시 한 번 점검하는 연습을 하도록 해주는 것도 좋습니다. "뭘 구하는 거였지? 별표 표시한 거 다시 봤어? 그걸 구한 게 맞니?" 아이가 검토에 익숙해지도록 꾸준히 질문해주세요.

매력적인 오답에 빠지는 유형

산만한 아이들이 자주 실수하는 세 번째 유형은 매력적인 오답에 빠지는 경우입니다. '매력적인 오답'이란 학생이 쉽게 선택할 수 있는 '오답'으로, 겉보기에는 정답처럼 보이지만 실제로는 틀린 선택지를 말합니다. 매력적인 오답은 어떤 걸까요? 정답과 비슷한 표현 사용을 사용하거나, 선택지에 일부분 혹은 절반 정도만 맞는 것들이죠. 출제자들은 문제를 충분히 읽지 않고 겉으로 드러난 힌트만 보고 빨리 답을 고르려는 학생들이 빠질 수 있도록 부러 함정을 만들어 둡니다.

문제) 빈칸에 들어갈 어휘로 가장 알맞은 것은?

"I _____ to the park yesterday."

① goed

② goes

③ went

④ gone

⑤ go

여기서 '① goed'는 매력적인 오답이 될 수 있습니다. 규칙 동사처럼 '-ed'를 붙인 형태로 보여, 불규칙한 동사 변형까지 생각하지 못하면 쉽게 착각할 수 있기 때문이지요.

이렇게 매력적인 오답에 빠지는 것은 누구나 할 수 있는 실수입니다. 그러나 문제도 잘 이해했고 풀이 과정도 잘 알고 있는데, 오답을 고르는 횟수가 잦다면 아이의 '충동성'을 의심해봐야 합니다. 이런 아이들의 경우에는 선택지 다섯 개를 비교하며 가장 적합한 답을 신중히 고르도록 평소에 훈련을 시켜주는 것이 좋습니다. 저는 학생들에게 꼭 오답노트를 쓰도록 합니다. 초등학교 때에는 정기고사는 없지만 단원평가가 있습니다. 아이들이 단원평가지에 틀린 문제가 있다면, 오답노트에 문제를 쓰고 다시 풀어보도록 지도합니다. 이때는 답만 적지 말고, 왜 그 선택지가 답이고 나머지 선택지는 답이 아닌지 적어보는 것이 중요합니다. 만약 아이가 쓰기를 어려워한다면, 아이에게 자신이 그 답을 선택한 이유를 말로 설명할 수 있게 도와주세요.

답안지를 작성할 때 실수하는 유형

시험지와 답안지 양식을 활용할 때 발생하는 실수입니다. 가장 안타까운 경우죠. 예를 들면, 문제 번호를 착각해서 다른 문제의 답란에 답 쓰기, OMR 카드 밀려 쓰기, 시험지 뒷장 안 풀기 등의 실수가 있습니다. 저는 이런 실수가 잦은 산만한 학생들을 매년 봅니다. 초등학교 때부터 답을 '알아볼 수 있게' 쓰도록 지도해주세요. 수학 문제를 풀 때에도 식을 정돈되지 않게 써내려가다 답을 엉뚱한 곳에 쓰거나 작게 써서 채점하는 선생님이 답을 못 알아보는 경우도 있습니다.

자신이 쓴 답에 밑줄을 치거나 괄호 치기, 네모 표시하기 등 채점 과정에서 불이익을 받지 않도록 지도해주세요. 또한 자신에게도 책임이 있다는 것을 가르쳐주세요. 특히 중학교 첫 시험을 준비할 때는 OMR 카드 작성법이나 각 과목별로 시험 문제가 몇 번까지 있는지 확인하기 등을 사전에 알려주는 것이 좋습니다. '이런 것까지 가르쳐줘야 하나요?'라는 생각이 들겠지만, 이런 사소한 습관들이 매우 중요합니다. 또한 누구나 실수를 하지만, '번호를 잘못 봐서', '답을 제대로 쓰지 않아서', '시험지 뒷면을 보지 못해서'와 같은 주의력 문제로 인한 잦은 실수가 반복되면, 아이는 열심히 공부해도 성취감을 느끼기 어렵습니다. 그러므로 어릴 때부터 자신의 약한 주의력을 인지하고, 보완할 수 있는 기술을 익힌다면 자신의 실력에 맞는 점수를 얻을 수 있습니다.

문제해결 중 실수하는 유형

문제해결 단계에서 중간 단계를 빠뜨리거나 계산 중간 과정에서 실수하는 일도 많습니다. 세모는 어릴 때부터 숫자에 관심이 많았습니다. 숫자 감각도 좋고, 연산도 즐기는 아이입니다. 그런데 항상 학습을 할 때마다 한두 개씩 틀립니다. 다 맞은 날보다 한 개씩 틀리는 날이 더 많습니다. 덧셈, 뺄셈도 한 자리수나 두 자리수까지는 실수가 적었습니다. 숫자의 자릿수가 늘면서 올림과 내림이 생기고, 그 과정에서 급하게 암산을 하다 보니 오답이 많이 발생했습니다.

문제) 235+148= 373 (아이의 오답)

아이의 실수 과정을 보면 한순간 잘못 쓴 숫자 하나가 답을 완전히 틀리게 만든다는 것을 알 수 있습니다. 아이가 일의 자리부터 계산합니다. 5+8=13, 여기서 3을 쓰고 1을 올려야 하죠. 그런데 십의 자리에서 계산을 할 때, 올림수를 잊고 3+4=7로만 계산해 중간 답을 7로 씁니다. 이후, 백의 자리 계산을 진행하여 2+1=3을 더합니다. 최종적으로 373이라는 잘못된 답을 얻게 됩니다. 아이에게 다시 풀어보라고 하면 대부분 틀린 이유도 정확히 알고 있고, 올바른 과정으로 옳은 답을 다시 얻어냅니다.

계산 실수가 특히나 잦은 산만한 아이는 정확도가 높아지기 전까지 암산보다 필산을 하도록 지도해주세요. 가로식보다는 세로식으로 써서 직관적으로 자릿수에 따른 연산을 하게 하고, 올림과 내림 표시를 꼭 함으로써 주의를 기울이도록 합니다.

우리는 어쩌면 아이의 부주의한 실수들을 보면서, 이 아이를 어떻게 도와줘야 하는지 알고 있을 거예요. 가장 중요한 것은 아이의 실수를 바라보는 부모님의 관점입니다. 아이의 실수를 의지나 노력 부족의 문제로 여기는지, 아이의 특성으로 바라보는지 말이에요. "실수도 실력이야.", "네가 더 꼼꼼히 했어야지."라는 말로 아이에게 좌절감을 주지 마세요. 가장 속상한 건 바로 자기 자신일 테니까요. "네가 얼마나 노력하고 있는지, 얼마나 이해하고 있는지 다 알고 있어. 다만 실수를 줄이려고 노력하는 건, 네가 아는 것을 정확하게 표현하기 위해 꼭 필요한 자세야. 그러니 우리 이럴 땐 이렇게 해보자." 아이에게 격려의 말을 건네며, 다시 해볼 마음이 생기도록 도와주세요. 실수를 줄이는 연습은 시간이 꽤 걸립니다. 결코 한 번에 되지 않습니다. 아이가 자신의 학습 과정을 돌아보고, 수정해가면서 자신의 실력만큼 점수를 받을 수 있게 도와주세요. 응원과 격려를 아끼지 마세요. 아이의 성장을 기다려주시고, 그 과정을 함께해주세요.

시험 때마다 시간이 모자라요

시험 감독을 하며 아이들이 시험 문제를 푸는 모습을 바라봅니다. 중학교 시험 시간은 수업 시간과 똑같이 45분입니다. 대부분의 시험은 약 25문제 정도입니다. 아이들이 문제 푸는 속도는 과목별로 시험 난이도에 따라 다릅니다. 대부분 아이들은 시험 시간이 30분 정도 되면 문제를 다 풀고 검토에 들어갑니다. 시험이 끝나기 10분 전에는 OMR 카드에 답안지에 마킹을 하고, 남은 5분은 종이 울리길 기다립니다.

그런데 종이 울리기 1분 전까지 시험지를 붙잡고 있는 아이들이 있습니다. 아이는 시험이 끝나기 10분 전부터 계속 시계를 확인하고, 손톱을 물어뜯고, 초조해하며 시험지 마지막 장을 계속 붙잡고 있습니다. 마음은 급해져 머릿속이 더 복잡해보였습니다. 결국 종이 치기 직전 급하게 마킹을 마무리하고, 답안지를 제출합니다. 운이 안 좋으면 못 푼 문제를 붙잡고 있느라 OMR 카드 마킹도 못하고 어쩔 수 없이 답안지를 제출합니다.

'웩슬러 지능검사' 지능 점수에는 '처리 속도'라는 지표가 있습니다. 처리 속도란, 정보를 신속하게 처리하고, 적절하게 반응하는 능력을 말합니다. 주의가 산만한 아이의 경우, 문제를 풀 때 집중을 잘 못해 처리 속도가 느릴 수 있습니다. 또한, ADHD 아이들은 단순히 주의를 유지하는 것뿐만 아니라, 집중해서 일을 빠르게 처리하는 데도 어려움을 겪습니다. 처리 속도가 낮다는 것은 과제나 시험을 정해진 시간 내에 완성하지 못하거나, 학습 자료를 분석하고 문제를 해결하는 데 시간이 오래 걸린다는 것을 의미합니다.

처리 속도가 낮으면 시험 뿐만 아니라 평소 선생님 내준 과제를 완료하지 못할 때도 많습니다. 열심히 공부하는 태도를 지닌 아이라도 과제를 미완성으로 남기면 학습에서 성취감을 느끼기 어려워집니다.

이런 문제는 아이의 일상생활에서도 나타납니다. 아침에 일어나 등교 준비를 하는 과정에서 세수하기, 옷 갈아입기, 아침 식사하기, 양치하기, 준비물 챙기기 등 순차적으로 해야 하는 일을 처리하는 데도 행동이 느려 부모님께 꾸중을 듣거나 지각을 하기도 하지요. 부모는 아이의 느릿느릿한 움직임에 마음도 급해지고 화도 날 거예요. 이는 아이가 일부러 꾸물거리는 게 아니라 생각의 처리 속도가 느려 발생하는 문제임을 기억해주세요.

처리 속도가 느리면
성적이 잘 안 나오나요?

일본의 정신과 의사인 오카다 다카시는 저서 《나는 왜 사는 게 힘들까?》에서 처리 속도를 '순차 처리'와 '동시 처리'로 구분하여 설명합니다. 순차 처리 속도가 느린 경우는 집중력을 '유지'하는 것이 어려워 과제 수행 속도가 지연됩니다. 반면, 동시 처리 속도가 낮은 경우는 집중력을 '분배'하는 것이 어려워 한 가지에만 매달리게 되어 속도가 느려집니다. 시간 제한이 있는 문제를 풀 때의 과정을 관찰하면, 아이가 순차 처리가 느린 것인지, 동시 처리가 느린 것인지 알 수 있습니다.

그런데 왜 문제해결 속도가 학습 성과에 영향을 줄까요? 일단, 순차 처리 속도가 느린 아이들은 문제를 풀 때, 주의를 한곳에 모아 유지하는 힘이 약합니다. 예를 들어, 30분간 20문제를 풀어야 합니다. 아이는 20문항을 다 풀었지만 실수로 인한 틀린 문제가 많습니다. 또한 글을 제대로 읽지 않거나, 서술형평가 문제의 조건을 놓쳐 점수를 잘 받지 못하기도 합니다. 순차 처리는 하나의 문제를 차근차근 해결하는 과정인데, 주의집중력을 쭉 유지하지 못해 중간 단계에서 오류가 생기고, 그로 인해 성적이 저조하게 나옵니다.

반면에 동시 처리 속도가 느린 아이들은 특정 문제가 해결되지 않으면, 그 문제에 꽂혀 다음 문제로 넘어가지 못합니다. 시험을 볼 때 한 문제에 오래 매달리게 되지요. 독해 문제를 풀 때에도 한 지문이 이해되지 않으면 계속 그 문제를 읽습니다. 문제가 요구하는 부분만 찾으면 되는데 자잘한 부분까지 주의를 쏟아 시간 분배에 실패하기도 합니다. 결국 시간 부족으로 다른 문제를 풀지 못해 점수가 안 나옵니다. 수능 영어 영역에서도 독해 앞부분에는 '주제 찾기'처럼 지문을 꼼꼼히 읽기보다 큰 숲을 보고 이해하는 문제들이 나옵니다. 이후에 '세부 내용'을 찾는 문제들이 나오지요. 그런데 시간 분배를 잘하지 못하는 처리 속도가 낮은 학생들은 큰 그림을 보는 문제에서도 세부적인 것에 주의를 쏟다 보니, 결국 시간이 부족해 문제를 다 풀지 못합니다.

좀 더 정확하게, 좀 더 빠르게

기질적으로 느린 아이가 빨라질 수 있을까요? 처리 속도도 꾸준히 연습한다면 분명 끌어올릴 수 있습니다. 아이의 문제를 인지했으니 이제 해결 방법을 찾아 도와주면 됩니다. "빨리 좀 해. 네가 집중하면 시간 안에 다했을 텐데 자꾸 딴짓하니까 그렇잖아!" 같은 엄마의 잔소리는 아이의 처리 속도를 높일 수 없습니다. 그 순간에는 아이가 엄마의 말을 들을지 몰라도, 부모님의 말이 더 이상 먹히지 않는 나이가 오면 잔소리도, 재촉도 아무 소용이 없어질 테니 말이죠. 지금부터 속도는 높이고 실수를 줄일 수 있는 방법을 알아보겠습니다.

처리 속도를 높이기 위한 과제와 정확도를 높이기 위한 과제를 분리합니다. 단순 연산을 반복해서 푸는 경우에 처음 배우는 개념은 정확도가 중요합니다. 아이가 충분히 생각하고, 문제를 풀 수 있도록 합니다. 그 후에는 속도를 높이기 위해 타이머로 시간 제한을 둡니다. 시간 제한은 처음에는 시간을 넉넉히 주고 점점 줄여가는 것이 좋습니다. 아이가 시간을 재면서 문제를 푸는 것에 서부김을 느낄 수 있기 때문입니다. 시간 제한이 있어도 충분히 시간 안에 과제를 '완료'할 수 있다는 자기확신을 심어주는 것이 가장 중요합니다. 자신감이 생기면 아이가 점점 시간을 줄이는 도전을 할 마음이 생길 것입니다.

만약 불안이 높은 아이라면, 시간이 줄어드는 상황에 마음이 초조해져 주의력이 떨어지고, 문제에 집중하지 못할 수도 있습니다. 이 경우에는 '스톱워치'를 이용하세요. "세모야, 한 쪽 푸는데 얼마나 걸리는지 한 번 적어보자." 과제를 완료하는 데 걸리는 시간을 재보고, 시간을 기록합니다. 다음 날에는 "어제는 15분이 걸렸는데, 오늘은 14분 정도 걸리려나? 또 재보자." 하며 시간을 재고 기록합니다. 이렇게 하면 아이는 '어제의 나'와 경쟁하듯 자신의 속도가 발전하는 모습을 관찰하며 성취감을 느낄 수 있습니다.

둘째, 과제는 작은 단위로 제시해주세요. 아이들은 주어진 과제를 완성한 경험보다 완료하지 못한 경험이 더 많습니다. 시간 안에 문제를 해결하는 것에 대해 자신은 하지 못할 거라는 막연한 두려움이 있습니다. 이때 문제집의 형성평가나 단원평가처럼 문제량이 많은 것을 시간 안에 풀자고 하면 아이는 시작하기도 전에 의욕을 상실합니다. 문제도 다 풀지 못해 실패 경험만 하나 더 늘리는 것이 될 수 있습니다. 따라서, 작은 단위로 아이의 수준에 맞게 적절한 시간과 양을 정해주세요. 예를 들어, 단순한 덧셈 문제를 시간 안에 여러 번 풀게 하고, 아이가 속도와 정확도가 높아지면 그때 난이도를 높이거나 문제 양을 늘려 반복적으로 연습하게 해주는 것입니다. 자동화된 문제해결이 익숙해지면 더 복잡한 문제도 너끈히 풀 수 있는 때가 올 것입니다.

셋째, 경쟁 요소를 이용하세요. 부모와 함께 경쟁하는 것도 처리 속도를 높일 수 있는 좋은 방법입니다. 세모가 연산을 10문제도 풀지 못해 힘들어했던 기억이 납니다. 그때 "엄마도 옆에서 풀어볼게. 엄마 답 보면 안 돼! 알았지? 시작한다! 준비! 시작!" 하면서 재밌게 경쟁하듯 연산 문제를 풀었습니다. 때로는 틀려주기도 하고 아이를 위해 기다리기도 했습니다. 성공 경험을 주는 것이 아이의 학습을 지속하게 하는 동기부여 요소가 되니까요. 이렇듯 경쟁 요소를 접목시켜 좀 더 빠르게 과제를 수행하도록 도와주세요.

느리다고 해서 모르는 게 아니에요

아이가 학습의 시작, 과정, 평가까지, 속도가 느려 늘 손해보는 것이 안타까울 것입니다. 분명 모르는 게 아닐텐데 느리다는 이유로 몰라서 풀지 못한 아이와 같은 점수를 받을 때면 부모로서 답답하고 불안해지실 거예요. 하지만 우리는 부모로서, 교육자로서 다른 면을 바라보아야 합니다. 우리는 때로 보이지 않는 것을 너무 가볍게 받아들입니다. 우리는 다리가 불편한 아이에게 왜 느리게 달리냐고 채근하지 않지만, 처리 속도가 낮은 아이들에게는 왜 게으르냐며 빨리 하라고 채근하죠. 아이의 성향을 '수용하고 도와주는 것'이 우리가 할 일입니다. 실제로, 북미 지역에서는 ADHD가 있는 학생들에게 평가나 과제 수행 시 시간을 더 줍니다. 아이의 특성으로 인정하고 자신의 실력을 충분히 발휘하도록 도와주는 것이죠.

오카다 다카시 박사의 저서 《나는 왜 사는 게 힘들까》에는 처리 속도가 느려도 국립 대학에 합격한 사례가 나옵니다. 등교 거부 때문에 상담하러 온 한 남자 고등학생은 웩슬러 지능검사 결과 처리 속도는 80 정도였지만 이를 제외한 세 가지 지수 모두 110~120 정도로 우수했다고 합니다. 이 학생은 국립 대학 이학부에 진학했습니다. 120이 넘는 지각 추론이 처리 속도를 보완해주었다고 합니다.

또 다른 남자 고등학생 역시 등교 거부 문제가 있었는데, 처리 속도는 70대 중반이고, 언어이해, 지각추론 점수는 평균 100점이었다고 합니다. IQ 검사 결과가 평균치보다 낮은 학생이었습니다. 이 학생 역시 국립 대학 문학부에 진학했다고 합니다. 박사는 이 두 학생의 공통점을 '집착이 강해 한 번 붙잡은 일은 좀처럼 놓지 못한다는 것'이라고 했습니다. 1장에서 말했던 '그릿'이 강한 사람들이었던 것이죠.

우리 아이들에게 필요한 것은 꾸준히 끝까지 해내는 능력입니다. 느리다고 해도 노력하면 할 수 있다는 믿음, 점수가 안 나와도 다시 또 도전하는 회복탄력성이 중요한 키일 것입니다. 부모의 말 한마디면 됩니다.

"세모도 어릴 때 걷기 전에 열심히 뒤집고 열심히 기어다녔어. 네가 두 다리로 걸을 때까지 열심히 실패했었다는 것을 잊지 마. 그때 그 어린 아가도 다시 뒤집기로 결심하지 않았다면 어땠을까? 아마 기지 못했겠지? 열심히 기어다니면서 두 다리로 서는 시도를 하지 않았다면 어땠을까? 한 걸음도 떼지 못했겠지? 공부도 그래. 열심히 실패하고 또다시 시도하는 거야. 그럼 넌 언젠가 더 잘하게 돼. 엄마는 믿어."

수행평가,
최하점은 받지 않으려면

중학교에서는 지필고사와 수행평가를 봅니다. 아이들이 초등학교 때보다 중학교 수행 평가를 유독 어려워하는 이유는 과목이 여러 개로 늘어나고, 과목별 선생님이 모두 다르기 때문입니다. 게다가 수행평가의 종류도 과목별로 다 다르지요. 중학교에서 수행 평가가 이루어지는 방식을 보면, 아이들의 '실행 기능'이 수행 평가 점수를 결정한다고 해도 과언이 아닐 만큼 중요한 역할을 합니다. 수행 과제를 성공적으로 해내려면 과제를 분석하고, 계획을 구체적으로 세워야 합니다. 그래야 마감 기한에 맞춰 모든 과목의 수행평가를 완료할 수 있습니다.

산만한 아이의 경우, 실행 기능이 약하기 때문에 모든 과목의 수행평가가 다른 중학교 3년과 고등학교 3년의 시기를 힘겨워합니다. 이 과정을 스스로 통제하기 어려워지면, 아이들은 백지 답안을 내기 시작합니다. 심지어는 수행평가일에 결석을 하기도 합니다. 일단 회피하고 보는 것이죠. 실행 기능이 약한 우리 아이들이 중·고등학교의 수행평가를 무사히 해내기 위해서는 초등 시기부터 무엇을 대비해야 할까요?

복잡한 수행평가, 헤매는 아이들

중학교의 교과목은 대표적으로 국어, 사회, 역사, 도덕, 수학, 과학, 영어, 기술·가정, 체육, 음악, 미술이 있습니다. 각 과목들의 수행 평가 비율은 얼마나 될까요? 지역별로, 과목별로 모두 다릅니다. 저는 한 학기에 영어 과목 평가 계획을 지필고사 60%, 수행평가를 40% 비율로 평가를 해왔습니다. 어떤 과목은 100% 수행평가인 경우도 있습니다. 중학교에서는 중간·기말고사 외에도 정규 수업 시간에 과목별로 한 학기에 두세 개의 수행평가를 치러야 합니다. 따라서 학생은 수업을 준비하는 동시에 수행평가까지 계획하고 준비해야 하므로, 학기 중 내내 수업과 평가를 병행하느라 바쁜 시간을 보내지요. 더 어려운 것은 수행평가 문제를 출제하는 선생님이 과목마다 다르다는 것입니다. 아이들은 여러 선생님들이 전달하는 수행평가 계획과 채점 기준,

문제들에 대한 정보를 하나로 모아 자신의 평가 준비 계획을 세워야 하겠지요.

실행 기능이 약한 산만한 아이들은 수행평가 시기가 되면, 압도적인 정보량을 정리하고, 분석하고, 계획하지 못해 시작도 전에 지칩니다. 미리 포기하고, 평가일이 되어서야 "오늘 수행평가 있어?"라고 묻는 아이들도 있습니다. 평가일에는 최선을 다해보지만, 몇 주에 걸쳐 준비해온 아이들과 점수가 같을 수가 없지요.

수행평가의 종류는 서술·논술형, 구술·발표·토론형, 프로젝트·실습형으로 크게 분류할 수 있습니다. 프로젝트·실습형은 '과정'이 중요합니다. 과학 과목의 실험평가가 대표적입니다. 이 경우에는 아이의 지식 이해도 뿐만 아니라 실험 과정에서의 수행 정도까지 파악합니다. 매 수업 시간마다 충실히 실험에 참여하여 학습목표에 도달했는지가 점수에 반영되기 때문에 평가 과정에 적극적으로 참여해야 합니다. 또한 한 번만 평가하는 것이 아니기 때문에, 산만한 아이들은 집중력이 흐트러지는 날이 많을수록 점수가 감점될 수 있습니다.

구술·발표·토론형 수행평가는 내용을 정리하여 글로 쓰고, 발표까지 해야 하기에, 글쓰기를 어려워하거나 내용을 잘 기억하지 못하는 아이들은 점수를 잘 받을 수 없습니다. 예를 들어, 저는 수행평가로 영어 인터뷰를 한 적이 있습니다. 제가 영어로 질문하면 아이들이 교과서의 주요 표현들을 활용하여 영어로 답하는 형식의 수행평가였습니다. 이 경우에는 교과서의 주요 표현들을 외우는 것도 중요하지만, 말을 해야 하기 때문에 미리 연습하고 대비하지 않으면 점수가 잘 나오지 않습니다.

수행평가 최하점을 받는 이유

중학교는 자신이 한 만큼 성취도 A, B, C, D, E를 받을 수 있는 성취평가제입니다. 예를 들어, 한 학기 동안 중간고사 30%, 기말고사 30%, 수행평가 40% 점수를 100점으로 나타났을 때, 90점 이상은 A, 80점 이상~90점 미만은 B, 70점 이상~80점 미만은 C, 60점 이상~70점 미만은 D, 60점 미만은 E를 받는 방식입니다. 중학교는 평균 점수를 65점에서 75점 사이로 맞추기 위해 노력합니다. 줄을 세워 등급을 매기는 상대 평가가 아니기 때문이죠.

수행평가도 마찬가지입니다. 아이들이 배운 것들을 잘 기억하고 활용할 줄 안다면 만점을 받을 수 있도록 고난이도 문제를 내지 않습니다. 모든 중학교 교사가 수행 평가를 '성실도'의 문제라고 말하는 이유는 이 때문입니다.

저는 수행평가를 볼 때, 한 단락 영어 글쓰기를 하더라도 미리 글을 써보게 하고 첨삭을 해줍니다. 아이들이 답안을 잘 준비해서 제출

할 수 있도록 과정에 더 많은 의미를 둡니다. 영어 인터뷰 역시 예상 질문들을 알려주고, 답안을 준비하여 연습해볼 수 있도록 합니다. 아이들이 성취해야 할 기준을 잘 달성해가는 것이 목표이기 때문이죠. 그럼에도 몇몇 아이들은 한 문장도 외우지 않고 백지 답안을 제출합니다. 영어 인터뷰도 미리 준비하여 연습하지 않은 아이들은 한 문장도 말하지 못합니다. 수업 시간마다 작품을 완성하여 제출해야 하는 과목에서는 매 수업에 집중하지 않고 다른 것들을 하느라 '미제출' 상태로 최하점을 받기도 하죠.

아이들이 답을 몰라서 최하점을 받는 경우는 드뭅니다. 답을 찾을 시간도 있었고, 연습할 기회도 많았습니다. 작품을 완벽하게 하지는 못해도 매 시간 집중해서 작품에 손을 대었다면 최하점은 받지 않았을 겁니다. 이런 막막한 상황을 마주하지 않기 위해 우리는 무엇을 도와줘야 할까요?

수행평가 최하점을 피하는 법

수행평가는 보통 학기 초에 어떤 비율로 어떤 종류의 수행 평가가 이루어지는지 미리 공지해줍니다. 빠르면 3월에 학교 홈페이지에 각 과목의 학교 평가계획서가 올라옵니다. 자세한 내용과 채점 기준은 이르면 수행평가 한 달 전, 늦어도 2주 전에는 학생들에게 안내가 됩니다. 문제는 공지를 보고 계획을 세워 집중해서 준비하는 아이들이 있는 반면, '어떻게든 되겠지' 하는 마음으로 시간을 보내고, 수행평가 기간이 되어서야 준비한 '척'만 하는 학생들이 있다는 것입니다.

초등학교에서는 선생님 한 분이 평가를 담당하시기 때문에, 알림장을 통해 일괄적으로 공지하지만, 중학교에서는 학생이 직접 모든 과목의 평가를 챙겨야 합니다. 이 일은 산만한 아이들에게 매우 어렵습니다. 부모님께서 준비하는 방법을 알려주고 함께 챙겨준다면, 아이가 최하점을 받을 일은 방지할 수 있습니다.

아이의 수행평가를 돕는 세 가지 방법

계획 단계부터 함께해주세요. 수행평가 과목과 각 과목의 평가 방법과 내용, 평가일이나 마감일을 아이와 함께 꼼꼼하게 확인하고 아이에게 설명해주세요. 몇몇 아이들은 평가가 있다고 해도 과제 유형이 무엇인지도 모릅니다. 예를 들어, 영어 인터뷰 수행평가를 2주 전에 공지했습니다. 평가 내용은 20개의 영어 질문에 적합한 답을 찾아 정확한 영어 문장으로 대답하는 것입니다. 그렇다면 수행평가 계획을 어떻게 세워야 할까요? 해야 할 일을 순서대로 적습니다.

1. 영어 질문 해석하기
2. 영어 인터뷰 모범 답 만들기
3. 답변 말하기, 발음 연습하기

4. 영어 질문에 맞는 답변 외우기

5. 모의평가 해보기

이 과정을 13일 안에 마칠 수 있도록 언제, 무엇을 할지 계획을 상세하게 세웁니다. 4번 항목, 영어 질문에 맞는 답변을 외우기는 3장에서 말했던 시간 간격을 두고 암기하고 인출하기 방식으로 끊임없이 연습합니다.

둘째, 평가별 채점 기준을 아이와 함께 상세히 살펴봅니다. 부주의한 아이들은 내용에 맞는 답을 썼다고 생각하고 만점 받을 기대를 하는 일이 왕왕 있습니다. 선생님께 감점 이유를 묻지만, 대부분 채점 기준에 있는 조건들을 꼼꼼히 살피지 못해서이죠. 예를 들어, 중학교 2학년 국어 수행평가에서 '설명하는 글쓰기'를 평가할 때, 채점 기준 내에 글의 조직 방법에 대해 '세 가지 이상'을 선택하여 쓰도록 되어 있습니다. 이때 두 가지 혹은 한 가지만 사용하면 감점이 됩니다. 또한, 미술 과목 수행평가 소묘 그리기에서 재료를 하나만 사용한 경우와 두 개 이상 사용한 경우의 채점 기준이 다르다면, 흑연 연필, 숯, 콩테, 먹, 잉크, 크레용, 분필, 지우개, 마커펜 등 소묘 재료 중에서 연필만 사용한 경우에는 감점이 될 수밖에 없습니다.

셋째, 암기하면 점수를 얻을 수 있는 수행평가는 대비가 가능하지만, 매 시간 성실히 수업 시간에 참여해야 수행 점수가 누적되는 과목은 부모가 일일이 도와줄 수 없습니다. 그러나 미리 준비할 수 있는 수행평가 만큼은 포기하지 않도록 격려해주세요. 수행평가는 지필고사보다 노력으로 점수를 받을 수 있는 평가입니다. 준비할 수 있는 과목은 함께 대비해주세요.

최하점을 받는 아이들은 처음부터 그런 아이들이 아니었습니다. 그러나 중학교에 올라와 과목과 공부량도 늘고, 준비해야 할 평가도 많아지면서 아이는 헤매기 시작합니다. 누적된 실패로 인해 아이는 어느새 수행평가는 백지, 지필고사는 하나의 번호로 찍기 시작합니다. 이 아이에게는 노력으로 얻은 단 한 번의 작은 성공 경험이 필요합니다. 우리의 목표는 이런 성공 경험을 자주 맛보게 해주는 것입니다. 그러다 보면 어느새 스스로 학습 방법을 찾아가는 아이의 모습을 볼 수 있을 것이고, 적어도 백지를 내는 일은 없을 거예요.

산만한 아이들이 특히 더 어려워하는 서·논술형 문제

산만한 아이들은 서·논술형 문제를 특히 더 어려워합니다. 쓰기는 언어발달 중에서도 가장 나중에 발달하는 기능입니다. 주의력이 약한 아이들은 읽는 과제도 힘들어하는데, 자신의 생각이나 답을 글로 서술하는 과제는 얼마나 더 힘들겠어요. 이런 특성으로 인해 산만한 아이들은 서·논술형 문제에 특히 더 취약합니다. 그러나 서·논술형 문제의 특징을 안다면, 아이들이 100점까지는 아니더라도 최하점 만큼은 받지 않도록 도울 수 있습니다.

서·논술형을 꾸준히 연습해야 하는 이유가 있습니다. 중학교에 가면 모든 과목에 일정량의 서·논술형 평가 문제가 포함되어 있습니다.

만약 서·논술형 평가에서 계속 점수를 받지 못하면, 아이는 노력해도 안 된다는 생각에 포기해버립니다. 다행히 서·논술형도 장점이 있습니다. 뭐라도 쓰면 부분 점수가 주어집니다. 객관식 문제는 5지선다 중 답이 아닌 것을 고르면 0점이지만, 서·논술형은 무엇이라도 쓰면 채점 기준에 따라 0점은 면할 수 있습니다.

서·논술형을 무엇일까요? 서술형 문제는 어느 정도 답이 정해져 있어, 그 답의 풀이 과정을 서술하는 것입니다. 답안 길이는 논술형 문제보다 짧은 편입니다. 반면, 논술형 문제는 자신의 의견을 논리적으로 서술하는 문제로, 답은 개인의 생각에 따라 다를 수밖에 없겠지요.

서·논술형에서 점수를 깎아먹는 이유

요즘 아이들은 대부분 글쓰기에 자신이 없습니다. 해가 갈수록 아이들은 글쓰기를 어려워하지요. 아니, 싫어한다는 표현이 더 적합해 보입니다. 글쓰기를 어려워하는 이유는 자신의 생각을 표현하는 것이기 때문일 텐데요, 이는 글쓰기 뿐만이 아닙니다. 대화에서 자신의 생각을 말하는 것, 수업 시간에 의견을 근거와 함께 발표하는 것 또한 어려워합니다. 쓰고 말하기가 어려워진 이유는 분명합니다. 소리 내어 읽기는 잘해도 글의 의도, 문장간의 맥락, 문단간의 관계를 이해하지 못하기 때문입니다. 결국 '문해력'이 떨어지는 아이들이 쓰기도 어려하는 것입니다. 요즘 아이들이 서·논술형 문제에서 점수를 받지 못하는 이유를 알아보겠습니다.

첫째, 문제를 이해하지 못해서입니다. 산만한 아이들은 숲과 나무를 구분하지 못합니다. 중요한 것과 덜 중요한 것을 파악하는 데 어려움을 느끼고, 이로 인해 문제가 '묻고자 하는 바'를 잘 찾아내지 못합니다. 문제가 두세 문장 이상 길어지면 낮은 기억 작업은 더욱 문제가 됩니다. 문제를 읽는 데 많은 시간을 쓰거나 이해가 안 되어 읽고 또 읽는 난처한 상황이 발생되지요. 예를 들어, 서술형 문제 발문을 보겠습니다.

서술형 1. 다음 〈예시〉 글은 '건강한 나의 미래 가족'이란 제목으로 쓴 상상 일기입니다. 아래 글을 읽고, 미래의 건강한 나의 가정생활에 대한 '미래 가족 일기'를 써봅시다.

〈예시〉 오늘은 2056년 3월 30일.
잠자리에 들면서 하루를 돌이켜보니, 오늘도 행복한 하루였다.
힘들게 직장에서 일을 마치고 돌아보니, 맛있는 저녁 식사가 준비되어 있었고, 집 안도 깨끗하게 청소되어 있어, 집 안에 들어서자마자 하루의 피로가 모두 사라지는 느낌이었다. (중략)

– 출처: 2024 생각하는 힘을 기르는 서·논술형 평가 장학자료, 서울특별시교육청 초등교육과

이 문제를 풀기 위해서는 일단 〈예시〉 글을 이해해야 합니다. 또한 〈예시〉를 바탕으로 '미래 가족 일기'를 상상하여 서술해내야 하고요. 수업 시간에 배웠던 '건강한 가정생활'의 요소에 무엇이 있는지도 파악하고 있어야 필요한 핵심 단어들을 포함하여 서술할 수 있습니다.

그런데 문제의 요구 사항이나 〈예시〉에서 중요하게 참고해야 할 부분을 파악하지 못한다면, 엉뚱한 상상 이야기를 서술할 수도 있겠지요.

둘째, 문제에서 요구하는 조건을 충족하지 못하는 경우입니다. 중학교에서 가장 많이 점수가 깎이는 부분입니다. 문제가 요구하는 답을 성실히 서술하고, 말하고자 하는 바도 잘 전달했지만, 문제에서 요구한 조건들을 지키지 않아서 감점이 되는 경우입니다. 주의집중력 분산되다 보니 챙겨야 할 조건들을 미처 챙기지 못해 자꾸 틀립니다. 보통 서·논술형 평가 문제에서 요구하는 조건들은 크게 세 가지가 있습니다.

1. 분량
2. 반드시 포함해야 할 것
3. 반드시 포함하지 말아야 할 것

예를 들어, '조건'이 30자 이내로 쓰기, 지문에 있는 낱말 한 개 이상 사용하기입니다. 그런데 30자보다 적게 쓰면 감점이 될 수밖에 없지요. 물론 30자보다 많이 쓴 경우에도 30자 이후의 내용은 채점 대상이 아니므로, 30자 이내에 필요한 답이 없다면 감점될 수 있습니다. 또한 '지문에 있는 낱말 한 개 이상 사용하는 것'이라는 조건을 수행하지 않으면 옳은 답이라도 조건에 맞지 않아 감점이 됩니다.

셋째, 글쓰기 자체가 힘든 경우입니다. 요즘 아이들은 글을 써본 경험이 매우 적습니다. 평소 읽기 경험도 언어발달 시기에 디지털 기기를 접하기 전의 세대와 비교하여 확연하게 적고요. 평소 글쓰기 경험이 적은 요즘 아이들은 자신의 생각을 글로 풀어내는 걸 잘하지 못합니다. 평소 읽기 경험도 충분치 않다면, 쓸 '재료'가 부족해 글쓰기를 어려워하지요. 수행평가를 보면 생각 정리가 안 되어 대충 써버리거나 백지 답안지를 제출하는 아이들도 있습니다.

답은 읽고 또 읽기

서·논술형 수행평가 시기가 되면 교사들은 채점을 하느라 바쁩니다. 수행평가의 내용은 과목별로 다르지만, 더욱 산만해진 요즘 아이들의 서·논술형 답안지를 채점하기 어려워진 것은 모두가 동의하는 사실입니다. 정확한 답이 존재하는 수학 교과마저도, 답을 구하기까지의 과정을 차근차근 서술하는 데 어려움을 겪습니다. 왜냐하면 해본 적이 별로 없기 때문이죠. 무리한 선행학습으로 인해, 공식의 원리를 이해하기보다 공식을 무작정 외우는 아이들이 많아졌습니다. 원리를 모르는 아이는 '왜 답이 이렇게 나왔니?'라는 질문에 답을 하지 못합니다.

서울대학교 기초교육원 나민애 교수의 저서 《국어 잘하는 아이가 이깁니다》에 "독서는 입력이고 논술은 출력이다. 입력이 선행되어야 한다. 그것도 많이"라는 문구가 나옵니다. 교사로서 이 말에 깊이 공감했습니다. 태어날 때부터 책과는 전혀 다른 성질의 디지털 기기가 늘 함께 있는 세상에 태어난 세대의 아이들은 종이에 쓰여진 글을 읽고 해독하는 것에 많이 서툽니다. 언어발달 단계에서 읽기가 충분히 되지 않은 아이들은 당연히 쓰기가 어려울 수밖에 없습니다. 따라서 아이들이 쓰기를 두려워하지 않기 위해서는 읽고 또 읽어야 합니다.

그렇다면 아이들이 서·논술형을 두려워하지 않도록 무엇을 도와주면 좋을까요?

서·논술형을 두려워하지 않는 법

첫째, 독서와 글쓰기를 매일 합니다. 책을 싫어한다고요? 글쓰기는 더 싫어한다고요? 앞서 언급했던 '싫어도 해야 할 일은 해야 한다고 가르치는 것'과 일맥상통하는 부분입니다. 세모는 책을 그리 좋아하지 않습니다. 글을 읽어도 내용이 머리에 쏙쏙 들어오지 않았기 때문이지요. 그럼에도 불구하고 매일 자기 전 30분 책 읽기를 함께했습니다. 아이가 어릴 때에는 부모가 열심히 읽어주었고, 한글을 읽기 시작하면서부터는 아이가 좋아할 만한 책을 독립적으로 읽도록 계속 독려했습니다. 매일 조금이라도 책을 읽고 자던 아이는 이제는 습관이 되어 자기 전 꼭 책을 읽고 잡니다. 재료가 있어야 글을 쓸 수 있습니다. 글을 읽는 경험은 언어의 재료를 모으는 작업입니다. 늦었다고 생각하지 말고 지금부터라도 책 읽기를 습관으로 만들어 주세요.

그렇다면 글쓰기는 어떻게 매일 할 수 있을까요? 책 제목을 따라 쓰는 것에서부터 시작해보세요. 한 문장도 써보지 않은 아이가 서술형 답을 쓸 수는 없습니다. 목표를 작게 만들어 시작을 쉽게 만들어 주세요. 하루 한 문장 쓰기부터 시작해도 좋습니다. 그렇게 두 문장, 세 문장 쓰면서 쓰기 근력을 천천히 늘려가세요. 또한, 매주 1회 일기를 쓰는 것도 좋습니다. 일기는 있었던 일을 회상하면서 자신의 생각과 감정을 언어로 표현하는 글의 한 종류로, 사실 쓰기와 생각 쓰기 모두 연습할 수 있습니다.

둘째, 잘 쓰여진 글을 필사해보세요. 어린이 신문 사설(오피니언) 필사가 글쓰기에 도움이 됩니다. 저는 글쓰기 연습을 할 때 신문 사설을 따라 쓰는 연습을 50일 동안 했습니다. 잘 쓰여진 글을 필사하면서, '아, 이 주장을 말하기 위해 이런 흐름을 가져가네?', '서론에서는 이런 비유적인 표현을 썼네' 하며 글의 짜임을 배울 수 있었습니다. 문맥에 맞는 어휘 사용도 배울 수 있었지요. 어휘력이 약한 아이들에게 특히 신문 사설 따라 쓰기를 추천합니다.

셋째, 아이의 생각을 대신 글로 써주세요. 우리는 아이가 글을 쓰지 못한다고 아는 게 없다고 생각하기도 합니다. 그런데 산만한 아이들은 독특한 생각을 잘 합니다. 다양한 관점에서 바라본 톡톡 튀는 아이디어가 그들의 강점이지요. 이 생각을 논리적으로 글로 옮기지 못할 뿐입니다. 이럴 땐 아이의 머릿속에 떠오르는 생각들을 경청하고, 대신 글로 표현해주세요. 아이에게 부모가 대신 써준 글을 따라 쓰게 해보세요. 아이의 글쓰기 실력 향상에도 도움이 됩니다.

점수가 깎이지 않는 최소한의 방법

아이들은 서·논술형 평가에서 무엇을, 어떻게 써야 하는지 발문을 이해하지 못하는 경우가 많습니다. 이런 경우에는 아이가 평소 긴 문장제를 풀 때, 문제에 '해야 할 단계'를 번호로 매기고, '무엇을' 요구하는 글인지 표기해둡니다. 예를 들어, 아래의 문제를 보겠습니다.

서술형 2. (가)와 (나)의 문제해결 과정을 통해 파악한 내용을 바탕으로 내가

생각하는 '가족'의 뜻을 새롭게 만들어 써봅시다.

위 문제에서 우리는 '해야 할 일' 세 개를 찾아 표기할 수 있어야 합니다. (1)파악한 내용을 바탕으로 (2)내가 생각하는 '가족'의 뜻을 (3)새롭게 만들어 써보자는 것이 세 개의 해야 할 일입니다. 이 중에서 문제가 정말 의도하는 것, '가족의 뜻을 새롭게 만들어 써보자' 이 부분은 별표를 치거나 형광펜으로 표기합니다. 이 방식을 사용하면, 답변을 쓰기 전에 재차 확인해볼 수 있고, 쓰고 나서도 검토할 수 있습니다.

보상 시스템, 제대로 사용해야 합니다

보상이 없으면 하지 않는 아이, 나쁜 걸까요?

"이거 하면 뭐 해줄 거야?"

"너 좋으라고 공부하는 거지, 엄마 좋으라고 공부하는 거니?"

아이에게 숙제를 시키면, 아이는 이렇게 대답합니다. 엄마는 공부를 즐기지 못하고, 스스로 하지 않는 아이가 못마땅합니다. '공부를 즐기는 애도 있던데… 그게 아니라면 중·고등학교 때까지 열심히 해야 좋은 대학도 갈 텐데. 뭘 바라기나 하고… 우리 아이는 공부로 잘 되기는 글렀네. 보상을 매번 줄 수도 없고… 공부를 못하면 어떡하지?' 공부하는데 자꾸 보상만 바라는 아이를 보면 이런 저런 걱정이 앞섭니다.

하지만 2장에서도 말했듯이 처음으로 아이가 공부를 시작할 때는 아이의 동기를 일으킬 수 있는 '외적 보상'을 쓰셔도 괜찮습니다. 도파민을 강하고 짧게 분비시키는 게임이나 디지털 영상들에 중독된 요즘 아이들이 수학 문제를 풀며, '와, 두 자리 수 더하기 한 자리 수도 재밌네? 나 좀 잘하네?' 하면서 즐겁게 학습하기란 결코 쉽지 않습니다. 대부분의 학습은 '나 좀 잘하네?'라는 자기효능감을 느끼기까지 꽤 많은 시간이 걸립니다. 그때까지는 반복을 통한 학습 근육을 키우는 과정이 필요하죠. 외적 보상은 자기효능감을 느낄 수 있는 그 지점까지 이끌어주는 중간중간에 놓인 작은 깃발 같은 것입니다.

그러므로 아이가 보상을 바라는 것을 불편하게 생각하지 마세요. 보상도 없이 아이가 스스로, 즐겁게, 짜증내지 않고, 공부를 원하는 만큼 하길 바라는 것은 우리의 욕심입니다. 처음엔 보상만을 바라보며 하던 학습이 쌓이고 쌓여 '습관'이 됩니다. 습관처럼 반복하며 쌓인 '실력'은 자기효능감을 키워주고요. 자기효능감이 쌓이면, 그 안에서 '배움의 즐거움'을 느끼게 되는 날이 분명 옵니다.

우리는 작은 깃발 역할을 해줄 보상을 어떻게 효과적으로 주어야 할까요?

보상 시스템 점검하기

세모의 ADHD를 알기 전, 만 4~5세부터 학습 습관을 길러주고 싶었습니다. 학습량이 많은 우리나라에서 아이가 학습을 꾸준히 해나가려면 공부 근력이 필요하다고 생각했거든요. 제가 목표로 한 학습 습관은 '책상에 앉아 스티커북 1쪽 해내기'였습니다. 이에 대한 보상은 무엇이었을까요? 엄마와의 하이파이브였습니다. 그렇게 아이가 스티커북 한 권을 모두 끝냈을 때, 아이와 문구점에 가 천 원짜리 좋아하는 캐릭터 스티커를 샀습니다.

아이가 숙제를 하지 않는다고 고민 상담을 하시는 어머님께 항상 여쭤보는 질문이 있습니다.

"가정에 보상 시스템이 있나요?"

만약 보상 시스템이 있는데도 아이가 학습을 자꾸 거부한다면, 아래의 세 가지 보상 시스템에 해당하지 않는지 묻고 싶습니다. 만약 아래의 세 가지에 해당한다면 그 보상 시스템은 소용이 없기 때문입니다.

내 아이에게 맞는 보상 찾기

첫째, 내 아이에게 맞지 않는 보상을 주는 경우입니다. 아이의 학습과 관련한 보상 시스템을 만들 때 두 가지를 살펴보아야 합니다.

1. 보상의 종류: 아이가 원하는 보상인가? 충분히 동기부여가 될 만큼 매력적인 보상인가?

2. 보상의 시기: 보상을 받을 수 있는 기준이 너무 높진 않은가? 만족지연 시간이 너무 길진 않은가?

아이의 보상은 아이의 연령대와 성향에 따라 달라야 합니다. 어떤 아이는 칭찬 한 번에도 기분이 좋아 또 해내기도 하지만, 어떤 아이는 500원짜리 동전이 효과가 있습니다. 초등학교 고학년 아이에게 스티커 하나는 동기부여가 되지 않을 테지만, 주말에 게임하기는 매력적인 보상이 될 수 있습니다. 세모도 유치원 시절에는 엄마와의 하이파이브라는 가벼운 보상으로 시작하여, 초등학교에 들어갈 즈음에는 스티커 하나를 받았습니다. 아이의 연령대에 따른 관심사가 다르기 때문에 아이가 보상을 얼마나 매력 있게 느끼는지 살펴보고 정해야 합니다.

보상을 주는 시기도 중요합니다. 어느 정도 해냈을 때 보상을 줄 것인지 적절한 보상 시기를 정해야 합니다. 부모가 생각했을 땐 일주일 또는 한 달 학습을 끝냈을 때 보상을 주고 싶을 것입니다. 하지만 산만한 아이들은 '즉각 보상'이 굉장히 중요합니다. 보상이 진정한 동기부여의 역할을 하려면, 부모는 기대를 적당히 낮추고, 아이가 적당히 해내도 작은 보상을 주어야 합니다. 부모와 아이의 목표 기준 차이가 크면, 아이는 '아무리 해도 보상을 받기는 어려울 것 같아…' 하고 포기하게 될 수도 있기 때문입니다.

만족지연 시간은 아이의 발달 정도에 따라 즉각 보상에서 지연 보상으로 점진적으로 늘려주셔야 합니다. 작은 보상을 모아 큰 보상을 주는 방법도 도움이 됩니다. 작은 보상은 즉각 보상의 역할을 하고, 작은 보상을 모아 받는 큰 보상은 만족지연 연습의 역할을 하는 것이죠.

예를 들어, 유아기에는 스티커 15개를 모으면 3천 원 상당의 세모가 원하는 놀이책이나 장난감, 간식을 사주었습니다. 그러다 보면 아이가 15일이 되었는데도 3천 원의 큰 보상을 찾지 않는 순간이 옵니다. 학습이 습관화가 되면 보상을 생각하지 않고 자동적으로 하게 되기 때문이죠. 보상에 대한 만족을 더 오래 지연할 수 있는 단계에 온 겁니다. 그때부터 스티커 20개, 이후에는 스티커 30개를 모아 매달 말 3만 원 이하의 원하는 것을 사주었습니다.

초등 2학년부터는 스티커를 붙이지 않아도 매일 학습을 하고, 매달 말이 되면 3만 원 이하의 선물을 받습니다. 요즘은 월말에 받는 보상을 잊을 때도 많습니다. 만족지연을 더 오래 할 수 있게 된 것이지요. 이렇게 차근차근 보상 주는 시기를 늘려가면서 해야 할 일을 꾸준히 해나갈 수 있는 습관을 만들어 주세요.

지속적인 제공이 가능한가

둘째, 부모가 지속적으로 제공할 수 없는 것을 보상으로 정해서는 안 됩니다. 오늘의 숙제를 다하면 현금 2만 원짜리 선물을 사주겠다고 약속한다면 어떨까요? 아이는 아마 신이 나서 숙제를 빠르게 끝낼 것입니다. 그렇다면 그다음 날은 얼마를 주어야 할까요? 분명 아이는 최소 2만 원 이상의 보상을 받지 않으면 과제할 마음이 들지 않을 것입니다.

게임이나 영상 시청 시간을 매일 주면 어떨까요? 어떤 아이들은 스마트폰 게임이나 영상 시청을 하루 학습의 보상으로 받기도 합니다. 하지만 이는 장기적인 관점에서는 산만한 아이들의 학습에 도움이 되지 않습니다. 학습을 완료함으로써 느끼는 성취감을 느끼기도 전에 아이의 머릿속에는 자극적인 도파민을 생성하는 게임과 유튜브 시청으로 가득차 있을 것입니다. 따라서 게임이나 유튜브, SNS 등의 스크린 시간 허용을 매일의 보상으로 쓰기보다는 주말에 일정 시간을 허용하는 것으로 만족지연을 시켜주는 것이 좋습니다.

보상, 잘했을 때만 주고 있는가

마지막으로 '잘'할 때만 주는 보상입니다. 우리는 아이가 학습을 할 때 자세는 '바르게', 결과물은 '우수'하길 바랍니다. 그러나 산만한 아이는 다리도 떨고, 손도 꼼지락거리고, 가끔은 일어나서 돌아다니기도 합니다. 문제를 다 풀었어도 부주의한 실수는 늘 있고요. 만약 부모들이 보상을 '잘'했을 때만 준다면, 과정보다 결과를 중요시하는 메시지를 아이에게 심어주게 됩니다. 정말 중요한 것은 과정인데 말이죠.

보상을 줄 때에는 아이가 해야 할 일을 '완료'했는가에 포커스를 맞춰야 합니다. 잘하지 않아도 괜찮습니다. 답이 틀렸어도, 부모 눈에 태도가 불량해 보여도 해야 할 일을 '완료'했다면, 그 '노력'에 꼭 보상을 해줍니다. 그래야 아이는 실수를 해도 다시 도전합니다. 부모가 결과보다는 과정에 가치를 두고 있으니까요.

보상의 두 가지 핵심 원칙

보상의 두 가지 핵심 원칙은 '즉시성'과 '규칙성'입니다. 산만한 아이들은 즉각적인 보상에 더 큰 반응을 보입니다. 따라서 아이가 작은 목표를 달성했을 때, 그 즉시 보상을 주는 것이 중요합니다. 예를 들어, 30분 동안 집중해서 공부를 끝냈다면 바로 스티커를 주거나, 간단한 칭찬 한마디라도 건네야 합니다. "와, 30분 동안 집중했구나! 정말 대단하다!" 이처럼 즉각적인 보상은 아이의 뇌에서 긍정적인 강화 작용을 일으켜 다음 행동에도 동기를 부여합니다.

다음은 규칙성입니다. 아이들은 보상 체계가 예측가능할 때 안정감을 느낍니다. 매번 보상이 달라지거나, 조건이 명확하지 않으면 혼란스러워하고 동기를 잃을 수 있습니다. 예를 들어, "오늘 해야 할 일을 완료하면 스티커를 줄 거야."와 같은 일관된 규칙을 만들고, 이를 꾸준히 지키는 것이 중요합니다. 규칙적인 보상은 아이에게 기대감을 심어주고, 학습 습관을 강화하는 데 큰 도움을 줍니다.

작은 보상과 큰 보상

보상을 주는 방식에는 단기 보상과 장기 보상이 있습니다. 산만한 아이들은 단기 보상에 바로 반응하지만, 장기 보상도 필요합니다. 장기 보상은 학습의 지속성을 기르는 데 도움이 됩니다. 단기 보상은 작은 보상들을 말합니다. 스티커, 칭찬, 간단한 간식처럼 즉각적으로 제공되는 것이죠. 장기 보상은 큰 보상 개념으로 작은 보상들이 누적되었거나, 문제집 한 권을 끝냈거나, 경시대회 등에서 수상을 했을 때 줍니다. 한 달간 목표를 달성했을 때도 특별한 외출이나 원하는 물건을 선물하는 형태로 주어질 수 있습니다.

예를 들어, "오늘의 학습 목표를 완수하면 다섯 개의 스티커를 받을 수 있어. 한 달 동안 스티커 50개를 모으면, 네가 좋아하는 놀이공원에 갈 수 있어."와 같은 시스템을 만들어 보세요. 이런 방식은 아이가 단기 보상을 통해 매일의 성취감을 느끼고, 장기 보상을 통해 꾸준함의 중요성을 배우게 됩니다.

거듭 강조하지만 보상의 궁극적인 목적은 아이가 보상 없이도 스스로 동기를 느끼고, 목표를 이루는 자립적인 학습자로 성장하는 것입니다. 이는 아이가 스스로 학습의 가치를 깨닫게 하는 데서 시작됩니다. 아이들은 반복적인 학습에 쉽게 싫증을 내고, 중간에 포기하려는 경향이 있습니다. 이런 아이들에게는 '작은 성취감'을 맛보게 하는 보상이 매우 중요한 역할을 합니다. 단순히 '끝냈다'라는 경험만으로도 아이의 뇌는 긍정적인 피드백을 받고, 다음 행동을 반복하려는 동기를 느낍니다. 이것이 과제 자체에서 보상감을 느끼는 '내적 동기'가 되는 것입니다.

산만한 아이들은 과제를 시작하길 두려워합니다. 끝까지 해내는 힘 역시 또래보다 약하지요. 그렇기 때문에 눈에 보이는 아이의 태도나 결과의 질을 따지기보다는 과정을 견디고 '완료'하였는지를 봐주어야 합니다. 완료의 성취감 자체가 궁극적으로는 가장 큰 보상이 되고 다음 학습에 동기를 부여하게 될 것입니다. 아이가 하루의 학습을 마쳤을 때, "오늘 네가 해낸 걸 보니 정말 자랑스러워!"라는 진심 어린 칭찬을 건네주세요. 이는 물질적인 보상보다 더 큰 만족감을 줄 수 있습니다. 이러한 성취감을 반복적으로 느끼게 될 때, 아이는 장기 보상을 위해 또 노력할 수 있는 힘을 얻게 됩니다.

5장

부모인 우리가 해야 할 일

산만한 아이, 산만한 부모

ADHD인 부모의 자녀가 ADHD일 확률은 76% 정도로 추정한다고 합니다. 아이가 주의력이 약하고, 자꾸만 해야 할 일을 미루고, 시작한 일을 잘 마무리하지 못하는 성향은 대부분 부모와 닮아 있다는 뜻이죠. 유아부터 초등 저학년 시기는 산만한 아이의 학습 습관을 잡아주는 중요한 시기입니다. 주의력이 약한 아이들의 습관을 만들어 주기 위해서는 적정량의 시간이 필요하며, 자동화하고 싶은 목표 행위를 매일 반복하도록 해주어야 합니다. 그런데 부모 역시 산만한 경우, 아이의 학습 습관 형성을 더욱 어렵게 만들 수 있습니다.

나는 산만한 부모일까?

자녀가 ADHD 진단을 받고 난 후, 부모가 성인 ADHD라는 사실을 알게 되는 경우가 종종 있습니다. 반대로 부모가 먼저 진단을 받아서 아이의 ADHD를 적극적으로 의심하고 발견하게 되는 경우도 있고요. ADHD가 유전력이 있다는 점에서 산만한 아이의 부모는 아이처럼 쉽게 주의력을 빼앗기는 성향을 가지고 있을 수 있습니다. 산만한 부모와 산만한 아이가 만나 학습을 시작하면 어떤 일이 일어날까요? 저 역시 세모의 학습을 봐줄 때, 아래와 같은 문제들을 마주해야 했습니다.

사례 1: 부모마저 계획을 잊는 경우

학습 습관을 기르기 위해서는 아이의 학습 시간과 장소는 일정한 곳이 좋습니다. 부모는 아이에게 학습 시작 10~15분 전에 곧 공부 시간임을 미리 알려주어야 합니다. 공부 분위기를 만들 수 있도록 어수선한 놀잇감을 정리하거나 TV도 미리 끄도록 하는 것도 좋겠죠. 그런데 문제는 부모마저 다른 일을 하느라 이 시간을 자꾸 잊어버리는 것입니다. 산만한 아이들은 시간이 어떻게 흘러가는지 시간에 대한 인지가 또래보다 늦습니다. 따라서 부모가 어릴 때에는 자꾸 시간을 인지하도록 도와주어야 합니다. 그런데 부모마저 시간의 흐름을 잘 못 느낀다면 어떨까요?

사례 2: 마음이 콩밭에 가 있는 부모

　엄마는 아이가 영어 숙제를 하고 있는 동안 아이 옆에 앉아 있기로 합니다. 산만한 아이들은 누군가 곁에 함께 있을 때 집중을 더 잘합니다. 영어로 '바디 더블링Body Doubling'이라고 하는데요, 이는 물리적 혹은 가상 공간에서 다른 사람과 함께 일하거나 공부하는 것을 의미합니다. 바디 더블링은 ADHD가 있거나 혼자 일하면 쉽게 산만해지는 사람들을 위해 고안된 방법으로, 업무를 시작하거나 완료하는 데 도움을 줍니다. 바디 더블링은 산만한 아이에게 매우 효과적인 방법입니다. 부모 중 한 명이 아이 옆에서 책을 읽거나 학습하는 모습을 지켜보는 것만으로도, 아이는 혼자일 때보다 더 오래 주의를 지속할 수 있습니다.

　그런데 아이가 문제를 푸는 사이에 엄마는 핸드폰을 확인하기 시작합니다. 잠깐 뉴스 기사를 본다는 것이 쇼핑 앱을 켜고 할인 쿠폰을 찾는 데 20분을 쓰고 말았습니다. 아이가 문제를 잘 풀고 있는지도 놓치게 됩니다. 그러다 갑자기 공부는 하지 않고 낙서하는 아이를 보고는 "왜 이렇게 집중을 안 해? 아직도 거기 풀고 있는 거야? 뭐했어?"라며 화를 냅니다. 바디 더블링을 할 때는 부모 역시 핸드폰을 잠시 내려놓고 아이의 학습에 집중하거나 조용히 책을 읽는 것이 좋습니다. 함께 주의력을 지속하는 것이 중요합니다.

사례 3: 멀티태스킹을 하는 부모

우리 뇌는 멀티태스킹에 매우 취약하다고 합니다. 동시에 여러 일에 주의를 기울이는 것은 한 가지에 주의집중을 하는 것보다 굉장히 비효율적입니다. 아이가 학습할 때를 생각해볼까요? 부모는 아이의 학습을 봐주기로 했지만 퇴근하고 돌아와 밀린 집안일을 하느라 몸도 마음도 바쁩니다. 아이 학습을 조금 봐주다가 자리에서 일어나 집안일을 하고, 아이가 부르면 집안일을 멈추고 아이의 학습을 봐주는 멀티태스킹의 연속입니다. 이렇게 부모가 멀티태스킹을 하면 공부하는 아이는 어떨까요? 집중하려고 하면 다른 일을 시작하는 부모로 인해 주의를 자꾸 빼앗깁니다.

사례 4: 산만한 태도가 싫은 산만한 부모

심리적 방어기제 중에 '투사projection'가 있습니다. 방어 기제란, 자신의 불편한 마음을 심리적으로 편안한 상태로 만들기 위해 애써보는 방법을 말합니다. 그중에서도 투사는 무의식 속에 자리잡은 자신의 결점이나 감정들을 자신의 것이 아니라 타인의 것이라고 여기는 것입니다. 특히 부모는 자신이 생각하는 결점을 아이가 갖고 있을 때 더욱 불안해집니다. 자신의 문제인데, 아이의 문제로 투사하는 것이죠. 예를 들어, 산만한 부모가 어린 시절 산만한 태도 때문에 혼나고 성적이 잘 나오지 않아 어려움이 많았다면, 아이가 그러한 태도를 보일 때 넘어가지 못하고 꼭 고쳐야 하는 부정적인 것으로 느낍니다.

이런 경우, 부모는 자녀의 공부 정서를 해치기 쉽습니다. 산만한 아이들의 학습에서 중요한 것은 어떤 방법이든, 어떤 자세든 일단 '완료'의 성취감을 느끼도록 돕는 것입니다. 그런데 부모는 아이가 자꾸 소리를 내거나, 삐딱하게 앉거나, 자꾸 다리를 떠는 등 정신산만하게 공부하는 모습을 보면 점점 불편해집니다. 그 순간, 아이의 학습 습관 형성에서 중요한 것들은 다 잊고 사소한 것에 집착하기 시작합니다.

산만한 아이들은 움직여야 더 집중이 잘 되기도 합니다. 이 아이들의 뇌는 늘 바쁩니다. 몸을 움직이면, 정신은 해야 할 과제에 집중하기 더 쉬워집니다. 이런 특성을 이해하는 부모는 사소한 것 너머에 있는 더 중요한 것들을 잘 인식할 수 있습니다.

사례 5: 확인이 귀찮은 부모

아이가 학습을 마치면 부모는 반드시 '확인'을 해야 합니다. 해야 할 분량을 '완료'했는지, 어떤 부분을 틀렸는지 등을요. 이는 잘못한 것을 찾아 아이에게 가르치기 위해서가 아닙니다. 아이에게 긍정적 피드백을 주기 위해서입니다. 확인을 통해 아이는 자신의 학습 과정에서 무엇을 잘했는지, 또 어떤 부분을 보완해야 할지를 자연스럽게 깨닫게 됩니다. 이 과정이 반복되면 아이는 스스로 학습의 흐름을 점검하고 마무리하는 습관을 기를 수 있습니다.

특히 긍정적인 피드백을 구체적으로 주세요. 예를 들어, "오늘은 문제를 다 풀었네! 집중력이 정말 좋아졌어.", "이 부분은 어려웠을 텐데, 틀린 문제를 스스로 고쳤다니… 정말 대단해."처럼 아이의 노력을 구체적으로 칭찬하면, 아이는 자신의 학습 과정에 대한 자부심을 갖게 됩니다. 아이의 학습 루틴이 자동화되기까지는 부모가 부지런히 확인해주어야 합니다.

반면 확인 없이 마무리되는 학습은 아이에게 '대충해도 괜찮다'는 신호를 줄 수 있습니다. 특히 산만한 아이들은 완료된 학습을 부모와 함께 점검하는 과정에서 자신이 얼마나 집중했는지를 체감할 수 있습니다. 시간에 허덕이는 부모님들은 선택을 해야 합니다. 시간은 한정되어 있기에 언제나 우선순위의 문제입니다. 아이의 학습 습관이 자리잡길 원한다면 그만큼 부모도 부지런히 노력해야 합니다. 집안일이 조금 허술해도 아이의 습관 형성을 더 중요하게 여긴다면, 매일 채점하는 일을 우선순위에 두어야 합니다.

산만한 부모는 전략을 세워야 합니다

저는 아이의 학습 습관 형성을 위해 매일 해야 할 과제와 학습량을 정하고 챙겨왔습니다. 그 과정에서 제가 얼마나 산만한 부모인지 깨달았습니다. 아이에게 "이 만화만 보고, 책상에 앉아서 오늘 숙제 하는 거야."라고 말해놓고, 핸드폰을 보다 약속한 시간을 잊곤 했습니다. 아이는 만화를 두세 편을 더 보기도 했습니다. 아이랑 같이 학습계획표를 쓰기로 해놓고는, "오늘 뭐하는 날이지?" 하며 텅 빈 스케줄러를 쳐다보며 황당해한 날도 많았습니다. 아이 옆에서 바디 더블링을 해주면서도 스마트폰으로 채팅방에서 수다를 떨기도 했습니다. 이 뿐만이 아니에요. 피곤하고 귀찮은 날에는 "내일 채점할게. 일단 자자."라며 확인을 미루곤 했습니다.

이런 일들을 아무렇지 않게 반복하다 보면 아이의 습관은 무너져 있었고, 무너진 습관을 다시 잡으려면 또 에너지를 써야 했습니다. 산만한 부모인 저는 아이의 성공적인 학습 습관 형성을 위해, 전략이 필요했습니다.

첫째, 부모도 타이머를 쓰세요. 아이에게 "5분 뒤 시작할 거야."라고 말하고 바로 타이머로 5분을 맞춥니다. 부모 역시 시간의 흐름을 인지할 수 있는 도구들이 필요합니다. 저는 주방이나 식탁, 아이의 책상에 타이머를 하나씩 두었습니다. 타이머를 주방이나 식탁에 둔 이유는 제가 아이에게 말하고 바로 시간을 맞추기 위해서예요. 타이머가 없다면 핸드폰에 있는 타이머라도 꼭 맞추어, 시간이 흘러가는 것을 인지하도록 합니다.

둘째, 부모도 계획표를 써야 합니다. 저는 세모와 주간계획표를 쓰고 있습니다. 세모가 1주일의 학습을 한눈에 볼 수 있도록 주간계획표를 씁니다. 저는 제 스케줄러 일요일에 '세모 학습계획 세우기'가 있습니다. 산만한 부모들도 잘 잊어버립니다. '아, 세모랑 이거 꼭 해야 하는데'라는 생각이 들면, 바로 계획표에 적어야 합니다. "오늘 틀린 건 내일 고치는 거야."라고 말했다면 잊지 말고, 계획표에 할 일을 적습니다. 자신의 기억을 믿지 마세요. 기억은 사라지는 게 당연합니다.

셋째, 바디 더블링을 하기로 마음먹었다면 제대로 해야 합니다. 아이가 학습에 집중할 수 있도록 곁에서 바디 더블링을 하고자 한다면 부모도 집중할 수 있는 독서나 공부, 글쓰기 등을 함께하세요. 핸드폰은 다른 공간에 두는 것이 좋습니다. 부모의 부산스러운 몸과 마음이 아이에게 전염되지 않도록 부모도 집중해야 합니다. 저는 세모가 공부할 때 미리 제가 할 일을 공유합니다. 제 자신에게 "자, 이제 하나에 집중하자."라는 다짐이기도 합니다. "엄마는 이 책을 이만큼 읽을게.", "엄마는 글을 써야 해서 노트북을 할게."라고 말합니다. 이때 앞서 말한 뽀모도로 학습법을 하는 것도 좋습니다. "25분 동안 엄마는 책을 읽을게. 넌 수학 문제집을 풀자."

공부를 시키고 싶은 진짜 이유

"이 정도도 못해서 커서 뭐 하려고 그래."

조선미 박사님은 부모님들의 이 말이 아이들의 마음속에 불안을 깊이 심어준다고 합니다. 또래의 평균값도 못한다고 느끼는 아이들에게 미래에도 평균 이하의 삶을 살게 될 거라고 겁을 주는 말이 될 수 있습니다. 부모님들은 내 아이가 공부를 못한다는 사실을 받아들이기 힘들어합니다. 마치 아이가 이제부터 아주 불행한 미래를 살아갈 것이라는 확신에 찬 듯 말이죠.

저는 비평준화 지역 중학교에서 일하고 있습니다. 비평준화 지역은 중학교에서 고등학교로 진학할 때, 중학교 1학년부터 3학년까지의 성적을 반영하여 내신 점수를 산출하고, 그 점수로 원하는 고등학교에 지원하여 성적순으로 합격, 불합격이 결정됩니다. 가까운 고등학교로 진학 배정을 받는 평준화 지역의 아이들과 다르게 입시 시스템을 먼저 경험하는 셈이지요.

중학교 3학년 담임을 3년 연속 맡으면서 전교 1등부터 꼴찌 등수까지의 아이들을 만나왔습니다. 그리고 아이들의 부모님과 1년간 아이의 성적에 대해 지속적으로 상담을 합니다. 아이들의 성적을 말씀드리고 '어느 고등학교에 갈 수 있을 것 같다, 없을 것 같다'를 확률적으로 예측하여 말씀을 드립니다. 아이 성적의 민낯을 본 부모님들은 대부분 굉장히 놀라십니다.

"그 고등학교도 못 간다고요?"

대부분 생각보다 낮게 나온 아이의 성적에 실망하시곤 합니다.

그중에 가장 절망하시는 경우는 아이가 특성화 고등학교에 가야 하는 성적일 때입니다. 특성화고는 아이의 특성을 살려 대학 진학보다는 취업을 목표로 하는 학교를 말합니다.

"어머님, 세호는 일반계고를 지원하면 합격이 어려울 성적입니다. 집에서 가까운 특성화고를 지원하는 게 좋을 것 같아요."라는 말씀을 드리면 "일반계고 갈 성적도 안 되나요?" 하고 매우 놀라십니다. 특성화고를 지원해야 한다는 말에 잠을 못 주무셨다는 어머님도 계셨습니다.

아이의 성적 때문에 울고 웃는 부모님의 모습을 보면, 어쩌면 중학교 시기가 아이의 성적에 대한 현실을 마주하는 시기가 아닐까 생각합니다. 내 아이가 공부로 성공할 아이인지, 아닌지 그 현실을 마주하는 시기 말이죠. 초등학교까지 잘 해온 아이들은 중학교에서도 당연히 잘할 거라고 생각하시고, 초등학교 때 별로 잘하지 못했던 아이들은 중학교에 가서는 잘하겠지 하며 기대를 하십니다. 하지만 중학 3년이 지나고, 아이의 성적을 보니 공부 잘하는 아이는 남의 자식 이야기였던 것입니다.

그렇다면 공부를 잘하는 아이의 부모님은 어떤 결과든 행복할까요? 아이가 공부를 잘하면 부모님들께서 꼭 물어보시는 질문이 있습니다.

"그럼 우리 아이는 전교 몇 등인가요?"

내 아이가 공부를 잘하는 게 중요한 것이 아니고, 다른 아이보다 '얼마나 더' 잘하는지가 중요한 것이죠. 이렇듯 부모님들은 아이들에게 무언가를 끊임없이 기대하고 있었습니다.

교육자로서 수많은 아이들을 가르치고, 아이들의 성장을 지켜보며 부모님들께 꼭 여쭤보고 싶은 질문이 있습니다. 이건 제 자신에게도 늘 묻는 질문이기도 합니다.

"아이에게 공부를 시키고 싶어 하는 진짜 이유가 무엇인가요?"

부모의 진짜 속마음

다솜이는 웹툰 그리기를 좋아하는 학생이었습니다. 쉬는 시간에도 계속 그림을 그립니다. 영어단어 시험이 있는 날에도 시험 직전까지 열심히 그림을 그리는 아이였죠. 수업에 집중을 잘하지 못하고 산만했지만, 그림을 그릴 때면 어느 때보다도 집중한 모습을 보여주었습니다. 다솜이와 성적 상담을 하며, 지역 예술 고등학교나 디자인 특성화 고등학교를 가고 싶냐고 물었습니다. 아이는 생각해본 적이 없다고 합니다. 그림은 취미였을 뿐, 공부해서 대학에 가는 것이 아이가 생각한 진로였습니다. 아이의 어머님과 고입 상담을 할 때, 아이가 일반계 고등학교에서는 성적이 평균 이상으로 나올 것 같진 않은데, 특기를 살려 지역 예술 고등학교에 보내는 것도 생각해보시겠냐고 여쭤보았습니다. "그렇게 잘하는 건 아니에요. 미술 학원도 안 다녀봤고요." 아이가 좋아하는 미술을 전문적으로 배워보자고 권한 것인데, 부모님께서는 미술마저도 배우기 전부터 이미 '잘'하는 아이인지가 중요하다고 합니다.

중학교 3학년에 하는 학부모님과의 진학 상담은 아이의 다음 3년에 대한 플랜을 여쭤보는 일입니다. 그러나 돌아오는 답에는 막연하고도 먼 '미래'에 대한 염려를 더한 아이의 평생 직장 플랜이 담겨있습니다. 미술로 먹고 살기는 힘들 거라는 이야기, 특성화고에 진학하면 대학은 어떻게 가냐는 이야기, 이렇게 공부해서 앞으로 어떻게 사냐는 이야기까지 나옵니다. 평균 수명 120세인 시대를 살아갈 아이들의 미래를, 고작 만 15년을 살아온 아이들의 현재 능력치로 100년을 내다보는 것입니다.

다솜이는 결국 일반계 고등학교에 진학했습니다. 저는 내심 다솜이가 미술을 쭉 할 수 있는 고등학교에 가면 좋겠다고 생각했습니다. 일반계 고등학교에 입학하여 공부를 해야 하는 이유를 모른 채 그림만 그릴 다솜이의 모습이 떠올랐습니다. 3년간 행복하게 그림을 그리며 매일에 의미를 부여하는 생활을 해보길 바랐던 건 제 욕심이었을까요?

부모님들의 마음을 모르는 것은 아닙니다. 자녀가 독립했을 때에도 편안하고 성공한 삶을 살기를 바라는 마음에서죠. 부모님이 생각하기에 안락한 삶을 위해서는 경제적으로도 여유가 있어야 하고, 직업도 안정적일 수 있는 그런 진로를 선택하길 바랄 것입니다. 그러나 여기에 맹점이 있습니다.

공부를 잘한다고 평생 안락한 삶을 살 수 있다고 얼마나 확신하시나요? 부모님이 생각하는 성공이나 편안한 삶은 공부를 잘하는 상위 20%만 누리고 있나요? 그토록 바라는 상위 1%만 성공한 삶을 누릴까요? 반대로 하위 20% 아이들의 미래는 힘들고 불행할까요? 우리는 과거의 경험으로 미래를 예측합니다. 지금의 중·고등학생의 부모님들은 열심히 공부해서 대학에 진학하고, 대기업에 취업하여 성실히 일해 돈을 버는 삶이 '성공 공식'처럼 여겨지던 시대를 살아왔습니다. 이는 부모님들의 부모님들이 알려준 성공 공식입니다. 그렇게 자란 부모들은 또다시 그 정답지를 대물림합니다. 그게 이번 세대에도 맞을 거라고 생각하면서 말이죠. 우리 아이도 그 정답지에 맞춰 자라주길 바라는 것입니다. 우리가 산만한 아이를 키우면서 계속 불안하고 속상한 이유도 여기에 있습니다. 우리가 생각하는 공부를 잘하는 아이는 '산만하지 않기 때문'이죠. 꿈쩍도 하지 않고, 엉덩이를 의자에 오랫동안 앉아 있는 아이를 보며 우리는 숭배하듯 부러워합니다. 반면, 이리저리 움직이는 내 아이를 보면 '저렇게 해서 무슨 공부를 한다고' 하며 한숨을 푹 내쉬지요. 하지만 산만하다고 해서 공부를 못하는 것도 아니고, 또 공부를 못한다고 해서 불행한 미래만이 기다리고 있는 것도 아닙니다.

이제부터 부모는 아이에게 공부를 시키려는 진짜 속마음을 찾아내 자세히 들여다봐야 합니다. '옆집, 앞집 아이들보다 잘해야 내 체면이 서니까?', '대학 동기 아이들보다는 잘 되었으면 좋겠어서?', '내 아이가 좋은 대학을 가서 성공한 삶을 살길 바라기 때문에?', '성적이 뒤처져서 남들보다 못한 삶을 살까 봐?' 이 모든 물음을 "다 너 잘 되라고 학원 보내고 열심히 공부하라고 하는 거야. 공부해서 좋은 대학 가면 나중에 감사해할 거야."라고 한마디로 정리합니다. 아이를 공부시키고자 하는 그 마음은 '모성'을 기반에 두고 있을지 모릅니다. 하지만 그 안에 자리잡은 진짜 속마음을 들여다보면, 모성이라는 이타적인 마음보다는 아이를 도구로 인정받고 싶은 '이기적'인 마음도 자리 하고 있을지 모릅니다.

부모가 정말 바라봐야 하는 것

"선생님, 이게 우리 아이 성적이 맞나요? 잘못 나온 것 같은데요?"

한 학부모님께서 전화를 하셨습니다. 3년간의 성적을 반영한 고입을 위한 내신 성적이 잘못 나왔다는 것입니다. 생각보다 너무 낮게 나온 것이죠. 그동안 아이가 받아온 성적들과 다시 대조해보았습니다. 우리는 그간 아이가 성적통지표를 위조해 부모님께 보여드렸다는 사실을 알게 되었습니다. 아이는 어떤 마음으로 그랬을까요? 아마도 낮은 성적으로 혼이 날까 봐 그랬을 거예요. 그러나 아이는 부모님이 높은 성적에 '행복하길' 바랐던 게 아닐까요? 위조된 성적표를 바라보며 활짝 웃는 부모님의 모습을 본 아이의 마음은 어땠을까요? 우리는 아이의 성적이라는 '결과값'만 봅니다. 평균 점수 어디쯤에 있는지, 다른 아이보다 몇 등 더 위에 있는지….

"엄마 나 이번에 90점 넘었어!"

"우와! 90점 이상 받은 애가 몇 명이야? 현성이는 몇 점 받았대?"

생각과 마음은 말에 담겨 전해집니다. 결과에만 집중하는 부모의 마음은 아이에게 칭찬을 할 때에도 전달됩니다. "정말 잘했다. 그것

봐. 너 머리 좋다니까." 아이의 노력보다는 아이의 지능이나 점수 등 이런 것들에만 가치를 두는 것이죠.

결과에 초점을 맞춘 부모의 피드백은 부작용이 있습니다. 언젠가 자신이 잘하지 못하게 될 때, '나는 머리가 안 좋은가 봐', '여기서 더 해봤자 점수 잘 안 나올 거야' 하며 쉽게 포기해버리지요. 학습량이 많아지는 중·고등학교 시기에 학습을 놓아버릴 수도 있습니다. 아이의 실수에 대해서도 '노력하면 되는데 왜 못하냐'는 부정적인 피드백은 결코 도움이 되지 않습니다. 아이들의 실수는 당연한 것입니다. 실수는 또 다른 배움의 기회이기도 합니다. 아이에게 필요한 것은 질책과 비난이 아닌, 실수해도 다시 일어나 끊임없이 도전하는 '회복탄력성'입니다.

산만한 아이의 '회복탄력성'을 키워주기 위해서는 아이의 작고 작은 노력을 바라봐주어야 합니다. 어떤 아이들은 에너지를 30%만 써도 100%의 성과를 냅니다. 그러나 전두엽 기능이 약한 아이들이 100%의 성과를 내기 위해서는 에너지 200%를 써야 해요. 아이의 시험 점수보다 중요한 것은 아이가 노력한 과정입니다. 책상에 앉아 책을 펴는 것조차 버거워 몇 번씩 몸을 들썩일지라도, 어제보다 10분이라도 더 앉아 있으려 노력했다면 그것은 칭찬받을 일입니다.

"어제보다 오늘 더 집중하려고 노력하는 게 보이더라. 오늘은 아마 더 잘 해낼 거야. 넌 언제나 포기하지 않고 노력하는 아이니까." 과정에 가치를 두는 말은 아이의 삶의 태도를 바꿉니다. 결국 끝까지 해보려는 자세가 삶의 태도가 되고, 그 태도는 아이에게 좌절하지 않을 힘을 줍니다.

공부는 인간의 무수한 재능 중 하나에 불과합니다. 그럼에도 학생이 여전히 공부를 해야 하는 이유는 성적이 아닌 배움 그 자체에 있습니다. 사회인이 되어서도 제시간에 일터 나가기, 게으름 피우지 않고 해야 할 일 마치기 등의 이런 실행 기능은 공부를 통해 단련할 수 있습니다. 실수를 하더라도 좌절하지 않고, 그 실수에서 배움을 얻는 태도 역시 성실한 학습의 과정에서 얻을 수 있지요.

우리가 아이의 '공부'에서 바라보는 것은 무엇일까요? 왜 우리는 아이에게 공부를 시키고자 비장하게 애를 쓰고 있나요? 우리가 보는 것은 아이의 성적인가요, 아이에게 필요할 '삶의 태도'인가요? 이 질문들의 답을 찾는 것부터가 시작입니다. 그래야만 아이의 미래에 믿음을 보탤 수 있습니다. 아이가 어떤 길을 선택하든 괜찮다는 겸허한 마음이 아이를 또 일어나게 합니다. 그제야 비로소 우리는 국·영·수 10점을 올리는 게 아닌, 건강한 삶의 태도들을 가르칠 수 있습니다.

통제와 자율성, 그 어딘가

산만한 아이들을 키우는 부모님들은 아이들의 옆에서 학습을 도와주며 한숨을 내쉽니다. '이 아이가 과연 '자기주도학습'을 할 수 있을까?', '더 나아가 독립할 수 있을까?' 하는 걱정을 합니다. 불안한 부모는 아이보다 마음이 늘 앞섭니다. 아이가 관심이 없어도, 부모는 한 걸음 더 나아가 정보를 수집합니다. 어떤 학원이 좋은지, 3학년에는 몇 학년 선행을 해야 하는지, 국어, 영어, 수학, 논술, 한문, 과학, 사회 등 이것저것 시키고 나면 그다음 해야 할 일들이 기다립니다. 여기저기 넘쳐나는 정보를 일단 다 모은 후 머릿속과 마음속에 저장해둡니다. 그렇게 쌓인 정보들은 부모의 불안한 마음을 자극합니다. 모아놓은 교육 정보들을 하나로 빚어 놓으면 최상위권의 성적 우수 학생 하나가 우뚝 서 있습니다. 그런데 책상으로 불러도 오지 않는 내 아이는 그 최상위 학생의 모습과 너무 거리가 멀어 보입니다.

우리의 불안감은 아이를 '통제'하게 합니다. 아이의 단원평가 시험지를 보면, 이런 시험지를 계속 받게 될까 두려운 마음에 아이를 타박합니다. 자기주도학습의 핵심은 아이의 자율성이라는데, 우리는 언제쯤 아이들에게 학습주도권을 넘겨줄 수 있을까요?

우리는 왜 통제권을 넘겨주지 못힐까요?

정신건강의학과 전문의 정우열 선생님은 《상위 1%의 비밀은 공부정서에 있습니다》에서 엄마표 공부를 하는 엄마들은 대부분 불안이 높은 편이라고 말합니다. 학원에 맡기기에는 불안하고, 자신이 직접 통제하고 간섭해야만 자신의 불안을 낮출 수 있기 때문인 것이죠. 이런 식의 엄마표 공부는 결국 아이에게 부정적인 영향을 미친다고 합니다.

아이의 학습 과정에서 통제권을 쥔 엄마는 아이에게 엄마라기보다는 선생님에 가깝습니다. 산만한 아이들은 교사에게 좋은 피드백을 받기 어렵습니다. 단체 생활에서 튀기 때문이죠. 힘든 학교 생활을 마치고 집으로 돌아오면 아이를 반기는 사람은 부모가 아닌 또 다른 선생님입니다.

엄마표 공부가 나쁘다는 것은 아닙니다. 엄마표 공부를 하는 '이유'가 중요합니다. 아이가 원해서가 아닌, 부모가 불안해서인지 이유를 들여다봐야 해요. 불안해서 시작한 엄마표 공부는 교육과정 뿐만 아니라 아이의 성적, 학습, 결과까지 '통제'하고 싶어집니다. '내가 어떻게 가르쳤는데 성적이 이것밖에 안 나오다니? 내가 가르치는 방법이 잘못된 건가?' 하는 불안이 눈덩이처럼 불어나 아이를 더욱 통제하게 됩니다.

사람은 불안하면 통제함으로써 안정감을 찾습니다. 아이의 학습에서 어른의 통제가 나쁜 것은 아닙니다. 자기주도성이 약한 아이들에게 적절한 통제는 아이가 학습하는 데 있어 안정감을 주기도 합니다. 올바른 학습 방법들을 배워 언젠가 스스로 해낼 날에 빛을 발하기도 하지요.

문제는 부모가 '주도권을 언제 아이에게 넘겨야 할지 모를 때'입니다. 중학생이 되어도 학습의 시작부터 끝까지 단 한 단계도 아이에게 주도권을 주지 않는 부모도 있습니다. 이때 아이의 성적은 부모의 성적이 됩니다. 아이와 자신을 분리하지 못하면, 아이는 자신의 성적표가 됩니다. 즉, 아이의 실패는 '나'의 실패가 됩니다. 그렇게 부모는 아이의 실수에도 가슴이 쿵 내려앉고, 아이가 다시 도전할 수 있게 격려하기보다 질책을 하게 되는 것이죠.

자기주도학습의 키, 자기통제감

《우울할 땐 뇌 과학》의 저자 앨릭스 코브는 자신이 어떠한 결정을 하는 것만으로도 보상 호르몬인 도파민이 나온다고 합니다. 여기서 중요한 것은 실제로 통제하는지의 여부가 아니라 통제하고 있다는 인식, 바로 그 '통제감'이 불안과 스트레스를 낮춰준다는 것입니다. 자신이 통제하고 있다 감각 즉, '자기통제감'이 커지면 자신감이 올라가고, 기분도 좋아지며, 의사결정 능력도 상승합니다.

이런 말을 들으면 부모는 '그래, 역시 자기주도학습을 해야 고등학교 때에도 공부를 잘할 수 있지' 하며 아이의 스스로 학습을 독려하겠다고 다짐합니다. 그러나 문제는 아이의 불안과 스트레스보다 부모 자신의 불안과 스트레스를 다루지 못할 때 일어납니다. 불안한 부모는 통제권을 꽉 쥐고 아이에게 넘기기 두려워합니다. 아이가 어릴 때에는 '우리 아이는 그냥두면 스스로 하지 못해서 끝까지 봐줘야 해' 같은 태도가 도움이 될 수 있습니다. 문제는 정작 놓아주어야 할 때에도 이 마음을 다루지 못하는 것이지요. 결국 아이는 스스로 자신을 통제하는 법을 배울 기회조차 얻지 못합니다.

공부 정서를 올리려면

'공부 정서'라는 말이 있습니다. 학습에 대한 느낌, 감정을 말하는 것입니다. 아이들은 재밌는 게임이나 유튜브 영상을 볼 때, "왜 해야 해? 왜 지금 해야 해?"라고 묻지 않습니다. 그 경험이 너무나도 재밌고 생각만 해도 즐겁기 때문이지요. 그런데 공부는 이런 즉각적이고 즐겁다는 감정을 느끼기가 어렵습니다. 공부가 주는 보상감은 힘든 것을 견디고 비로소 해냈을 때 잔잔하게 오는 감정이기 때문입니다.

그렇다면 공부에 대한 '긍정적 정서'는 어떻게 길러주어야 하는 걸까요? 이 질문은 '부정적 정서'를 피하려면 어떻게 해야 할까요?'라고 물어봐야 합니다.

부정적 공부 정서는 부모가 100% 통제권을 쥘 때 드러납니다. 우리 모두 이런 감정을 느껴보았을 거예요. 예를 들어, 오늘 화장실을 청소하려 했는데, 배우자가 "여보, 지금 화장실 청소 좀 해."라고 하면 왠지 하기 싫어집니다. 이제 10분만 더 쉬고 공부하려고 했는데, "지금 당장 책상에 앉아서 수학 세 장 풀어."라고 하면 아이들도 마찬가지이죠. 시키면 하기 싫어지는 게 사람 마음입니다. 그렇다고 초등학교 저학년 아이에게 "오늘은 공부를 하고 싶니? 안 하고 싶니?", "오늘은 국어, 영어, 수학 중에서 무슨 공부를 하고 싶어?"라고 일일이 물어보는 것도 어렵지요. 아직 학습을 계획하는 법도 모르고, 어느 정도의 학습량이 자신에게 적당한지도 모르고, 무엇을 잘 모르는지도 파악하지 못합니다. 자신의 학습을 통제하기에는 어리기 때문이지요. 따라서, 부정적 정서를 피하기 위해서는 아이에게 통제권을 조금씩 넘겨주는 연습을 해야 합니다.

EBS에서 방영한 〈다큐 프라임〉 '공부 못하는 아이 2부-마음을 망치면 공부를 망친다'에서 아이가 자율성과 자기통제감을 가질 때의 학습 효과에 대한 실험이 나옵니다. 초등학교 4학년, 열두 명의 아이들을 두 그룹으로 나누어 실험을 합니다. 첫 번째 그룹 여섯 명에게는 교사가 "80문제 준비했으니까 돌아다니지 말고, 꼼짝하지 말고, 한 시간 동안 시험 문제 다 풀어 와야 돼. 선생님이 이따가 다시 와서 볼 거야, 알겠지?"라고 말합니다. 선생님이 나간 후, 시간이 흐를수록 아이들은 자세가 흐트러지며 집중력이 떨어지기 시작합니다.

아이들이 집중 시간은 약 20여 분이었습니다. 20분이 넘어가면서 아이들은 문제를 푼다기보다 그저 시간을 버텨냅니다. 한 시간 후, 여섯 명의 아이들 모두 시킨 대로 80문제를 다 풀었습니다. 그러나 "혹시 기억에 남는 문제 있어?"라고 물으니, "아니요."라고 말합니다. "한 시간 동안 문제 계속 풀려니까 어떤 기분 들었어?"라는 물음에는 "지루해요, 싫었어요."라고 답합니다. 강요에 의해 80문제를 푼 아이들 중, 한 명을 제외하고는 문제 내용을 전혀 기억하지 못했습니다.

반면, 두 번째 그룹에게는 80문제 중에서 어떤 과목을 풀지, 몇 문제를 풀지 선택권을 주었습니다. 저마다 목표가 달랐는데요, 여섯 명 중 80문제를 모두 푼 아이는 다섯 명으로, 약속했던 문제 수보다 더 많이 풀었습니다. 스스로 선택한 수만큼 문제를 푼 이 아이들은 한 명을 제외하고는 문제 내용을 기억하고 있었습니다.

아이에게 '통제권'을 넘겨줄 때, 아이는 비로소 '할 마음'이 듭니다.

긍정적 공부 정서로 자신이 예상했던 것보다 더 도전하고 성취해낼 수 있는 것이지요. 부모는 아이가 자라는 속도에 맞춰 조금씩 아이에게 통제권을 넘겨주기만 하면 됩니다. 그 준비는 머리로 하는 것이 아닙니다. 마음을 준비해야 합니다. 부모의 불안감을 먼저 다루어야 합니다. 그 시작은 부모의 불안감을 인지하는 데서부터 시작입니다. 그렇게 우리는 아이에게 불안 대신 믿음을 줄 수 있습니다.

통제권 넘기기,
오랜 정성을 들여야 합니다

자기주도학습이라고 하면 우리는 보통 아이에게 무한한 자율성을 주는 것이라고 생각합니다. 하지만 학습에서 중요한 것은 바로 '통제'입니다. 학습을 스스로 계획하고, 실행하고, 평가하고, 그 과정에서 나온 실수를 수정하고 발전시켜나가는 긴 과정을 통제함으로써 성취감을 느낍니다. 당장 게임이 하고 싶어도 '아, 이거 세 장만 더 풀고 게임 해야지' 하는 자신의 감정과 행동을 통제하는 것까지도 통제에 포함됩니다. 다만, 그 통제를 '스스로'가 하느냐 '타인'이 해주느냐의 차이인 것이죠. 자기주도학습은 부모에게 있던 통제권을 서서히 아이에게 넘겨주는 것입니다.

이 통제권을 넘겨줄 때도 아이가 헤매지 않도록 잘 넘겨줘야 합니다. "이제 할 수 있지? 네가 스스로 해봐!"라고 하며 바통을 던지듯 넘겨주면, 갑자기 바통을 넘겨받은 아이들은 어디로, 어떻게 달려야 하는지 몰라 허둥지둥거립니다. 부모는 이런 아이를 보며 "지금 몇 살인데 아직도 스스로 못하는 거야? 이리 줘!"라며 질책을 합니다. 우리 아이는 자기주도학습을 못한다고 결론 지어버리고, 또다시 통제권을 손에 쥡니다.

아이에게 통제권을 넘겨준다는 의미는 '자율적으로 자신을 통제할 권리'를 넘겨주는 것입니다. 통제권을 아이에게 조금씩, 천천히 넘겨주세요.

초등 저학년 시기

유치원부터 초등학교 저학년까지는 부모가 통제권을 80~90% 정도 가져가는 것이 좋습니다. 10~20%의 통제권은 아이에게 주는 것이죠. 그 정도가 아이의 자율성이 된다고 보시면 됩니다. 예를 들어, 계획 단계에서 매일 해야 할 학습을 '하는 것'은 부모가 통제하는 부분입니다. "오늘 할래? 말래?"를 묻지 않습니다. "이 정도의 학습은 해야 하는 거야." 하고 습관을 들이는 데는 부모의 주도가 필요합니다. 학습해야 할 과목이나 학습량도 부모가 정합니다. 아이가 힘들어하거나 동기부여가 잘 되지 않으면, 난이도나 양을 조절하는 것도 부모 몫입니다. 학습 시간과 장소도 부모가 주도적으로 정합니다. 습관을 형성해가는 중요한 시기이기 때문입니다. 아이에게는 해야 할 일의 순서를 정하게 합니다. 여기서 아이는 통제권을 가져갑니다. 자신이 학습 순서라도 정했기 때문에 아이는 자신의 공부라는 것을 인지하고 해낼 수 있습니다.

초등 고학년 시기

초등 고학년부터는 부모의 통제권이 50~60%정도로 줄여야 합니다. 이때 부모는 '조언자'로서의 역할에 비중을 두어야 합니다. 해야 할 과제와 목표를 정해줍니다. "이번 주에는 영어단어 20개 외우기를 목표로 하자." 아이는 주간목표인 영어단어 20개를 외우기 위해서 매일, 무엇을, 어떻게 해야 할지를 계획하는 통제권을 가져갑니다. '매일 다섯 개씩 외우고, 어제 외운 것을 오늘 다시 확인하기'로 작은 계획을 세우고 실행해보는 경험을 해나갑니다. 또한, 목표한 것을 끝냈을 때 받는 보상은 부모와 협의하는 것도 좋습니다.

중학교 시기

중학생 때는 부모의 통제 30%, 아이의 통제 70%정도를 유지합니다. 부모는 이제 '조력자'가 되어야 합니다. 부모의 뜻이 맞다고 생각하며 방법들을 제시하는 것이 조언자라면, 조력자는 아이가 정한 것이 맞든, 틀리든 믿어주고 그 방법을 조력해주는 역할입니다. 이제 아이는 자신의 학습에서 주도권을 더 가져갑니다. 부모는 장기적인 학습목표를 함께 정하고, 방향성만 제시합니다. '이번 학기에는 수학 성적 80점 대로 올리기' 같은 목표를 정해보는 것입니다. 아이는 매일의 학습계획을 세우고, 오늘의 할 일을 끝내면 할 수 있는 자신만의 보상도 정해봅니다.

중학교 때 이 통제권을 잘 넘겨주지 못하는 부모는 불안감에 아이를 믿지 못합니다. 아이를 믿지 못한다고 하지만, 부모 자신이 아이에게 믿음을 주지 않아서 그런 것이지요. 불안감이 높은 부모일 수록 아이를 더 믿어주지 않습니다. 자신이 통제해야만 아이의 학습이 더 나아질 것이라고 생각하기 때문이죠.

하지만 사춘기를 겪는 아이는 격렬하게 모든 면에서 부모로부터 독립하길 원합니다. 이는 학습에서도 마찬가지입니다. 이 시기는 아이가 처음으로 통제권을 더 많이 가져가 열심히 실패해보는 시기입니다. 중학교 1학년 때부터 스스로 계획도 해보고, 그 계획이 얼마나 형편없는 것인지 깨달으며 발전합니다. 그런데 부모는 그 실패마저도 용납을 못하고 계속 '조언'을 합니다. 아이 입장에서는 요청한 적 없는 조언이니 그저 듣기 싫은 '잔소리'가 되는 것이고요. 이때는 "영어 지문 완벽하게 외웠어? 시험 성적 잘 나올 것 같아?"라고 말하기보다 "이번 주 계획은 잘 지켰니? 계획 지키는 데 어려운 점은 없었어? 도움이 필요하면 언제든 말해." 정도로 아이의 실행 기능을 포인트로 두고, 도와주는 것이 훨씬 효과적입니다.

고등학교 시기

고등학생이 되면 부모의 역할은 0~10%로 줄어야 합니다. 이 시기에 부모는 오로지 '지지자'가 되어야 합니다. 아이가 좌절할 때 어깨를 내어줄 '안전 기지' 역할부터 아이가 학원이나 과외 등 원하는 계획이 있을 때 도와줄 경제적 서포터 역할까지. 학습에 있어 부모는 그림자처럼 아이를 돕는 지지자가 되는 것입니다. 대학과 전공, 자신의 진로 설정에 있어서도 부모의 의견보다는 아이의 의견을 지지해주어야 합니다. 부모 입장에서는 염려가 되어도 아이의 인생의 중요한 선택인 만큼 스스로 결정해보고, 그 결정을 자신이 책임지도록 지켜봐주어야 합니다.

특히 산만한 아이들은 실행 기능이 약하기 때문에 더 많이 실수할 것입니다. 이 아이들에게 중요한 것은 잦은 실수에도 또 한 번 도전하는 끈기입니다. 이 아이들에게 회복탄력성은 매우 중요합니다. 부모는 아이의 회복탄력성을 길러주기 위해 더욱 아이를 믿어야 합니다.

아이의 발달 속도는 모두 다르기에 학습 통제권을 넘기는 시기를 아는 일은 매우 중요합니다. 그 시기를 현명하게 판단하고 기꺼이 한 발짝 물러날 수 있는 부모가 되기 위해서는 아이를 잘 '관찰'해야 합니다. 마치 꽃 한 송이, 나무 한 그루를 키우듯 말이죠. 식물이 잘 자라기 위해서는 적정량의 햇빛, 건강한 토양, 때에 맞춰 주는 물이 필요합니다. 우리는 그 꽃, 그 나무의 모양까지 만들어 낼 수는 없습니다.

그저 열심히 바라보고 관찰하여 햇빛이 모자라면 좀더 따뜻한 곳으로 화분을 옮겨주고, 오랫동안 비가 내리지 않으면 물을 충분히 주는 것뿐입니다. 이처럼 부모는 아이가 갖고 태어난 것들이 잘 발현되도록 따뜻한 환경이 되어주고, 점점 스스로 자라날 수 있도록 지켜봐주어야 합니다. 우리의 목표는 그 적당한 거리의 위치를 찾아가는 것입니다.

시기	부모의 통제권	아이의 통제권
초등 저학년	89~90% 공부량, 난이도, 과목 정하기	10~20% 순서 정하기
초등 고학년	50~60% 조언자 역할: 과제 선정, 목표 정하기, 보상 정하기 부모의 뜻이 아직 중요한 시기	40~50% 계획 세우기, 보상 제안하기
중학교	30% 조력자 역할: 아이의 뜻 존중하는 시기 장기적 목표, 방향성 정하기	70% 계획, 순서, 보상 정하기 실패하고 다시 도전하고 스스로 경험해 보는 시기
고등학교	0~10% 지지자 역할: 안전 기지, 서포터 아이의 선택 존중하는 시기	90~100% 진로를 설정하고 자신만의 크고작은 계획을 실행하고 성취해 나가는 시기

아이의 작은 사회, 부모라는 환경

 우리는 공부와는 거리가 멀어 보이는 아이의 모습을 보면 괜시리 불안해집니다. ADHD가 있는 아이는 ADHD가 있다는 이유로, 지능 점수가 낮은 아이는 지능이 낮다는 이유로 우리는 아이의 바꿀 수 없는 것들을 바라보며 마음만 바빠집니다.
 이런 부모의 시선은 눈빛, 말투, 잦은 한숨으로 아이에게 고스란히 전해집니다. 비언어적 표현일 뿐이지만, 온몸으로 아이에게 말하고 있는 것이죠. 부모의 그 기준은 저마다 다르겠지만, "너는 그 기준에 늘 못 미치는 아이야."라고 아이에게 표현하는 것입니다. 이런 부정적인 피드백을 받은 산만한 아이들은 잘하고 싶은 마음이 있어도 '게을러서 그렇다'는 시선과 평가에 익숙해져 갑니다. 가장 가까운 부모로부터 받은 평가는 아이 내면의 목소리가 되어 자기 스스로를 가둡니다. '난 어차피 해도 안 돼'.

우리가 바꿀 수 있는 것, 환경

문제를 마주할 때 현명한 부모는 통제할 수 있는 것과 없는 것을 구분합니다. 아이의 ADHD를 갑자기 없던 것으로 만들 수는 없습니다. 아이의 산만한 기질을 차분한 기질로 바꾸지도 못하지요. 낮은 지능 점수를 갑자기 상위 1% 지능으로 탈바꿈할 수도 없습니다.

우리가 주목해야 하는 것은 '통제할 수 있는 것들'입니다. 바로 환경입니다. 환경이라고 하면, 대부분 좋은 학원이 있는 학군지, 든든한 경제적 기반 등을 생각할지도 모릅니다. 부모로서 더 경제적으로 지원해주지 못해서, 학군지로 이사가지 못해서 우리 아이가 공부를 못하는 것이 아닌가 미안해하시기도 합니다.

하지만 이보다 더 중요한 두 가지 환경이 있습니다. 이는 우리가 적극적으로 바꿀 수 있습니다. 바로 가정의 '문화'와 '가치관'이라는 환경입니다. 저는 사춘기 아이들의 학부모님들을 뵐 때면, 아이들의 거울을 보는 듯이 자녀와 부모가 말투부터 가치관까지 많이 닮아 있음을 느낍니다. 예민한 아이들의 부모는 걱정이 많았고, 유연한 아이들의 부모는 호탕한 성격이셨습니다. 완벽주의 성향이 강한 아이들의 부모님은 자녀 교육에 대해 작은 것까지 다 알고 싶어하셨지요. 이처럼 아이들은 부모의 말투와 생각, 세상을 바라보는 가치관까지 닮습니다. 가족은 하나의 작은 사회이니까요. 가족이라는 울타리 안에서 각 구성원들은 상호작용하며 하나의 문화를 만들어 갑니다. 이 가족문화는 아이의 학습 습관이나 공부에 대한 가치관 등에도 영향을 미칩니다.

우리 가족의 학습 문화 점검하기

"세희야, 엄마가 공부하는 거 봐줄 테니까 거실 식탁에 앉아서 오늘 할 일 해." 친구와 신나게 온라인으로 수다를 떨고 있던 세희에게 엄마는 갑자기 거실로 나와 숙제를 하라고 합니다. 그러고는 엄마는 집안일을 시작하지요. 갑자기 학원에서 돌아온 동생이 TV를 켭니다. 재밌는 만화를 보며 낄낄거리며 웃기 시작합니다. 세희는 갑자기 공부하라고 부른 엄마 때문에 공부할 마음이 싹 사라졌습니다. 공부를 하려고 해도, 부엌과 세탁실을 오고가는 엄마와 동생이 켠 TV 소리로 좀처럼 집중할 수가 없습니다. 모든 가정이 세희 가족의 모습같지는 않겠지요. 하지만 모든 가족 구성원이 조성하는 아이의 공부 환경을 점검해볼 필요가 있습니다.

일단, 학습 공간입니다. 학습 공간은 아이들의 성향에 따라 다를 수 있습니다. 대표적으로 나누자면, 거실과 공부방, 둘 중 어느 곳에서 집중이 더 잘되는지일 거예요. 거실 학습에는 전제 조건이 있습니다. 거실에 있는 가족 구성원 모두가 집중하여 책상에 함께 앉아 책을 읽든, 글을 쓰든 학습과 관련한 행위를 해야 합니다. 산만한 아이들은 거실에서 공부할 때, 누군가 스윽 지나가거나, 대화를 하면 쉽게 주의력을 뺏깁니다. 이보다 더 심각한 것은 가족들이 거실에서 각자의 자유 시간을 즐기는 것입니다. 아이는 공부를 하라고 해놓고는, 엄마는 동생과 함께 책을 읽고, 아빠는 TV를 봅니다. 주의력이 약한 아이들은 쉽게 주의력을 빼앗기지요.

가족 구성원 모두 책상에 함께 앉아 집중할 수 있는 환경을 만들어 줄 수 있는 것이 아니라면, 공간을 분리하여 공부방에서 학습하도록 환경을 세팅을 해주어야 합니다. 세모의 경우, 동생이 어느 정도 같이 책상에 앉아 책을 보거나 조용히 색칠 공부를 할 수 있을 때까지는 공부방에서 학습을 해왔습니다. 동생이 만 4세 정도가 되어서야 함께 거실 공부를 시작했습니다. 이처럼 가족마다 성향도 구성원도 모두 다르기 때문에 우리 아이가 주어진 상황을 고려한 후 어느 곳에서 더 집중할 수 있는지를 생각해봐야 합니다.

다음으로, 디지털 기기 사용 문화입니다. 스마트폰, 게임, 컴퓨터 등 디지털 기기 사용은 학습할 때 아주 자극적인 도파민을 분비시켜 시간 가는 줄 모르게 빠져들게 만듭니다. 아이는 점점 주의력을 긴 시간 유지하기 어렵습니다. 또 스마트폰이나 게임을 하다가 멈추면 자극적인 도파민이 순식간에 사라지고 그만큼 기분도 갑자기 확 안 좋아지고요.

반면, 지겨워도 참고 꾸준하게 학습을 완료하는 성취감은 잔잔하고 건강한 도파민입니다. 또한, 즐거운 활동에서 지겨운 활동으로 전환하는 데 필요한 전환주의력마저 약한 아이들은 학습을 할 때 반드시 스마트폰이나 게임을 부모님께 맡기도록 해주셔야 합니다. 요즘 유행하는 '스마트폰 감옥' 기기 같은 것을 이용하여 디지털 기기를 잠가두는 것도 한 방법입니다.

여기서 유의할 점이 있습니다. 바로 우리 가족의 디지털 기기 사용 문화입니다. 부모 역시 스마트폰을 중독 수준으로 사용하거나 게임을 하는 데 저녁 시간을 할애하고 있다면 습관을 바꾸어야 합니다. 아이는 초등 고학년으로 올라갈수록 부모가 스마트폰을 사용하는 모습을 보며 유혹을 느낄 수밖에 없습니다. 주의력이 약한 아이들은 특히 공부를 하면서도 주변을 자꾸 살핍니다. 그때 부모가 게임을 하거나 스마트폰만 자꾸 쳐다보고 있다면, 아이는 당연히 집중하기 어려울 것입니다. 부모 역시 책을 읽거나 바디 더블링을 하는 것이 아이의 집중 시간을 늘려줄 수 있습니다.

물론, 단번에 되지는 않지요. 부모도 부모의 일상이 있고, 가족 구성원은 집집마다 다르기 때문입니다. 한 사회의 문화는 시간에 걸쳐 구성원이 상호작용하면서 자리잡습니다. 가족 문화도 그렇습니다. 긴 시간에 걸쳐 자리잡아갈 거예요. 어느 날은 아이의 형제자매가 협조를 안 해줄 때도 있고, 어느 날엔 조부모님이 잘 만들어 놓은 학습 분위기를 흐트러놓으실 때도 있을 겁니다. 하지만 괜찮습니다. 긴 호흡으로 만들어 간다고 생각하고, 매일 조금씩 노력하시면 됩니다.

또 다른 환경,
부모가 세상을 바라보는 시선

"선생님, 찬우가 이번에는 50점을 받았어요. 이렇게 공부를 못하는데… 대학은 갈 수 있을까요?"

찬우는 반에서 꼴찌에 가까운 등수의 아이였습니다. 기초가 많이 부족해 성적이 쉽게 오르지 않은 중학교 2학년 학생이었습니다. 수업 중에도 제가 하는 설명을 다 이해하지 못해 버거워하는 모습도 자주 보였습니다. 그렇다고 찬우가 게으른 학생은 아니었습니다. 2학년 1학기 중간고사 성적을 만회하기 위해 매일 아침 시간, 쉬는 시간, 점심 시간에도 기말고사 공부를 하던 아이였습니다. 저는 찬우의 노력에 정말 깊은 감명을 받았습니다. 이렇게 열심히 한 경험은 찬우에게 성적 상승으로 이어지지 않더라도 어떤 상황에서든 빛을 발할 것이기 때문이죠.

찬우의 기말고사 성적은 결과적으로 20점이나 올랐습니다. 하지만 부모님께서는 여전히 같은 걱정을 하셨습니다. "오르긴 했지만 그래도 너무 낮은 점수라…. 이렇게 성적이 낮으면 고등학교 가서는 어떻게 하나요? 대학 가기 힘들 텐데…." 아마 어머님은 찬우가 어떤 점수가 나와도 만족하지 못했을 것입니다. 찬우가 스스로 해내기 위해 매일 노력한 그 과정보다 자신이 세워둔 기준에 도달했는지를 중요시 여기니까요.

부모가 어떤 마음의 눈으로 세상을 바라보는지, 그 가치관은 아이에게 가장 중요한 '환경'입니다. 한국 사회에서 부모들이 갖고 있는 가치관은 대부분 '대학'이 아이의 안정적인 삶을 보장해줄 것이라는 믿음에서 옵니다. 좋은 대학을 나오면 평생 직장과 결혼 등 순탄한 삶을 살아갈 것이라고 생각하기 때문이지요. 이런 가치관은 아이가 공부를 못할 때 우리 자신을 굉장히 불안하게 만듭니다. 부모 자신의 가치관에 문제가 있다고 생각하지 못한 채 끊임없이 아이에게 내면의 목소리를 심어주고 있죠. "공부를 못하면 넌 평생 힘들게 살 거야."

아이들이 살아갈 미래는 앞서 말했듯 우리가 알던 그 성공 공식과 많이 다를 것입니다. 그렇기 때문에 우리는 세상을 바라보는 눈을 바꿔야 합니다. 우리가 틀릴 수 있다는 것을 인정해야 합니다. 아이들에게 중요한 것은 결과보다 과정, 단 한 번의 성공이 아닌 수많은 실패에도 도전을 두려워하지 않는 회복탄력성입니다.

"평균보다 낮은 점수여도 괜찮아. 네가 열심히 했으니까. 다음을 위해 무엇을 어떻게 해야 할까?", "다른 친구들이랑 비교할 필요 없어. 네가 얼마나 더 노력했고, 얼마나 더 성장했는지가 중요한 거야.", "넌 게으른 사람이 아니야. 단지 다양한 데 관심이 많을 뿐이지.", "넌 도전하는 사람이야. 실수해도 또 해보려고 하잖아. 이런 태도라면 어떤 일이든 할 수 있어. 넌 무엇이든 하고 싶은 것을 다 할 수 있어." 이런 말들을 해주어야 해요. 아이의 미래에 필요한 것은 '나는 해봤자인 데'라는 마음이 아닌, '난 꾸준히 성장하는 사람이야'라는 마음이니까요. 부모의 말은 아이의 잠재의식 속에 깊이 자리합니다.

빠르게 변하는 불확실한 미래를 살아갈 아이들이 그저 건강한 마음으로 성장하길 바랍니다. 자신이 갖고 태어난 반짝이는 그 모습을 갈고닦아 단단히 기능할 수 있는 사회인으로 성장하길 소망합니다. 부디 세상을 바라보는 건강한 마음을 물려주세요.

사람을 사람답게 키우는 일

2024년 5월 발표된 〈2024 아동행복지수〉 결과, 우리나라 아동·청소년의 행복지수가 총점 100점 만점에 45.3점으로 나왔다고 합니다. OECD의 아동 행복지수에서도 우리나라는 OECD 22개국 중 꼴찌를 기록했습니다. 2024년 5월 〈경향신문〉의 '위태롭고 슬픈 통계… 우리 아이들은 행복하지 않다'라는 제목의 기사에서는 이 아동 행복지수를 언급하며, 아동·청소년 열 명 중 두 명(23.3%)은 평일 저녁 '혼밥'을 먹는다는 내용을 다루었습니다.

실제로 교실에서 아이들에게 물어보면, 하교 후 학원 두세 개를 돌고 나서야 저녁 8시쯤 귀가합니다. 그제야 부모님이 차려주는 밥을 혼자 먹습니다. 또한, 응답자 열 명 중 여섯 명(60.8%)은 여가 시간에 집에서 혼자 스마트폰을 본다고 합니다. 혼자 스마트폰을 보는 이유로 '친구들과 놀기보다 혼자 노는 게 더 재밌어서'(27.7%), '딱히 갈 곳이 없어서'(25.1%) 등을 꼽았습니다.

저는 중학교에 근무하며 매년 우울증을 앓는 학생을 만납니다. 이유는 다양합니다. 우울증은 마음의 감기라고 하죠. 그런데 청소년기에 겪는 마음의 감기는 시간이 지나면 낫기보다 아주 독합니다. 게다가 그 상흔은 성인까지 가기도 합니다. 이 아이들을 보며 우리는 왜 이렇게 아이들의 정신건강에 무심했을까 깊은 고민에 빠지곤 합니다.

저와 세모가 캐나다에서 지낸 지 반 년이 지나고 있습니다. 어느 날, 초등학교 6학년인 캐나다인 이웃 아이에게 질문을 한 적이 있습니다.

"너는 학교 끝나면 뭐 하니?"

"음… 게임 개발 동아리에 들어갈 계획이라 거기서 좀 시간 보내려고요. 그리고 탭 댄스 수업을 듣거나 집에서 그림 그리면서 쉬어요."

　캐나다에서 학교를 다니고 있는 제 아이들 세모와 네모의 가방에는 책이 없습니다. 학원 가방을 따로 챙길 일도 없어졌습니다. 세모의 가방엔 늘 도시락과 1리터 짜리 물병, 그리고 두 번의 휴식 시간 recess 시간에 가지고 놀 야구 글러브와 야구공이 다입니다. 학교 공부는 학교에서 모두 마치고, 가벼운 마음으로 집으로 돌아오는 일상을 보냅니다. 3시 30분, 아이들이 집에 오면 함께 저녁 메뉴를 준비하고, 아이들은 각자 휴식을 취합니다. 세모는 저녁을 먹고 한 시간 가량 한국에서 가져온 문제집들을 풀고 잠자리에 들 준비를 합니다 저녁 9시면 아이들의 하루는 마무리가 됩니다.

　한국에서는 굉장히 어려웠던 일상의 모습입니다. 엄마, 아빠의 퇴근 시간에 맞춰 집으로 와야 하는 세모는 학교가 끝나면 학원 차를 타고 학원 두 개를 돌아야 했습니다. 그렇게 집에 와서 아이들은 저와 함께 저녁을 먼저 해결합니다. 그러고 나면 퇴근한 아빠의 저녁 식사가 이어지죠. 세모는 해야 할 공부들을 저녁 8시에 시작합니다. 이후, 아빠와 밀린 대화도 하고 놀다 보니 저녁 10~11시가 훌쩍 지나 있죠. 그제야 잠자리 준비를 했습니다.

'지금, 여기'에서 행복한 아이로 자라길 바라며

　캐나다에서 지내면서 깨달은 게 있습니다. 그동안 한국 사회에서 부모로 또 교사로 살아가며, 아이들에게 '지금, 여기'에서 행복감을 느끼는 법을 가르쳐주지 못한 것입니다.

"학원을 왜 이렇게 늦게 갔어?", "이렇게 공부하면 다른 애들한테 뒤처질 수도 있어.", "너는 수학 점수 30점 이렇게 나와도 괜찮아?", "공부 열심히 하면 편하게 살 수 있어."

제 아이들과 제자들과 나누었던 대화들을 돌아봅니다. 바쁜 일상에서 우리가 나눴던 대화 안에는 '지금, 여기'에 대한 이야기는 없습니다. '왜 그렇게 했냐'는 과거에 대한 후회, '이렇게 하면 나중에 어떻게 하려고 그래?' 미래에 대한 불안만이 담겨 있지요.

학원이 없는 삶을 살아보는 세모는 미래에 대한 걱정이 없습니다. 그냥 오늘이 즐거운 아이입니다. 학교가 끝나면 학교 앞 운동장에서 놀면서 '몇 시에 어디 학원 가야 하지?' 하며 다음 할 일을 생각할 필요가 없습니다. 그저 순간에 집중합니다. 또한, 수면 시간이 길어지면서 ADHD 증상이 완화되었습니다. 평소에 힘들게 학습을 하던 아이는 7시가 되면 해야 할 숙제에 집중합니다. 약효가 떨어진 시간에도 징징대지 않고, 해야 할 일을 하려고 노력합니다. 세모는 요즘 등교 전에 수학 과제 하나를 미리 끝내놓습니다. 푹 자고 난 아침에 집중이 제일 잘 된다고 합니다. 곧 한국으로 돌아가겠지만, 저는 한국에서도 이런 환경을 보장해주기 위해 노력할 것입니다. 앞으로도 아이가 '지금, 여기'에서 행복할 수 있도록 말이죠.

우리는 이제 아이의 일상들을 돌아봐야 합니다. 불확실한 아이의 미래를 설계하면서 우리는 정작 아이가 마음 건강히 지내고 있는지는 간과하고 있습니다. 우리 마음에 깊게 새겨야 하는 것은 이것입니다. "우리 아이는 사람이다."

아이는 사람입니다. 기계가 아닙니다. 사람은 날씨에 따라 기분이 저조해질 수도 있고, 주변 사람의 옅은 미소에도 기분이 좌지우지 되는 그런 존재입니다. 우리나라는 빠르게 발전해온 만큼 물질적인 성장을 추구해왔습니다. 그만큼 우리는 사람답게 살아가는 것을 잊은 것이지요. 성적이 중요한 학교 시스템에서도 아이들에게 '지금, 여기에서 행복한 법'을 가르치기 어렵습니다. 어느 때보다 가정에서의 역할이 중요해졌습니다.

사람을 사람답게 키우는 일, 우리 스스로에게 이런 질문을 던져보아야 합니다.

- 우리는 오늘 얼마나 아이와 눈을 맞췄나?
- 아이는 오늘 얼만큼 시원하게 웃었나?
- 우리 가족은 오늘 서로를 진하게 안아주었나?
- 오늘 우리는 햇빛을 얼마나 쬐었나?
- 오늘 아이는 얼마나 운동을 했나?
- 아이는 오늘 충분한 물을 마시고 숙면을 취했나?

세상에 초대받은 귀한 손님. 아이들은 행복할 권리가 있고, 우리는 그 행복을 보장해줄 의무가 있습니다. 아이들의 공부는 단 한 번의 공부가 아닌, 평생 공부입니다. 사람은 꿈을 꾸지만, 기계는 꿈꾸지 않습니다. 아이를 사람으로 대할 때, 아이는 비로소 꿈을 꿀 수 있습니다. 꿈을 꾸는 아이들은 계획을 하고, 끈기있게 나아갑니다. 아이들에게 '지금, 여기에서 행복한 법'을 가르쳐주세요. 눈을 맞추지 못한 날엔 핸드폰을 잠시 내려두고 아이를 안아주세요. 많이 혼이 나서 우울한 날에는 농담을 건네보세요. 아이와 잠자기 전 대화를 못한 날에는 조용히 손을 잡고 감사의 말을 전하세요.

"오늘도 건강히 잘 보내주어서 고마워."

부록

산만한 아이와의 집공부 5년 노하우

Q. 뭐든 지루하게 느껴서 안 하려고 해요.

A. 산만한 아이들은 자신이 관심이 있거나 확 흥미를 끄는 일이 아니면 동기부여가 잘 되지 않습니다. "이걸 해야 네가 원하는 꿈을 이룰 수 있어. 오늘 열심히 하는 게 나중에 너한테 도움이 돼."라고 설득을 해보지만, 실행 기능이 약한 아이들은 미래를 생각하며 목표를 정하고 계획 세우는 일을 어려워합니다. 세모를 포함해, 중학교에서 학습 부진 수업을 하며 느낀 것이 있습니다. 산만한 아이들이 가장 힘들어하는 과제가 바로 3R's(읽기^{Reading}, 쓰기^{Writing}, 셈하기^{Arithmetic})였습니다. 소리 내어 읽어야 한다고 해도 지루해하며 이상하게 읽거나, 쓰기 싫어서 마구 휘갈겨 쓰고, 같은 유형의 연산 문제를 반복적으로 푸는 것도 굉장히 힘들어합니다.

하지만 지루한 과제도 아래와 같은 방식으로 하면 아이들은 해낼 수 있습니다. 방법을 조금만 바꿔도 아이들에게 할 마음을 생기게 할 수 있어요. 제가 영어 수업 시간에 아이들과 재밌게 읽고, 쓰고, 했던 경험과 세모의 연산 권태기를 이겨냈던 방법들을 소개합니다.

첫째, 읽기는 지루하다? 하지만 함께 하면 재밌다!

- 엄마, 아빠랑 번갈아가며 읽기: 엄마 한 줄, 나 한 줄, 또는 엄마 한 쪽, 나 한

쪽 주고받으며 읽어보세요. 엄마가 실수하는지 잘 지켜보라고 하면 아이도 재미있어 합니다.

- 성우 놀이: 한 문장을 읽을 때 특정 감정으로 읽게 해보세요. 화를 내듯이, 로봇처럼, 웃음을 참는 등 연기하듯 읽으면 아이가 더 재미있어 합니다.
- 오디오북 놀이: 아이와 함께 번갈아가며 읽기를 녹음하여 오디오북을 만들어 보세요. 그다음 날엔 함께 만든 오디오북을 같이 들으면서 책 읽기를 대신하는 것도 좋습니다.
- 단어 찾기 놀이: 시간을 맞춰놓고, 특정 주제와 관련된 단어들을 책에서 찾아 적어보세요. 동물이 주인공인 책에서는 '동물 이름 찾기'가 될 수도 있고, 학교와 관련된 이야기에서는 '학교와 관련된 단어 찾기'를 해도 좋습니다. 결국 찾기 위해 읽을 수밖에 없겠죠?

둘째, 쓰기는 힘들다? 하지만 상상하면 재밌다!

- 컨셉 글쓰기: 주어진 짧은 이야기를 분위기를 바꿔서 다시 쓰게 합니다. '더러운 이야기'로 바꾸기, '웃긴 이야기'로 바꾸기는 아이들이 가장 재미있어 합니다. 결말을 다시 쓰게 해도 좋습니다. 아이들이 신나게 이야기를 지어 내니까요.
- 번갈아 글쓰기: 엄마나 아빠와 한 문장씩 글을 써서 이야기를 만들어 봅니다. 이 글쓰기 방법의 묘미는 다음 사람이 어떤 이야기를 쓸지 모른다는 것이지요. 예를 들어, 첫 문장을 아이가 '옛날 옛적에 아홉 살 짜리 아이가 숲속에 살았습니다'라고 썼다면, 엄마가 다음 문장을 이어 씁니다. '아홉 살 짜

리 아이는 숲에서 늑대와 함께 살았습니다' 이 다음부터는 상상의 나래를 펼치며 아이가 이야기를 만들어 가겠죠? 그리고 완성된 이야기를 함께 읽어보면서 즐겁게 글쓰기 시간을 마무리 해보세요.
- 랜덤 주제 글쓰기: 재미있는 글쓰기 주제들을 쪽지에 써서 통에 넣습니다. 아이와 일주일에 한 번 정도 글쓰기를 합니다. 주제는 아이가 직접 뽑게 해보세요. 무엇이 나올지 모르기 때문에 재미를 더할 수 있습니다.

셋째, 연산은 괴로운 일? 하지만 이기는 건 재밌다!
- 오늘은 내가 선생님: 가끔은 아이에게 엄마, 아빠가 푼 문제를 채점하게 해보세요. 해답지를 보고 채점하지 않고, 직접 풀어보고 채점하면 더 좋습니다. 일부러 틀려주는 것도 좋아요. 아이는 채점하고 정답을 알려주면서 뿌듯함을 느끼기도 합니다.
- 주사위 놀이: 한창 연산을 시작하고 연습하던 시기, 아침을 먹으면서 세모와 주사위 두 개를 던져서 나온 숫자들로 더하기, 빼기, 곱셈 연습을 했었습니다. 놀이 식으로 가볍게 접근하는 것도 아이들에게 연산에 대한 거부감을 줄여줍니다.
- '누가 더 빠를까' 경쟁하기: 스톱워치를 켜고 아이와 함께 같은 문제를 풀어보세요. 아이와 엄마, 아빠가 각각 얼만큼 걸리는지 시간을 재보며 경쟁하는 것입니다. 처음엔 아이에게 자신감을 주기 위해 많이 져주는 것도 좋습니다. 경쟁심이 강한 아이들에게는 더 흥미를 느끼게 해줄 수 있는 방법입니다.

Q. 이게 뭐가 어렵다고 그럴까요?

A. 우리는 아이에게 분명 적절하다고 생각한 학습량과 학습 난이도를 정했는데, 아이는 너무 많다고, 너무 어렵다고 양을 줄여달라고 조릅니다.

"공부를 많이 하는 것도 아니에요. 고작 한두 시간 하고 다시 딴짓하고."

"다른 애들은 이미 중학교 때 고등학교 과정도 해둔다던데, 어려운 거 시키는 것도 아닌데 힘들어해요."

만약 아이의 학습을 바라보며 이런 생각이 든다면, 부모님께서는 생각을 바꾸셔야 합니다. 바로 이런 생각이 아이의 공부 정서를 망가뜨리기 때문입니다. '많다', '적다', '어렵다', '쉽다'라는 단어의 특징을 아시나요? 바로 '상대적'이라는 겁니다. 절대적으로 '옳다', '틀리다'와는 다른 개념이지요. 누군가에게는 양이 많을 수도, 적을 수도 있고, 누군가에게는 어려울 수도, 쉬울 수도 있는 것이니까요.

우리는 다섯 살 아이에게 두 시간의 학습 시간을 기대하지 않습니다. 상식적으로 부모들이 공유하는 그 나이대의 발달 정도에 따른 '기대치'가 있기 때문입니다. 그런데 어느 순간 그 기대치는 부모마다 달라지기 시작합니다. 특히 아이에 대한 불안감이 높아지면 이상하게도 기준치가 더 높아져요.

"초3이면 이 정도는 해야지."

"이제 중학생인데 아직도 스스로 못해."

우리는 아이에게 이런 말로 또래만큼, 평균만큼은 하라는 압박을 하곤 합니다. 하지만 아이의 뇌는 모두 다릅니다. 발달 속도는 더욱 다르고요. 따라서, 나이대에 따른 '이 정도'라는 기준은 없습니다. 같은 학년의 옆집 영철이가 매일 수학 세 장을 풀 수 있다고 해서 내 아이가 매일 수학 세 장을 풀 수 있는 것은 아닙니다. 마음 깊숙이 그 사실을 알면서도 불안감에 아이를 내 기대치만큼 해내게 하려는 욕심이 생깁니다. 그 마음을 인지하는 것이 우선입니다. 그렇다면 학습량과 난이도는 어떻게 맞춰야 할까요?

1. 이 정도 양은 해야 한다고 생각했는데 거부하는 상황

- 처음에는 약간의 '부추김'이 도움이 됩니다. 아이가 쉽게 과제를 해낼 수 있도록 도와주세요. '도와주면 너도 다 끝낼 수 있다'고 약간 부추겨주세요.

- 매일 1~2주 정도 도와주고 난 후, "이젠 혼자 해볼게."라는 말을 하게 되면 아이는 그 학습량과 난이도가 맞는 것입니다.

- 만약 2주가 넘어가도 아이가 힘들어하고 거부한다면, 양을 줄여야 합니다.

- 세 장이 많으면, 두 장 반. 두 장 반이 많으면 두 장. 한 쪽도 많다고 하면 한두 문제까지 줄입니다. 억지로 많은 양을 하다 중도에 멈추는 것보다 조금씩 매일 완료하는 경험이 더 중요합니다.

2. 힘들어해도 아이의 학년에 맞춘 문제를 풀어야 하지 않나요?

- 국어, 영어, 수학은 학년 별로 난이도가 있는 과목들입니다. 특히 수학은 앞의 교육과정을 충분히 소화하지 않은 채로 다음 학년 내용을 학습하긴 매우 어렵지요.

- 조급할수록 돌아가세요. 초3 아이가 초1 과정을 한다고 해도 괜찮습니다. 아이에게 적절한 난이도로 '해볼만 하다'라는 자신감을 주는 것이 더 중요합니다.

- 80% 정도의 정답률이라면, 그 문제집은 아이에게 성취감을 주는 문제집입니다. 정답률을 보고 우리 아이에게 맞는 난이도인지 판단하세요.

Q. 학원 VS 집공부, 뭐가 나을까요?

A. 엄마표 공부를 하는 엄마들의 이야기를 듣다 보면, '나도 저렇게 해줘야 할 텐데… 내가 집에서 봐주지 못해서 아이가 계속 학습이 안 되는 걸까?' 하는 걱정을 많이 합니다. 그래서 호기롭게 엄마표 영어, 수학, 국어 등 인터넷의 자료를 모아 공부를 시키지요. 그런데 아이가 잘 따라와주지 않으면 화가 납니다.

이런 어려움 때문에 학원을 보내기로 했지만, 선생님 한 분이 여러 명을 이끌어가는 대집단 수업에서 아이가 집중을 잘 할 수 있을지, 학원비랑 시간만 날리는 건 아닌지 고민이 됩니다. 다른 아이들은 학원이며 집공부며 잘 따라가는데, 우리 아이는 왜 이렇게 집중이 어려운지 한숨만 나옵니다.

저는 ADHD 아이 세모와 취학 전부터 집공부를 하고 방문 학습지를 시작했습니다. 하루에 국어, 영어, 수학, 독서를 루틴으로 만들어 함께 공부했고, 초1부터 사고력 수학만 학원을 보냈습니다. 집공부와 학원을 보내면서 느낀 점이 있습니다. 학원과 집공부, 무엇을 선택해야 하는가에 대한 문제는 정답이 없다는 것을요. 아이의 성향과 부모의 여러 상황을 고려하여 결정해야 합니다.

우리 아이와 '나'에게 학원이 나을지, 집공부가 나을지 고민된다면 아래 질문들에 답해보세요.

번호	질문	예	아니오
1	아이는 또래와 함께 경쟁하는 환경에서 더 동기부여를 받는다.		
2	특정 과목에서 부모가 지도하기 어려운 수준의 학습이 필요하다.		
3	아이가 스스로 과제를 계획하고 실천하기 어렵다.		
4	부모가 체계적으로 학습계획을 짜기 어렵다.		
5	부모가 아이의 학습 습관을 잡아주기에 시간적 여유가 부족하다.		
6	아이는 학원 선생님이나 친구들의 피드백을 긍정적으로 받아들인다.		

7	아이가 대집단에서 규칙을 잘 따르는 편이다.		
8	학원에 보낸다면, 아이의 성적보다 사회적 경험을 더 중점으로 두고 싶다.		
9	학원을 보내도 돈을 낸 만큼 아이의 성적이 잘 나오지 않아도 괜찮다.		
10	아이가 부모보다 또래와 선생님의 말을 더 신뢰한다.		
11	학원비가 가계에 경제적으로 부담스럽지 않다.		
12	학원에서 맞춤형 학습(각자의 진도로 진행, 보충수업 가능)을 해준다.		
13	아이에게 가르칠 때 칭찬보다 화를 더 내게 된다.		
14	아이가 약간의 긴장감이 있을 때 더 잘 해낸다.		
15	아이가 부모와 공부하기보다 학원을 다니고 싶어 한다.		

위 질문 중, '예'가 더 많으면 '학원'을 보내시는 것을 추천드립니다.

마지막으로 당부드리고 싶은 것은 학원을 보내든, 집공부를 하든, 이 결정은 언제든 바꿀 수 있다고 편하게 생각하는 것입니다. 아이는 자라면서 자신이 어떤 환경에서 더 공부를 잘 해낼 수 있는지, 어떤 선생님과 잘 맞는지 끊임없이 시험해보고 찾아가는 과정이 필요합니다. 따라서, 한 번 결정하면 절대 바꾸지 못할 것이라고 생각하기보다 아이가 자신의 학습 스타일을 찾아가는 과정이라고 유연하게 생각하세요.

Q. 영어단어와 문장을 잘 기억하는 암기 루틴이 있을까요?

A. 중학교 영어단어 시험에서 정답률이 10~50% 정도이거나, 백지를 내는 아이들은 영어 기초가 부족한 아이들입니다. 영어라는 언어를 자주 듣고, 소리와 글자를 매칭해본 경험이 부족한 아이들이지요. 이를 예방하기 위해서는 초등학교 때부터 영어 리더스북(읽기를 위한 원서)을 듣고, 따라 읽는 연습을 해주는 게 좋습니다. 적어도 초등학교 3학년 때부터는 시작해주세요. 중학생이라도 부끄러워하지 않고 아이 수준에 맞는 원서를 찾아 읽기 연습을 할 수 있게 도와주세요.

제가 소개하는 암기 루틴법은 영어를 읽을 수도 있고, 해석도 적당히 잘 해내지만 단어 시험을 보거나 서술형 수행평가 정답률이 50~80% 정도 되는 아이들에게 적합합니다. 늘 20% 부족하게 외우는 아이들입니다. 이 친구들은 어느 정도 영어 기초 실력이 있지만, 암기법을 몰라서 높은 점수를 받지 못하는 경우가 많습니다.

아래는 제가 중학교 아이들에게 알려주는 영어단어와 문장을 외우는 법입니다. 요즘 아이들은 암기력이 별로 좋지 않습니다. 디지털 기기 의존으로 더욱 암기력이 떨어진 것이지요.

영어단어 암기 루틴에서 중요한 것은 두 가지입니다.

1. 시간 간격을 두고 반복해서 보기

2. 셀프 테스트하기

영어단어 암기 루틴

영어단어 20개를 일주일 동안 외운다고 해보겠습니다. 영어단어 암기용 노트나 단어장을 준비해야 합니다.

Day 1

1. 정확한 음선을 듣고 따라 말하기: 소리를 정확히 아는 것은 나중에 듣기 평가를 위해서도 필요합니다. 따라 말함으로써 우리 뇌는 소리와 글자를 매칭하여 더 잘 기억합니다.

2. 첫째 날, 10~20개 단어를 외우고 셀프 테스트하기: 처음에는 뜻을 가리고 영어단어만 보고 우리말 뜻 쓰기 셀프 테스트를 합니다. 틀린 것에 표시를 해둡니다.

3. 이후, 영어단어를 가리고 우리말 뜻만 보고 영어단어를 쓰며 셀프 테스트를 합니다. 틀린 것에 표시를 합니다.

4. 틀린 단어 리스트를 단어장 새 페이지에 적습니다.

5. 자기 전에 틀린 단어들을 셀프 테스트합니다.

Day 2

6. 아침에 틀린 단어 리스트를 보고 구두로 셀프 테스트를 합니다. 부모가 테

스트를 해주어도 좋습니다.

7. 20개 단어를 외운 후, 다시 셀프 테스트를 합니다. 똑같이 뜻을 가리고 뜻 쓰기 테스트, 영어를 가리고 영어 쓰기 테스트를 합니다. 틀린 것에 표시를 합니다.

8. 틀린 단어들을 또 단어장 새 페이지에 적습니다. 자기 전에 틀린 단어들을 셀프 테스트합니다.

Day 3

9. 아침에 틀렸던 단어들을 셀프 테스트합니다.

10. 또 20개 단어를 외운 후 다시 셀프 테스트를 합니다.(영어 → 한국어, 한국어 → 영어)

11. 틀린 단어들을 단어장 새 페이지에 적습니다.

12. 자기 전에 틀린 단어들을 셀프 테스트합니다.

Day 4 ~ 시험 날

13. 시험 당일까지 위 암기 루틴을 반복합니다.

이렇게 해도 아이가 단어 시험 정답률이 80% 이상 나오지 않는다면, 다른 아이들보다 시간을 더 투자해야 합니다. 일주일간 다 외우지 못한다면 10일을, 10일간 반복해도 잘 외우지 못한다면 14일을 준비합니다.

아이들은 저마다 갖고 태어난 지능이 다릅니다. 아이들에게 늘 하는 말입니다. 그러나 노력은 자신이 통제할 수 있는 것이죠. 만약 내가 기억력이 다른 친구들보다 안 좋다면 좌절하기보다 시간을 더 투자하고, 더 노력해야 합니다. 아이들에게 어릴 때부터 이 마인드셋을 심어주세요.

영어 문장 암기 루틴

초등 고학년부터는 학교에서 한글 문장 받아쓰기를 하듯 영어 문장도 받아쓰기를 시작하세요. 리더스북이 쉬운 단계의 문장들도 좋고, 영어 교과서의 문장들도 좋습니다. 중학교 1학년 정도의 교과서는 아주 쉬운 편이라 영어를 읽을 줄 아는 아이라면, 중학교 1학년 영어 교과서로 문장 외우고 쓰는 연습을 해도 좋습니다.

영어 문장 외우기도 단어 외우기 원리와 같습니다. 일주일에 영어 지문 하나(총 열 문장 정도)를 외운다고 해보겠습니다(기간이나 문장 개수는 아이 수준에 따라 다르게 해도 좋습니다).

영어 문장 암기용 노트를 준비합니다.

Day 1

1. 정확한 음성을 듣고 따라 말합니다. 녹음 파일이 있으면 더 좋습니다.
2. 영어 문장을 한 문장씩 쓰고, 아래에 우리말 해석을 정확히 씁니다.

Day 2

3. 열 개 문장을 외우고 구두로 셀프 테스트하기: 처음에는 뜻을 가리고, 영어 문장만 보고 우리말 해석을 말해보는 셀프 테스트를 합니다. 틀린 것에 표시를 해둡니다.

4. 이후 영어 문장을 가리고, 우리말 해석만 보며 영어 문장을 쓰는 셀프 테스트를 합니다. 처음에는 빈칸을 뚫어놓고 시험을 보는 것도 좋습니다. 틀린 것에 표시를 합니다.

5. 틀린 문장들을 새 페이지에 적습니다.

6. 자기 전에 틀린 문장들을 셀프 테스트합니다.

Day 3

7. 아침에 틀린 문장을 보고, 구두로 셀프 테스트를 합니다. 부모가 테스트 해주는 것도 좋습니다.

8. 열 개 문장을 외운 후, 셀프 테스트를 합니다. 뜻을 가리고 뜻 쓰기 테스트, 영어를 가리고 영어 쓰기 테스트를 합니다. 틀린 것에 표시를 합니다.

9. 틀린 문장들을 새 페이지에 적습니다.

10. 자기 전에 틀린 문장들을 셀프 테스트합니다.

Day 4

11. 아침에 틀린 문장을 보고, 구두로 셀프 테스트를 합니다.

12. 다시 열 개 문장을 외운 후 또 다시 셀프 테스트를 합니다.

13. 틀린 문장들을 새 페이지에 적습니다.

14. 자기 전에 틀린 문장들을 셀프 테스트합니다.

Day 5 ~ 시험 날

15. 시험 당일까지 위의 암기 루틴을 반복합니다.

　초반에는 부모가 영어 문장을 영어로 불러주고, 아이는 영어 문장과 해석을 쓰는 시험을 보는 것이 좋습니다. 그 이후 아이가 익숙해지면 한국어 뜻만 보고, 영어 문장을 영작하는 연습을 시켜주세요. 이게 바로 중학교 영어 서술형을 대비하는 연습입니다. 중학교 영어 서술형 문제들은 교과서 문장을 정확히 외우는 연습만 잘 되어 있어도 백지를 낼 일은 절대 없습니다.

　영어는 우리나라의 경우 '외국어'이기 때문에 기본은 암기에서 출발합니다. 모국어처럼 엄청난 양의 노출로 익히는 것은, 어릴 때부터 영어 원서나 듣기를 통해 가능할지 모르지만, 중학교부터는 입시 영어 즉, 시험을 위한 공부입니다. 따라서, 아이가 시험용 영어도 잘 해내기 위해서는 위의 암기 루틴을 연습하는 것이 좋습니다.

> Q. 유치원 때부터 초3까지, 세모의 학습 루틴은 어떻게 해왔을까요?

A. 세모는 초등학교 입학하기 1년 전에 ADHD 진단을 받았습니다. 세모와의 학습은 아이의 ADHD를 알기 전부터 함께해왔습니다. 산만한 아이들은 욕구를 지연하고, 행동을 조절하며, 주의력을 담당하는 '전두엽'의 발달이 느리거나 기능이 저하되어 있습니다.

하지만 학습이라는 행동을 반복하면, 전두엽은 점차 활성화되지 않고, '습관 회로'가 전두엽의 역할을 담당한다고 합니다. 행동의 자동화가 일어나는 것이죠. 결국 전두엽 기능이 약한 우리 아이들도 학습을 루틴으로 '자동화'하면, 습관의 뇌를 활용하여 학습을 해낼 수 있습니다.

ADHD 아이 세모와 5세부터 초3까지 매일 반복해온 5년 간의 학습 루틴을 공유합니다. 참고로, 이 루틴은 모든 아이들에게 적용되지 않습니다. 산만한 아이들의 성향은 단 하나의 특성으로 정의되지 않을 만큼 성향이 다양하기 때문입니다. 또한 아이의 흥미, 발달 속도, 형제자매 유무, 부모의 성향 등 아이가 놓여 있는 상황 역시 제각각이기에 '아 이렇게 난이도와 양을 늘려왔구나', '이런 것도 챙겨주면 좋겠네' 하는 정도로만 참고해주세요.

〈만 5세〉 학습과 보상의 연결 고리를 만들기

요일	월	화	수	목	금	토, 일
국어	한글 스티커 놀이책 1쪽	한글 스티커 놀이책 1쪽	한글 스티커 놀이책 1쪽	한글 스티커 놀이책 1쪽	한글 방문학습지 숙제	실컷 놀기
영어	영어 그림책 읽어주기	영어 그림책 읽어주기	영어 그림책 읽어주기	영어 그림책 읽어주기	영어 그림책 읽어주기	
수학	연산 학습지 1쪽	연산 학습지 1쪽	연산 학습지 1쪽	연산 학습지 1쪽	연산 학습지 1쪽	
독서	잠자리 독서	잠자리 독서	잠자리 독서	잠자리 독서	잠자리 독서	
작은 보상	스티커 1개	스티커 1개	스티커 1개	스티커 1개	스티커 1개	
큰 보상	스티커 15개 모으면, 3천 원 이내 원하는 것 사기					

〈만 6세〉 영어 파닉스, 한글 따라 읽기, 사고력 수학을 시작

요일	월	화	수	목	금	토	일
국어	국어 학습지 1장	국어 학습지 1장	국어 학습지 1장	국어 학습지 1장	국어 학습지 1장	국어 학습지 1장	실컷 놀기
영어	영어 그림책, 영어 영상 30분(흘려듣기), 스마트 파닉스 1장	영어 그림책, 영어 영상 30분(흘려듣기), 스마트 파닉스 1장	영어 그림책, 영어 영상 30분(흘려듣기), 스마트 파닉스 1장	영어 그림책, 영어 영상 30분(흘려듣기), 스마트 파닉스 1장	영어 그림책, 영어 영상 30분(흘려듣기), 스마트 파닉스 1장	영어 휴식	
수학	연산 학습지 2장, 〈킨더 팩토〉 1장	연산 학습지 2장, 〈킨더 팩토〉 1장	연산 학습지 2장, 〈킨더 팩토〉 1장	연산 학습지 2장, 〈킨더 팩토〉 1장	연산 학습지 2장, 〈킨더 팩토〉 1장	연산 학습지 2장, 〈킨더 팩토〉 1장	
독서	잠자리 독서(영어)	잠자리 독서(한국어)	잠자리 독서(영어)	잠자리 독서(한국어)	잠자리 독서(영어)	잠자리 독서(한국어)	
작은 보상	스티커 1개	스티커 1개	스티커 1개	스티커 1개	스티커 1개	스티커 1개, 한국어 만화 보기	
큰 보상	스티커 15개 모으면, 3천 원 이내 원하는 것 사기 대한검정회 한자급수검정 8급						

〈초1〉 양과 난이도 높이고, 보상을 지연 시스템 만들기

요일	월	화	수	목	금	토	일
국어	국어 학습지 2장	국어 학습지 2장	국어 학습지 2장	국어 학습지 2장	국어 학습지 2장	국어 학습지 2장	
영어	영어 그림책, 영어 영상 40분 (흘려듣기), 리딩앤 30분	영어 그림책, 영어 영상 40분 (흘려듣기), 리딩앤 30분	영어 그림책, 영어 영상 40분 (흘려듣기), 리딩앤 30분	영어 그림책, 영어 영상 40분 (흘려듣기), 리딩앤 30분	영어 그림책, 영어 영상 40분 (흘려듣기), 리딩앤 30분	영어 휴식	
수학	연산 학습지 3장, 사고력 학원 숙제 1장	연산 학습지 3장, 사고력 학원 숙제 1장	연산 학습지 3장, 사고력 학원 숙제 1장	연산 학습지 3장, 사고력 학원 숙제 1장	연산 학습지 3장, 사고력 학원 숙제 1장	연산 학습지 3장, 사고력 학원 숙제 1장	학교 숙제- 받아쓰기 연습, 일기 쓰기
독서	잠자리 독서 (영어)	잠자리 독서 (한국어)	잠자리 독서 (영어)	잠자리 독서 (한국어)	잠자리 독서 (영어)	잠자리 독서 (한국어)	
한문	〈하루 한장〉 한자 1장	〈하루 한장〉 한자 1장	〈하루 한장〉 한자 1장	〈하루 한장〉 한자 1장	〈하루 한장〉 한자 1장	일주일 한자 테스트	
작은 보상	스티커 1개	스티커 1개	스티커 1개	스티커 1개	스티커 1개	스티커 1개	
큰 보상	월말에 모든 스티커를 모으면 3만 원 이내, 원하는 것 사기 대한검정회 한자급수검정 7급 HME 수학학력평가 수상						

〈초2〉 학습 루틴 자동화 시스템 만들기

요일	월	화	수	목	금	토	일
국어	국어 학습지 3장	국어 학습지 3장, 일기 쓰기 (숙제)	국어 학습지 3장	국어 학습지 3장	국어 학습지 3장	국어 학습지 3장	
영어	영어 그림책, 영어 영상 60분 (흘려듣기), 리딩앤 30분	영어 그림책, 영어 영상 60분 (흘려듣기), 리딩앤 30분	영어 그림책, 영어 영상 60분 (흘려듣기), 리딩앤 30분	영어 그림책, 영어 영상 60분 (흘려듣기), 리딩앤 30분	영어 그림책, 영어 영상 60분 (흘려듣기), 리딩앤 30분	영어 휴식	학교숙제-받아쓰기 연습, 일기 쓰기
수학	연산 학습지 3장, 사고력 학원 숙제 1장	연산 학습지 3장, 사고력 학원 숙제 1장	연산 학습지 3장, 사고력 학원 숙제 1장	연산 학습지 3장, 사고력 학원 숙제 1장	연산 학습지 3장, 사고력 학원 숙제 1장	연산 학습지 3장, 사고력 학원 숙제 1장	
독서	잠자리 독서(영어)	잠자리 독서(한국어)	잠자리 독서(영어)	잠자리 독서(한국어)	잠자리 독서(영어)	잠자리 독서(한국어)	
한자	한자 학습지 3장	한자 학습지 3장	한자 학습지 3장	한자 학습지 3장	한자 학습지 3장	한자 휴식	
작은 보상	스티커X, 완료의 성취감	스티커X, 완료의 성취감	스티커X, 완료의 성취감	스티커X, 완료의 성취감	스티커X, 완료의 성취감	한국어 만화 보기, 닌텐도 1시간	한국어 만화 보기, 닌텐도 1시간
큰 보상	월말에 3만 원 이내 원하는 것 사기 지역 주산·암산 경시대회 수상 HME 수학 학력평가 수상 KMA 한국수학학력평가 수상						

〈초3〉 영어단어 암기 및 쓰기, 수학 심화 문제집 시작

요일	월	화	수	목	금	토	일
국어 (현행)	〈세마리 토끼 잡는 초등 독해력〉 3장	〈세마리 토끼 잡는 초등 어휘〉 3장	〈세마리 토끼 잡는 초등 독해력〉 3장	〈세마리 토끼 잡는 초등 어휘〉 3장	〈세마리 토끼 잡는 초등 독해력〉 3장	일기 쓰기 또는 주제 글쓰기	〈초3 국어교과서 따라 쓰기 공부법〉 문제 풀고, 받아쓰기
영어	영어 영상 1시간 (흘려듣기), 리더스북 낭독, 단어 5개 따라 쓰기	영어 영상 1시간 (흘려듣기), 리더스북 낭독 단어 5개 따라 쓰기 (어제 쓴 단어 암기 후 테스트)	영어 영상 1시간 (흘려듣기), 리더스북 낭독 단어 5개 따라 쓰기 (어제 쓴 단어 암기 후 테스트)	영어 영상 1시간 (흘려듣기), 리더스북 낭독 단어 5개 따라 쓰기 (어제 쓴 단어 암기 후 테스트)	영어 영상 1시간 (흘려듣기), 리더스북 낭독 단어 5개 따라 쓰기 (어제 쓴 단어 암기 후 테스트)	일주일 동안 외운 단어 중, 5개~10개 테스트	
연산 (선행) + 심화 (현행)	〈기탄 수학〉 3장, 〈최상위S〉 1장(현행)	〈기탄 수학〉 3장, 〈최상위S〉 1장(현행)	〈기탄 수학〉 3장, 〈최상위S〉 1장(현행)	〈기탄 수학〉 3장, 〈최상위S〉 1장(현행)	〈기탄 수학〉 3장, 〈최상위S〉 1장(현행)	〈기탄 수학〉 3장, 〈최상위S〉 1장(현행)	
수학 (현행 복습) - 선행 연산 문제집이 끝난 후	〈빨강 연산〉 3장	〈빨강 연산〉 3장	〈빨강 연산〉 3장	〈빨강 연산〉 3장	〈빨강 연산〉 3장	〈빨강 연산〉 3장	
독서	잠자리 독서(영어)	잠자리 독서(한국어)	잠자리 독서(영어)	잠자리 독서(한국어)	잠자리 독서(영어)	잠자리 독서(한국어)	
작은 보상	스티커X, 완료의 성취감	스티커X, 완료의 성취감	스티커X, 완료의 성취감	스티커X, 완료의 성취감	스티커X, 완료의 성취감	한국어 만화 보기, 닌텐도 2시간	한국어 만화 보기, 닌텐도 2시간
큰 보상	월말에 3만 원 이내 원하는 것 사기						

〈초4 계획〉 사회와 과학 공부의 시작, 교과서 공부법 익히기

요일	월	화	수	목	금	토	일
국어(현행)	〈세 마리 토끼 잡는 초등 독해력〉 3장	〈세 마리 토끼 잡는 초등 어휘〉 3장	〈세 마리 토끼 잡는 초등 독해력〉 3장	〈세 마리 토끼 잡는 초등 어휘〉 3장	〈세 마리 토끼 잡는 초등 독해력〉 3장	〈세 마리 토끼 잡는 초등 어휘〉 3장	일기 쓰기 또는 주제 글쓰기, 〈초4 국어교과서 따라 쓰기 공부법〉 책 풀고, 받아쓰기
영어	영어 영상 1시간 (흘려듣기), 리더스북 낭독, 영어 문장 받아쓰기	영어 영상 1시간 (흘려듣기), 리더스북 낭독, 영어 문장 받아쓰기	영어 영상 1시간 (흘려듣기), 리더스북 낭독, 영어 문장 받아쓰기	영어 영상 1시간 (흘려듣기), 리더스북 낭독, 영어 문장 받아쓰기	영어 영상 1시간 (흘려듣기), 리더스북 낭독, 영어 문장 받아쓰기	영어 3문장 글쓰기	
연산(선행) + 심화(현행)	〈기탄 수학〉 3장, 〈최상위S〉 1장(현행)	〈기탄 수학〉 3장, 〈최상위S〉 1장(현행)	〈기탄 수학〉 3장, 〈최상위S〉 1장(현행)	〈기탄 수학〉 3장, 〈최상위S〉 1장(현행)	〈기탄 수학〉 3장, 〈최상위S〉 1장(현행)	〈기탄 수학〉 3장, 〈최상위S〉 1장(현행)	
수학(현행 복습) - 선행 연산 문제집이 끝난 후	〈빨강 연산〉 3장	〈빨강 연산〉 3장	〈빨강 연산〉 3장	〈빨강 연산〉 3장	〈빨강 연산〉 3장	〈빨강 연산〉 3장	
사회 · 과학	교과서 읽고 문단별 주제 찾기	X	교과서 읽고 문단별 주제 찾기	X	교과서 다시 읽고 노트 정리	X	
독서	잠자리 독서(영어)	잠자리 독서(한국어)	잠자리 독서(영어)	잠자리 독서(한국어)	잠자리 독서(영어)	잠자리 독서(한국어)	
작은 보상	완료의 성취감	완료의 성취감	완료의 성취감	완료의 성취감	완료의 성취감	한국어 만화 보기, 닌텐도 2시간	한국어 만화 보기, 닌텐도 2시간
큰 보상	월말에 3만 원 이내 원하는 것 사기						

--- 자료 링크 ---

1. 한국난독증협회 웹사이트

2. 주의집중 환기를 위한 시각 자료- 집중 나비, 집중 점, 집중 문구

3. 실행 기능을 높이는 계획표 양식

주간계획표   주간계획표(시간별)   오늘의 계획표

4. 습관 형성을 위한 보상판, 습관 기록지 양식

5. 영어 단어/문장 암기 양식

영어 단어 암기장   영어 문장 암기장

── 에필로그 ──

산만한 아이의 공부법은
따로 있습니다

ADHD 아이를 키우며 교실 속 제 시선은 달라졌습니다. 상위권 아이들을 보며, '부모가 어떻게 해주면 저렇게 공부를 잘할까?' 생각하곤 했었습니다. 이제는 엎드려 있는 친구, 수업을 방해하는 친구, 멍하니 허공을 바라보고 있는 친구들에게 시선이 더 오래 머물곤 합니다.

'왜?'라는 질문을 던지며 산만한 아이들이 겪는 학습에서의 어려움을 고민해왔습니다. 그리고 제 아이와 매일 집공부를 하며 고군분투했던 날들의 흔적을 모아 이 책에 기록하였습니다.

"나중에 할래."

"왜 지금 해야 해?"

"다른 애들은 안 하는데 왜 나는 해야 해?"

"왜 꼭 복습해야 해?"

"공부를 왜 꼭 해야 해?"

아이는 늘 질문을 합니다. 그 질문들 안에는 '하기 싫은 마음'이 가득하지요. 이런 질문을 앞으로 몇 년은 더 들으실 겁니다. 산만한 아이의 공부법의 비결은 바로 이런 질문들에 우리가 어떻게 답할 것이냐에 달려 있습니다. 아이가 당장 남들보다 '잘'하길 바라는 부모는 아이에게 화가 납니다. 불안하고 조급해지는 마음에서 나오는 말들을 여과없이 내뱉습니다.

"다른 애들보다 뒤쳐지고 싶어?"

"맨날 미루고 안 하잖아."

"평생 게으르게 살 거야?"

"바보가 되고 싶어?"

하지만 산만한 아이의 공부는 달라야 합니다. 부모의 건강한 시선과 마음만이 마라톤과 같은 평생 학습에서 중요한 것들을 배울 수 있게 합니다. 산만하지만 짧게 집중하더라도 그만큼 더 자주 보면 된다는 '긍정적인 마음', 부주의하게 실수하지만 자신의 특성을 인정하고 한 번 더 다시 보는 '겸손함', 하기 싫어도 해야 하는 일을 미루지 않고 우선하는 '습관', 자주 잊어버려도 또 다시 기억하고자 애써보는 '끈기'. 우리는 잘하는 아이보다 이런 가치들을 우선하는 아이로 키워내야 합니다.

이 책의 모든 글은 이 마음에서 출발했습니다. 우리 모두 이 마음으로 출발선에 선다면, 아이의 모든 질문에 조금은 다른 말들을 해줄 수 있을 것입니다.

"모든 사람은 미루고 싶어해. 하기 싫은 감정은 자연스러운 거야. 하지만 하기 싫어도 해야 하는 것을 미루지 않고 하는 사람이 원하는 것을 얻는 거야."

"미루기는 습관이 돼. 지금은 어려울 수 있어. 하지만 계획대로 해내는 연습을 하면, 하기 싫은 마음도 점점 작아지게 돼. 모든 건 연습이 필요해."

"엄마는 네가 완벽하게 잘하는 걸 기대하지 않아. 우리는 계획을 하고 하루를 열심히 살아보는 연습을 하는 거야. 엄마가 매일 출근을 하고, 식사를 준비하기 위해 장보기 목록을 쓰는 것처럼 말야. 엄마, 아빠는 출근을 해서 열심히 일을 하고, 세모는 학생이니 공부를 하면서 열심히 하루를 사는 연습을 하는 거지."

"모든 일은 잘하기까지 하기 싫은 마음도 들고, 포기하고 싶을 때도 있고 그래. 엄마도 그렇더라고. 하지만 너는 늘 이 고비를 잘 넘겨왔어. 처음엔 1에서 100까지도 세지 못했는데 지금은 곱하기도 해내잖아. 품띠를 따지 못할 거라고 울었지만, 지금은 어느새 검은띠까지 따냈잖아. 넌 늘 그 고비를 넘겨왔어. 하기 싫은 마음이 들어도 조금씩 하다 보면 분명 잘하게 되는 날이 와. 그땐 또 재밌어질 거야."

첫 책《우리 아이가 ADHD라고요?》의 한 북토크에서 이런 질문을 받았습니다. "ADHD 아이를 키우며, 내려놓게 된 것이 무엇이냐"는 질문이었습니다. 곰곰이 생각하다 이렇게 답했습니다.

"세모가 ADHD인 것을 알기 전에는 과학고등학교를 가고, 좋은 대학을 가고, 유학도 가고, 훌륭한 인재가 되길 꿈꿨습니다. 하지만 이젠 일상을 살다 만나는 모든 성인들을 바라보며, 미래의 세모의 모습을 대입해봅니다. 마트에서 계산을 하는 직원, 열심히 땀을 흘리며 일하는 청년, 신나게 노래를 부르는 거리의 청년…. 제가 내려놓은 것은 우리 아이가 무엇이 되든 그저 '행복'했으면 좋겠다, 라는 것입니다. 오직 아이의 행복만을 바랍니다."

이런 마음으로 아이와 책상에 앉으면, 조급하지 않습니다. 공부는 아이의 것이 됩니다. 아이는 주도권을 갖고 도전하고, 실패하고, 또 일어나고 자신의 자리에서 최선을 다해 성장합니다. 아이의 평생 학습에 부모로서 어느 위치에 자리잡을 것인지, 그 적당한 거리와 편안한 자리를 찾아가는 데 도움이 되는 책이길 소망합니다.

―― 감사의 말 ――

처음 〈브런치스토리〉에 ADHD 아이 세모의 학습 이야기를 쓰던 때가 기억납니다. 전작 《우리 아이가 ADHD라고요?》를 쓰면서 학습에 관한 내용을 더 자세히 다루고 싶었습니다. 책을 마무리하며 생각했던 책이 바로 ADHD 아이들을 위한 학습 책이었습니다. 캐나다로 떠나야 했던 시기와 맞물려 급히 목차만 써두고 캐나다에 정착할 때쯤 출간 제의를 받았습니다. 모두가 상위 1%, 최상위 학생들의 공부법만 궁금해할 때, 주의력이 약한 아이, 산만한 아이, ADHD 아이들을 위한 공부법 책 기획안을 받아 깜짝 놀랐던 기억이 납니다. 같은 마음으로 책을 진행할 수 있어서 다행이었습니다. 이 책이 나올 수 있도록 도와주신 전국교사작가협회 책쓰샘의 선생님들께 진심으로 감사드립니다.

ADHD 아이를 함께 키워가는 동지, 사랑하는 남편의 수고에 항상 감사합니다. 무조건 응원해주는 내 인생의 뿌리 친구들, 의심하고 불안했던 날들에 흔들리는 마음을 기댈 수 있었습니다. 고맙습니다. '미라클브레인' 운영을 함께 고민하고 지원해주시는 힘찬맘님, 지구잎님, 숯님, 데이지맘님께도 감사드립니다. 매일 서로를 마음으로 응원하는 '미라클브레인' 오픈채팅방 멤버분들께도 감사드립니다. 〈ADHD 지피지기 백전불태〉 1권 기본편·공부편, 2권 관계편을 집필하신 김강우 작가님의 응원과 지지에 항상 용기를 얻습니다. 자가님과의 소통으로 더욱 성장하고 있습니다.

A+스터디의 부모님들, 자신을 위한 공부를 포기하지 않는 모든 ADHD 아이들에게 깊은 응원과 염원을 보냅니다.

마지막으로, 이 책을 쓰는 동안 각자의 자리에서 매일을 잘 지내준 두 아이에게도 감사의 말을 전합니다. "사랑하는 세모, 네모야, 엄마에게 세상을 공부하게 하고 삶을 알아가게 해줘서 고마워. 너희와 함께 하며 바라보는 세상이 참 아름답다. 너희의 모든 길에 축복이 있길 늘 기도해."

참고문헌

1. 단행본

- 《몰입》, 황농문, 알에이치코리아.
- 《케이크를 자르지 못하는 아이들》, 미야구치 코지, 인플루엔셜.
- 《그릿》, 앤절라 더크워스, 비즈니스북스.
- 《어떻게 공부할 것인가》, 헨리 뢰디거, 와이즈베리.
- 《내면소통》, 김주환, 인플루엔셜.
- 《우리 아이가 ADHD라고요?》, 이사비나, 빈티지하우스.
- 《일론 머스크, 미래의 설계자》, 애슐리 반스, 김영사.
- 《스티브 잡스》, 월터 아이작슨, 민음사.
- 《ADHD 청소년의 몸 따로 마음 따로 경험이야기》, 오영림, 학지사.
- 《청소년 및 성인을 위한 ADHD의 인지행동치료》, 수잔 영·제시카 브램햄, 시그마프레스.
- 《학습장애》, 송종용, 학지사.
- 《우울할 땐 뇌 과학》, 앨릭스 코브, 심심.
- 《나는 왜 사는 게 힘들까?》, 오카다 다카시, 동양북스.
- 《국어 잘하는 아이가 이깁니다》, 나민애, 김영사.
- 《상위 1%의 비밀은 공부정서에 있습니다》, 정우열, 저녁달.
- 〈난독증 부모용 가이드 교사용 가이드〉, 한국난독증협회

2. 학술 논문

- ADHD의 실행 기능에 관한 고찰: 이론적 접근 및 국내 연구의 최근 동향. 학습장애연구, 7(1), 177-196, 송찬원, (2010).

- 국내 아동 실행 기능연구의 최근 동향. Korean Journal of Child Studies, 38(2), 17-35, 이주미, (2017).

3. 기사 및 칼럼
- 뇌 발달 막는 스마트폰...집중력, 충동 조절, 언어능력 저하, 〈한겨레〉
- 나도 모르게 또 집어 든 스마트폰...혹시 '산만 중독'?, 〈동아일보〉
- Preventing Procrastination 101, 〈ADDITUDE〉
- 英 옥스퍼드대 연구진 "10대 아동·청소년 우울증·불안장애 급증 경향, SNS 사용시간과 밀접 관련", 〈서울신문〉
- 숏폼 중독, 무엇이 문제일까요?, 〈정신의학신문〉
- Study: Teen Executive Function Impaired by Poor Sleep Hygiene, Social Media Usage, 〈ADDITUDE〉
- 중학교 내신 E등급 최다는 '수학'... 중학생 3명 중 1명꼴, 〈KBS 뉴스〉
- 위태롭고 슬픈 통계…우리 아이들은 행복하지 않다, 〈경향신문〉
- 부모가 스마트폰 중독이면 자녀 78.6%가 중독 연구결과, 〈경향신문〉
- 습관의 뇌과학, 〈동아사이언스〉
- 난독증 아동 40% ADHD 함께 겪어..."초기 진단 중요", 〈메디컬업저버〉
- 일론 머스크, 그의 성공에 유대 자본이 얼마나 영향을 끼쳤을까?, 〈서울경제〉
- ADHD 작가가 만든 정교한 나뭇잎 아트, 〈파이낸셜뉴스〉
- 함께 일하는 보디 더블링의 힘. 〈HBR 한국어판 디지털 아티클〉

4. 다큐멘터리 & 방송
- 베스트닥터Q&A - 산만한 아이와 ADHD아이의 구별법, 〈세브란스〉
- 공부는 재능이 아닙니다 "상위 0.1% 천재들의 공통점. 어릴 때 전부 이걸 했습니다", 〈식〉
- 공부동기? 공부의지? 아이 공부시키는 방법은 '이것', 〈교육대기자TV〉
- 보이지 않는 고릴라 실험'으로 배우는 뇌의 인지적 한계, 〈SBS STORY〉
- 오냐오냐 키우는 부모 밑에서 자란 아이는 결국 '이렇게' 됩니다, 〈지식인사이드〉
- 공부 못하는 아이 2부: 마음을 망치면 공부도 망친다, 〈EBS 다큐프라임〉
- 공부 못하는 아이 3부: 성적표를 뛰어넘는 성공 비밀, 〈EBS 다큐프라임〉

공부 습관부터 학업 능력 향상까지, 현직 교사의 실전 가이드
산만한 아이의 공부법은 따로 있다

초판 1쇄 발행 2025년 4월 28일

지은이 이사비나

기획편집 김소영
디자인 알레프

펴낸곳 언더라인
출판등록 제2022-000005호
팩스 0504-157-2936
메일 underline_books@naver.com
인스타그램 @underline_books
블로그 blog.naver.com/underline_books

ISBN 979-11-987430-4-6 03590
ⓒ 이사비나, 2025, Printed in Korea

· 책값은 뒤표지에 있습니다. 파본 도서는 구입하신 서점에서 바꿔드립니다.
· 신저작권법에 의해 보호를 받는 저작물이므로 무단전재와 무단복제를 금합니다.
· 이 책의 내용은 저작권자의 허락 없이 AI 트레이닝에 사용할 수 없습니다.